国家社科基金
后期资助项目

信息资源与经济增长
基于地区差距的理论与实证

Information Resource and Economic Growth
Theoretical and Empirical Research Based
on Regional Disparities

俞立平 著

学习出版社

图书在版编目（CIP）数据

信息资源与经济增长：基于地区差距的理论与实证/俞立平著.
－北京：学习出版社，2013.1
（国家社会科学基金后期资助项目）
ISBN 978－7－5147－0290－3

Ⅰ.①信… Ⅱ.①俞… Ⅲ.①信息资源－信息管理－关系－
区域经济－经济增长－研究－中国 Ⅳ.①G203②F127

中国版本图书馆 CIP 数据核字（2012）第 252972 号

信息资源与经济增长
XINXI ZIYUAN YU JINGJI ZENGZHANG
——基于地区差距的理论与实证

俞立平 著

责任编辑：李　岩　张　俊
技术编辑：贾　茹
封面设计：杨　洪

出版发行：学习出版社
　　　　　北京市崇外大街 11 号新成文化大厦 B 座 11 层（100062）
　　　　　010－66063020　010－66061634
网　　址：http：//www.wenming.cn/xxph/
经　　销：新华书店
印　　刷：北京市密东印刷有限公司

开　　本：710 毫米×1000 毫米　1/16
印　　张：16.5
字　　数：288 千字
版次印次：2013 年 1 月第 1 版　2013 年 1 月第 1 次印刷
书　　号：ISBN 978－7－5147－0290－3
定　　价：33.00 元

如有印装错误请与本社联系调换

国家社科基金后期资助项目
出版说明

后期资助项目是国家社科基金设立的一类重要项目，旨在鼓励广大社科研究者潜心治学，支持基础研究多出优秀成果。它是经过严格评审，从接近完成的科研成果中遴选立项的。为扩大后期资助项目的影响，更好地推动学术发展，促进成果转化，全国哲学社会科学规划办公室按照"统一设计、统一标识、统一版式、形成系列"的总体要求，组织出版国家社科基金后期资助项目成果。

全国哲学社会科学规划办公室

序

　　如何估计不同要素对经济增长的贡献，一直是一个能引起学术界广泛兴趣的课题，也是一个令人头疼的难题。俞立平教授的这部著作，力图探索"信息资源对经济增长的贡献"这一学术勇气是值得赞赏的。

　　到目前为止，学者们就不同要素对经济增长的贡献率的研究，基本上都是以C-D生产函数为基础的。本书也不例外。作者引入信息资源要素，对原来的C-D生产函数进行了扩展，这是全书学术讨论的根基。作者采用规范的方法，围绕"信息资源对经济增长的贡献"开展了多项实证研究，从而对这个论题的认识越来越丰富。

　　尽管本书的研究和其他许多关于科技进步贡献率的类似研究都意义重大，但我个人对所有这类研究都抱有深深的疑虑，主要反映在两个方面。第一，C-D生产函数实际上是把不可分解的东西给硬性分解了。尤其是，在我们正在跨入的知识经济时代，劳动力与资本怎么能截然分清呢？有钱，才有实力加强教育培训，从而提高劳动者的技能；高素质的劳动力不再是简单的劳动力，而构成了人力资本。那么，C-D生产函数中的K怎么可以只考察金钱资本而不考察人力资本呢？一般来说，用以扩展该函数的其他变量与劳动力和资本的联系会更加紧密。例如，缺乏资本，就无法大力开展信息资源建设；劳动力的素质若不够高，则信息资源建设必然出现重硬轻软局面，比如，带宽越来越宽，但是，在宽带上跑的高质量信息产品快车却少得出奇。第二，即使一个抽象的生产函数或实证分析模型很合理，但如果找不到合适的替代变量，则实证研究的意义就大打折扣。劳动力要形成合理的结构才能发挥最大效能，而目前反映劳动力变量的指标是无法揭示劳动力结构的；资本的存量和增量是共同起作用的，而目前反映资本变量的指标是无法兼顾存量和增量的（如果要兼顾，其处理之复杂性是难以想象的）。同样，用什么指标作为科技进步的替代变量比较好？用什么指标作为信息资源的替代变量比较好？在这方面，可以说步步都是陷阱。本书作者经研究后发现，采用"邮电业务额"作为信息资源的替代变量是比较理想的，可是，我们的直觉却大声疾呼：图书馆（包括传统意义上的图书馆和数字图书馆）中的科技信息资源难道不是更典型的信息资源的代表吗？尽管这些信息资源有更多知识的成分。

话说回来，疑虑归疑虑，我对这类研究又是十分欣赏的。著名历史学家黄仁宇曾经说：所谓现代社会，就是能够用数目字进行管理的社会。因此，在现代社会中，各级各类管理都必须用数据说话。目前，差劲的管理者通过有意识地扭曲数据来为自己辩护的做法相当普遍，但并不能因为存在这类行为，就抵挡"用数据说话"的历史趋势。用数据说话，就必然需要配合以大量的实证研究，而不能满足于空泛的演绎推导——试图用演绎推导的结论去管理和协调人类社会这个开放复杂巨系统，是万分危险的。

俞立平教授拥有开展实证研究所应该必备的良好的分析能力、软件运用能力和系统思考能力。近年来，他在科学计量学、数量经济学、文献计量学等领域奋力耕耘，成果颇丰。希望本书的问世成为他学术生涯中又一个加油站，希望他挂上适当的挡（而不一定是高速挡），沿着既定的学术方向，义无反顾地迈上新征途！

是为序。

中国科学技术信息研究所
武夷山
2012 年 4 月 16 日

前　言

信息资源是增进人类福利的，经过加工处理的有用信息的集合。在新世纪之初，人类正走进以信息技术为核心的知识经济时代，信息资源已成为与材料和能源同等重要的战略资源；信息产业已发展为世界范围内的朝阳产业和新的经济增长点；信息资源与资本、劳动力一起，成为经济增长的重要投入要素。

中国地区间存在着巨大的信息资源差距，总体上从西部地区到东部地区呈现由低到高的态势，这和地区间经济发展不平衡基本类似。研究信息资源的地位及作用机制，客观评价中国地区信息资源差距水平及变化趋势，分析信息资源及其地区差距与经济增长的关系，研究信息资源的影响因素及信息经济的投入产出效率，以新的视角重新审视缩小信息资源差距对缩小地区经济差距的影响，具有十分重要的理论意义与现实意义。

关于信息资源与经济增长之间关系的理论研究结论，似乎已经达成某种共识，但还有一些问题值得深入思考，比如信息资源节约自然资源的路径和渠道？信息资源影响人们行为的作用机制？信息资源的传播、处理及应用机制等等。在实证研究领域，就中国的具体情况而言，信息资源与经济增长之间究竟是什么关系？信息资源的贡献究竟是大是小？如果信息资源确实是重要的投入要素，那么它对缩小地区经济差距有什么意义？信息资源自身的地区差距及其变化如何？信息资源建设有哪些影响因素？中国信息经济的效率如何？在没有效率损失的情况下，信息资源的作用究竟多大？很少有学者在同一研究中系统回答这些问题。本书立足缩小地区差距，运用理论和实证的方法进行了系统的研究，得出了如下结论：

对信息资源与经济增长关系的理论研究表明，深化信息资源的利用能加快知识与技术进步的步伐，从而促进经济增长；信息资源能够节约自然资源，从而改变经济增长方式；信息资源与知识的传播处理机制不同，具备自身的特殊规律；信息资源通过组织或个体的决策和行为来改变世界，进而影响社会经济发展。研究还表明，作为中间数据的信息资源测度，采用邮电业务额作为替代变量是一种较好的方式。

中国信息资源的地区差距总体上在缩小。通过信息资源差距系数和集中度的研究表明，信息资源基础设施水平的地区差距是逐步缩小的，互联网数字鸿沟也逐步缩小，邮政业务的地区差距在逐渐拉大，主要由于信息媒体之间的互相替代以及邮政业务的多元化经营所致。通过对经济发达与欠发达省份的案例研究也得出了相似的结论，总体上中国信息资源地区差距正逐步缩小。

信息资源已经成为和资本、劳动力同等重要的投入要素，在经济增长中起着十分重要的作用。由于"生产率悖论"，改革开放初期信息资源对经济增长的贡献为负，随着信息技术的普及和信息资源建设的发展，中国的"生产率悖论"消失。信息资源对经济增长的贡献总体上小于劳动力和资本，而经济增长对信息资源的带动作用比较显著。

在信息资源利用效率没有损失的情况下，理想信息资源投入对经济增长的贡献比较稳定，其弹性系数高于实际信息资源投入的弹性系数，也就是说，由于存在效率损失，导致信息资源对经济增长的贡献被低估了。而资本和劳动力的贡献则被高估了。最近10多年来，理想劳动力的弹性系数最大，理想信息资源的弹性系数次之，理想资本的弹性系数最低。

从投入要素的差距看，劳动力的地区差距最小，资本的地区差距最大。投入要素中，资本和信息资源的地区差距逐渐缩小，劳动力地区差距基本维持不变，并且呈现出一定的波动，经济发展水平的地区差距处于轻微波动状态，基本维持不变。有效缩小投入要素的地区差距是缩小地区经济发展水平差距的重要举措。信息资源是准公共物品，流动容易，费用相对低廉，是取之不尽用之不竭的无形资源。缩小信息资源差距既是提高居民信息福利的需要，也是促进经济欠发达地区经济增长和区域经济协调发展的有力措施。

对信息资源发展影响最大的因素是经济发展水平，经济发展是信息资源建设重要的基础；其次是教育水平，教育水平越高，信息搜集处理水平及应用水平越高；科技水平对信息资源的贡献较小，可能是科技和信息深层次的内涵不同，科技水平的增加会促进信息传递、处理、存储能力的提高，但由于我国基本信息资源建设的巨大成就，信息传播水平总体较高，从而导致科技的弹性系数最小。从信息经济效率看，信息资源的利用效率最高，纯技术效率、规模效率、技术效率的地区差距不大，但由于技术进步东部地区和中西部地区差距明显，导致了全要素生产率东部地区和中西部地区存在显著差距。

针对以上研究结果，本书认为，必须加强信息资源欠发达地区信息基础设施建设，继续缩小地区信息资源差距，注重提高信息资源欠发达地区科技教育水平，大力发展经济，从而缩小地区经济发展差距。

在信息资源建设上，政府必须发挥主导作用，要加强信息监管，提高信息资源质量，防止冗余信息、垃圾信息、不良信息泛滥。同时注意提高信息资源建设的管理水平，减少浪费，提高信息资源建设效率。

俞立平
2012年4月20日

目 录

引 言 …………………………………………………………（1）

第一节 问题的提出 …………………………………………（1）
  一、信息资源的地位 ……………………………………（1）
  二、信息资源的地区差距 ………………………………（2）
  三、经济发展的地区差距 ………………………………（4）
  四、研究目的和意义 ……………………………………（4）

第二节 文献综述 ……………………………………………（5）
  一、信息资源测度 ………………………………………（5）
  二、信息资源地区差距 …………………………………（10）
  三、信息资源与经济增长关系 …………………………（15）
  四、信息资源的作用机制 ………………………………（17）
  五、信息资源的影响因素及效率分析 …………………（18）
  六、信息资源管理 ………………………………………（19）

第三节 技术路线 ……………………………………………（21）
  一、研究基本前提与假设 ………………………………（21）
  二、研究技术路线 ………………………………………（22）
  三、数据来源 ……………………………………………（23）

第四节 本书结构 ……………………………………………（24）

第五节 创新与不足 …………………………………………（25）
  一、研究的创新 …………………………………………（25）
  二、有待完善之处 ………………………………………（26）

第一章 理论回顾 (27)

第一节 基本概念的界定 (27)
一、信息 (27)
二、信息资源 (28)
三、信息资源差距 (30)

第二节 信息资源的分类、特征与作用 (31)
一、信息资源的分类 (31)
二、信息资源的公共物品特征 (32)
三、信息资源对社会的影响 (34)

第三节 信息资源配置 (35)
一、信息资源配置的类型 (35)
二、信息资源的配置方式 (37)
三、信息资源配置的层次 (39)

第四节 经济增长与区域经济理论 (40)
一、经济增长理论及其进展 (40)
二、区域经济理论 (42)

本章小结 (45)

第二章 信息资源建设发展历程与存在问题 (47)

第一节 新中国信息资源建设的发展历程 (47)
一、萌芽阶段（1949—1980年） (47)
二、起步阶段（1981—1996年） (48)
三、高速发展阶段（1997年至今） (51)

第二节 改革开放后信息资源发展的聚类分析 (58)

第三节 信息资源建设与管理中的若干问题 (59)
一、信息资源差距问题 (59)
二、信息资源在经济增长中的地位问题 (67)

第四节 信息资源差距的危害与原因 (68)
一、信息资源差距的危害 (68)

二、国家间信息资源差距的根本原因 ……………………（69）
　　三、地区信息资源差距的原因 ……………………………（70）
　　四、群体信息资源差距的主要原因 ………………………（71）
 本章小结 ………………………………………………………（72）

第三章　信息资源的作用机制 …………………………………（73）
 第一节　信息形成机制与信息源失真研究 ……………………（73）
　　一、数据的处理机制 ………………………………………（73）
　　二、信息源失真的原因分析 ………………………………（74）
　　三、信息源失真的防范 ……………………………………（75）
 第二节　信息资源的传播处理机制 ……………………………（76）
　　一、数据、信息与知识的关系 ……………………………（76）
　　二、信息资源与知识的处理机制及其比较 ………………（78）
 第三节　信息资源的测度 ………………………………………（81）
　　一、信息资源测度中存在的问题 …………………………（81）
　　二、国家信息化指标体系的修正 …………………………（84）
　　三、信息资源的测度——基于中间数据 …………………（92）
 第四节　信息资源与知识的作用机制 …………………………（94）
　　一、信息资源与知识传播的比较 …………………………（94）
　　二、知识的处理机制 ………………………………………（95）
　　三、信息资源与知识处理机制的比较 ……………………（96）
　　四、信息资源与知识利用的区别 …………………………（97）
　　五、知识与信息资源融合的效率测度模型 ………………（98）
 第五节　信息资源对自然资源的节约作用 ……………………（100）
　　一、信息资源与自然资源的区别 …………………………（100）
　　二、信息资源对自然资源的节约机制 ……………………（102）
 第六节　信息资源与人类行为的关系 …………………………（103）
　　一、人类行为系统概述 ……………………………………（103）
　　二、个体——信息行为模型 ………………………………（105）

三、组织——信息行为模型 …………………………………… (107)
　　四、系统中的个体行为与组织行为系统 ………………………… (109)
　第七节　信息资源促进经济增长的内在机制 ……………………… (114)
　　一、信息资源具有促进生产力发展的功能 ……………………… (114)
　　二、信息资源具有协调生产要素功能 …………………………… (114)
　　三、信息资源具有改善管理的功能 ……………………………… (115)
　　四、信息资源对产业结构调整会发生影响 ……………………… (115)
　　五、信息资源建设通过信息化推动了工业化 …………………… (116)
　本章小结 ……………………………………………………………… (117)

第四章　地区信息资源差距 …………………………………… (119)
　第一节　信息资源衡量指标的选取 ………………………………… (119)
　　一、电信指标 ……………………………………………………… (119)
　　二、邮政指标 ……………………………………………………… (120)
　　三、互联网指标 …………………………………………………… (121)
　　四、信息综合指标 ………………………………………………… (121)
　第二节　信息资源地区差距的测度方法 …………………………… (122)
　　一、信息资源差距系数 …………………………………………… (122)
　　二、市场集中度 …………………………………………………… (122)
　第三节　信息资源地区差距实证 …………………………………… (123)
　　一、电信指标分析 ………………………………………………… (123)
　　二、邮政指标分析 ………………………………………………… (126)
　　三、互联网指标分析 ……………………………………………… (129)
　　四、信息资源综合指标的分析 …………………………………… (132)
　　五、互联网基础资源指数差距 …………………………………… (135)
　第四节　案例分析——以江苏与广西为例 ………………………… (137)
　　一、江苏与广西简介 ……………………………………………… (137)
　　二、江苏广西信息资源差距比较 ………………………………… (138)
　第五节　信息资源地区差距的综合测度 …………………………… (140)

一、信息资源间接测度模型 ……………………………………（141）
　本章小结 ………………………………………………………（145）

第五章　信息资源对经济增长的理想与实际贡献 ……………（147）
　第一节　信息资源对经济增长的实际贡献 ……………………（147）
　　一、引言 ………………………………………………………（147）
　　二、研究方法 …………………………………………………（148）
　　三、数据 ………………………………………………………（151）
　　四、实证结果 …………………………………………………（152）
　　五、本节结论 …………………………………………………（158）
　第二节　信息资源对经济增长的理想贡献 ……………………（159）
　　一、引言 ………………………………………………………（159）
　　二、方法与数据 ………………………………………………（160）
　　三、实证结果 …………………………………………………（161）
　　四、本节结论 …………………………………………………（166）
　本章小结 ………………………………………………………（167）

第六章　区域信息资源与经济增长 ……………………………（169）
　第一节　区域信息资源与经济增长关系的实证 ………………（169）
　　一、引言 ………………………………………………………（169）
　　二、研究框架与方法 …………………………………………（170）
　　三、变量与数据 ………………………………………………（175）
　　四、实证结果 …………………………………………………（176）
　第二节　不同地区信息资源贡献的变参数估计 ………………（181）
　第三节　不同经济发展水平下信息资源弹性
　　　　　系数的变化 ……………………………………………（183）
　　一、引言 ………………………………………………………（183）
　　二、分位数回归模型 …………………………………………（183）
　　三、分位数回归结果 …………………………………………（184）

第四节　信息资源地区差距与经济发展
　　　　水平差距 ………………………………………… (186)
　　一、要素投入差距与经济发展水平差距的关系 ………… (186)
　　二、实证结果 ……………………………………………… (187)
本章小结 ………………………………………………………… (190)

第七章　信息资源的影响因素及信息经济效率 ………… (191)
第一节　信息资源的影响因素分析 …………………………… (191)
　　一、研究意义 ……………………………………………… (191)
　　二、信息资源的影响因素分析 …………………………… (191)
　　三、变量与数据 …………………………………………… (192)
　　四、面板数据实证结果 …………………………………… (194)
第二节　信息经济的效率分析 ………………………………… (195)
　　一、信息经济效率测度的意义 …………………………… (195)
　　二、数据包络分析（DEA） ……………………………… (197)
　　三、变量与数据 …………………………………………… (204)
　　四、实证结果 ……………………………………………… (204)
本章小结 ………………………………………………………… (208)

第八章　结论与政策建议 ………………………………… (209)
第一节　研究的主要结论 ……………………………………… (209)
　　一、信息资源的作用机制是多样化、层次化的 ………… (209)
　　二、中国地区信息资源差距正日趋缩小 ………………… (210)
　　三、信息资源对经济增长的贡献是动态变化的，
　　　　总体上小于劳动力和资本 …………………………… (211)
　　四、无效率损失时信息资源对经济增长的
　　　　贡献更大 ……………………………………………… (211)
　　五、缩小地区信息资源差距有助于缩小地区
　　　　经济发展差距 ………………………………………… (211)

  六、不同地区信息资源对经济增长贡献的弹性系数
    相差不大 ……………………………………………… (212)
  七、信息资源的影响因素主要有经济发展水平、
    教育与科技 …………………………………………… (212)
  八、资本、劳动力、信息资源的利用效率有待提高 …… (212)
第二节 政策建议 ……………………………………………… (213)
  一、进一步深化信息资源的应用 ………………………… (213)
  二、加强信息资源欠发达地区信息基础设施建设 ……… (214)
  三、教育和科技是促进信息资源建设的根本措施 ……… (214)
  四、加强信息监管，提高信息资源质量 ………………… (214)
  五、加强管理，提高各地区的投入产出效率 …………… (215)
第三节 研究展望 ……………………………………………… (215)
  一、中国和国外同类国家信息资源利用的
    比较研究 ……………………………………………… (215)
  二、信息资源的城乡差距及其影响研究 ………………… (215)

参考文献 ……………………………………………………………… (217)

本书发表的相关学术论文 …………………………………………… (229)

图片目录

图1　投入要素与经济增长……………………………………（1）
图2　技术路线………………………………………………（23）
图1-1　公共物品与私人物品………………………………（33）
图1-2　信息资源与公共物品………………………………（34）
图2-1　信息资源发展的聚类分析…………………………（58）
图2-2　网民的性别特征……………………………………（65）
图2-3　网民的年龄差距……………………………………（65）
图2-4　网民的文化程度结构………………………………（66）
图2-5　网民的收入结构……………………………………（66）
图3-1　数据处理机制………………………………………（74）
图3-2　信息源失真的原因分析……………………………（75）
图3-3　信息的形成过程……………………………………（76）
图3-4　数据、信息、知识的内涵…………………………（77）
图3-5　数据、信息、知识与人类活动……………………（78）
图3-6　信息资源的处理机制………………………………（79）
图3-7　知识处理机制………………………………………（80）
图3-8　信息资源的传播过程………………………………（93）
图3-9　信息资源的传播机制图……………………………（94）
图3-10　知识的传播机制……………………………………（95）
图3-11　知识的处理机制……………………………………（96）
图3-12　信息技术与知识、信息资源的关系………………（99）
图3-13　信息资源对自然资源的节约机制…………………（103）

图 3-14	人类行为系统	(105)
图 3-15	人类个体行为模型	(106)
图 3-16	组织行为模型	(108)
图 3-17	系统行为与行为系统	(110)
图 3-18	组织行为系统结构	(111)
图 3-19	个体行为系统结构	(113)
图 3-20	信息产业与经济的关系	(117)
图 4-1	信息资源指标体系	(120)
图 4-2	电信差距系数	(125)
图 4-3	电话指标集中度变化	(126)
图 4-4	邮政指标的地区差距比较	(128)
图 4-5	邮政指标集中度变化	(129)
图 4-6	互联网地区差距比较	(131)
图 4-7	互联网指标集中度变化	(132)
图 4-8	信息资源综合指标的差距系数	(134)
图 4-9	信息资源综合指标集中度变化	(134)
图 4-10	互联网基础资源指数的变化	(137)
图 5-1	投入要素弹性的动态变化	(155)
图 5-2	经济增长（Z）的脉冲响应函数	(156)
图 5-3	信息资源（Z3）的脉冲响应函数	(156)
图 5-4	GDP（Z）的方差分解	(157)
图 5-5	信息资源（Z3）的方差分解	(158)
图 5-6	效率及投入要素的可节约程度	(162)
图 5-7	实际投入与理想投入的弹性系数比较	(165)
图 5-8	实际投入与理想投入劳动力弹性系数比较	(165)
图 5-9	实际投入与理想投入下劳动力弹性系数的比较	(166)
图 6-1	研究框架	(170)
图 6-2	面板数据示意图	(171)
图 6-3	经济增长与信息资源的脉冲响应函数	(179)

图 6-4 投入要素弹性系数的变化 …………………………… （186）
图 6-5 投入产出要素的地区差距 …………………………… （189）
图 7-1 信息经济与知识经济 ………………………………… （196）
图 7-2 技术效率和配置效率 ………………………………… （198）
图 7-3 纯技术效率和规模效率 ……………………………… （199）
图 7-4 不同规模报酬假设下的生产前沿 …………………… （201）
图 7-5 超效率模型原理图 …………………………………… （202）

表格目录

表1　2009年中国各省区市信息资源主要指标人均情况 …………（3）
表2-1　2010年全球电子化准备排名和得分 ………………（60）
表2-2　信息资源的世界比较之一……………………………（62）
表2-3　信息资源的世界比较之二……………………………（63）
表3-1　国家信息化指标体系…………………………………（84）
表3-2　修正后的国家信息化指标体系………………………（90）
表3-3　信息资源与自然资源的区别 ………………………（100）
表4-1　信息资源测度指标体系 ……………………………（121）
表4-2　固定电话的地区差距（单位：部/百人）…………（124）
表4-3　移动电话的地区差距（单位：部/百人）…………（124）
表4-4　固定长途电话的地区差距
　　　　（单位：次/人；分钟/人）………………………（125）
表4-5　电话指标的集中度 …………………………………（126）
表4-6　函件量的地区差距（单位：件/人）………………（127）
表4-7　特快专递的地区差距（单位：件/百人）…………（127）
表4-8　报刊期发数地区差距（单位：件/百人）…………（128）
表4-9　邮政指标地区集中度 ………………………………（129）
表4-10　网民的地区差距（单位：人/百人）……………（129）
表4-11　域名地区差距（单位：个/万人）………………（130）
表4-12　网站地区差距（单位：个/万人）………………（131）
表4-13　互联网指标地区集中度 …………………………（132）
表4-14　邮政营业额地区差距（单位：元/人）…………（133）

表4-15 电信营业额地区差距（单位：元/人）	(133)
表4-16 邮电业务额地区差距（单位：元/人）	(133)
表4-17 信息资源综合指标地区集中度	(135)
表4-18 专家赋权表	(135)
表4-19 互联网基础资源指数	(136)
表4-20 江苏与广西电信指标的比较	(138)
表4-21 江苏与广西邮政指标的比较	(139)
表4-22 江苏与广西互联网指标比较	(139)
表4-23 1998、2008 江苏广西电视电脑的比较	(140)
表4-24 1998、2008 江苏广西信息资源综合指标比较	(140)
表4-25 信息资源评价结果	(143)
表5-1 数据描述统计量	(152)
表5-2 单位根检验	(152)
表5-3 协整检验	(153)
表5-4 变系数回归结果	(154)
表5-5 经济增长的方差分解	(157)
表5-6 信息资源的方差分解	(158)
表5-7 理想投入产出的单位根检验	(162)
表5-8 实际投入与理想投入的弹性系数	(164)
表6-1 数据描述统计量	(176)
表6-2 面板数据单位根检验	(176)
表6-3 格兰杰因果检验结果	(177)
表6-4 面板数据回归结果	(178)
表6-5 Johansen 面板协整检验	(178)
表6-6 经济增长的方差分解	(180)
表6-7 信息资源的方差分解	(180)
表6-8 不同地区信息资源贡献的弹性系数	(182)
表6-9 分位数回归结果	(185)
表6-10 资本投入的地区差距（单位：元/人）	(187)

表6-11 劳动力投入的地区差距（单位：人/百人） …………（188）
表6-12 信息资源投入的地区差距（单位：元/人）…………（188）
表6-13 经济发展水平的地区差距（单位：元/人）…………（189）
表7-1 变量说明 ……………………………………………（193）
表7-2 摘要统计量 …………………………………………（193）
表7-3 实证结果 ……………………………………………（194）
表7-4 2001—2008年中国Malmquist指数及其分解 ………（204）
表7-5 2001—2009年中国地区Malmquist指数及其分解 …（205）
表7-6 各地区投入要素节约率 ……………………………（207）

Contents

Introduction ··· (1)
  1. Issue of definition ··· (1)
    1.1. Status of information resource ································· (1)
    1.2. Regional disparities of information resource ············· (2)
    1.3. Regional disparities of economic growth ·················· (4)
    1.4. Purpose and significance of the research ················· (4)
  2. Literature Review ··· (5)
    2.1. Measurement of information resource ····················· (5)
    2.2. Regional disparities of information resource ············· (10)
    2.3. Relationship between information resource
         and economic growth ·· (15)
    2.4. Function mechanism of information resource ············ (17)
    2.5. Influencing factor and efficiency analysis
         of information resource ·· (18)
    2.6. Management of information resource ······················· (19)
  3. Technical route ·· (21)
    3.1. Basic prerequisite and hypothesis of
         the research ·· (21)
    3.2. Research technical route ·· (22)
    3.3. Data sources ·· (23)
  4. Structure of the book ··· (24)
  5. Innovations and shortcomings ······································ (25)
    5.1. Research innovations ·· (25)
    5.2. Improvement ··· (26)

Chapter One Theory review ·· (27)
  1. Definition of the basic concepts ·································· (27)

1.1. Information ··· (27)
1.2. Information resource ································ (28)
1.3. Disparities of information resource ················· (30)
2. Classification, feature and function of
   information resource ····································· (31)
   2.1. Classification of information resource ············· (31)
   2.2. Public goods feature of information resource ······ (32)
   2.3. The impact of information resource on society ···· (34)
3. Information resource allocation ·························· (35)
   3.1. The types of the information resource allocation ·· (35)
   3.2. The allocation methods of information resource ··· (37)
   3.3. Levels of information resource allocation ·········· (39)
4. Theory of economic growth and regional economy ········ (40)
   4.1. Theory of economic growth and its development ·· (40)
   4.2. Theory of regional economy ······················· (42)
5. Summary of Chapter 2 ··································· (45)

**Chapter Two Processes and existing problems of information
              reso urce construction and development** ········· (47)

1. Development processes of information resource
   construction in the new Chna ···························· (47)
   1.1. Budding stage (1949 – 1980) ······················ (47)
   1.2. Starting stage (1981 – 1996) ····················· (48)
   1.3. Rapid developing stage (from 1997) ··············· (51)
2. Cluster analysis of information resource development
   after China´economic reforming and opening up ········· (58)
3. Construction and management problems of
   information resource ····································· (59)
   3.1. Problems of information resource disparities ······ (59)
   3.2. Problems of the status of information
        resource in economic growth ······················· (67)
4. Harms and causes of information resource disparities ···· (68)

4.1. Harm of information resource disparities ………………… (68)
4.2. Root causes of information resource
   disparities among countries ………………………………… (69)
4.3. Causes of information resource
   disparities in regions ……………………………………… (70)
4.4. Primary cause of information resource
   disparities within groups …………………………………… (71)
5. Summary of Chapter 3 …………………………………………… (72)

Chapter Three Function mechanism of information resource ………………………………………………… (73)

1. Formation mechanism of information and the
   research on the information source distortion ……………… (73)
   1.1. Mechanism of the data processing ………………………… (73)
   1.2. Cause analysis of the information
      source distortion ………………………………………… (74)
   1.3. Prevention of the information source
      distortion ………………………………………………… (75)
2. Dissemination and processing mechanism of
   information resource ……………………………………………… (76)
   2.1. Relation among data, information
      and knowledge …………………………………………… (76)
   2.2. Processing mechanisms between
      information resource and knowledge
      and compalison …………………………………………… (78)
3. Measurement of information resource …………………………… (81)
   3.1. Problems in information resource measurement …………… (81)
   3.2. Revision of national informatization
      indicator system ………………………………………… (84)
   3.3. Measurement of information resource——
      based on intermediate data ……………………………… (92)

4. Action mechanism of information resource and knowledge ·········· (94)
  4.1. Comparison between information resource dissemination and knowledge dissemination ·········· (94)
  4.2. Knowledge processing mechanism ·········· (95)
  4.3. Comparison between the processing mechanisms of information resource and knowledge ·········· (96)
  4.4. Difference of information resource utilization and knowledge utilization ·········· (97)
  4.5. Efficiency measurement model of combinaton of knowledge with information resource ·········· (98)
5. Saving function of information resource on natural resource ·········· (100)
  5.1. Difference of information resource and natural resource ·········· (100)
  5.2. Save mechanism of natural resource by information resource ·········· (102)
6. Relation of information resource and human behavior ·········· (103)
  6.1. Overview of human behavior system ·········· (103)
  6.2. Individual – information behavior model ·········· (105)
  6.3. Organization – information behavior model ·········· (107)
  6.4. Individual behavior in system and organization behavior system ·········· (109)
7. Internal mechanism of information resource's contribution to economic growth ·········· (114)
  7.1. Promotion function of information resource on productivity development ·········· (114)
  7.2. Function of information resource in the coordination of production factors ·········· (114)
  7.3. Function of information resource in management improvement ·········· (115)

7.4. Impacts of information resource on industrial
structure adjustment .... (115)

7.5. Information resource construction promotes
industrialization by informtization .... (116)

8. Summary of Chapter 4 .... (117)

**Chapter Four   Information resource disparities
among regions** .... (119)

1. Selection of information resource
measurement indictor .... (119)

1.1. Telecom indicators .... (119)

1.2. Postal indicators .... (120)

1.3. Internet indicators .... (121)

1.4 Information comprehensive indicators .... (121)

2. Measurement method of the information resource
disparities among regions .... (122)

2.1. Information resource disparity ratio .... (122)

2.2. Market centralization degree .... (122)

3. Empirical study of the information resource
regional disparities .... (123)

3.1. Analysis of telecom indicators .... (123)

3.2. Analysis of postal indicators .... (126)

3.3. Analysis of internet indicators .... (129)

3.4. Analysis of information resource
comprehensive indicators .... (132)

3.5. Disparities of internet basic
resource index .... (135)

4. Case analysis Jiangsu Province and
Guangxi Province .... (137)

4.1. Introduction to Jiangsu Province and
Guangxi Province .... (137)

4.2. Information resource disparities between Jiangsu
    Province and Guangxi Province ·················· (138)
5. Comprehensive measurement of information
   resource regional disparities ·················· (140)
   5.1. Information resource indirect
        measuremant model ·················· (141)
6. Summary of Chapter 5 ·················· (145)

Chapter Five   Theoretical and substantial contribution of information resource to economic growth ·················· (147)

1. Substantial contribution of information resource to
   economic growth ·················· (147)
   1.1. Introduction ·················· (147)
   1.2. Research method ·················· (148)
   1.3. Data ·················· (151)
   1.4. Empirical result ·················· (152)
   1.5. Conclusion of this section ·················· (158)
2. Theoretical contribution of information resource
   to economic growth ·················· (159)
   2.1. Introduction ·················· (159)
   2.2. Research method and data ·················· (160)
   2.3. Empirical result ·················· (161)
   2.4. Conclusion of this section ·················· (166)
3. Summary of Chapter 6 ·················· (167)

Chapter Six   Regional information resource and economic growth ·················· (169)

1. Empirical study of the relation between regional
   information resource and economic growth ·················· (169)
   1.1. Introduction ·················· (169)
   1.2. Research framework and method ·················· (170)
   1.3. The variable and data ·················· (175)

1.4. Empirical result ·· (176)
　2. Variable parameter estimation of different regions'
　　information resource contribution ························· (181)
　3. Variation of information resource elastic coefficient
　　at different economic development levels ················ (183)
　　3.1. Introduction ··· (183)
　　3.2. Quantile regression model ···························· (183)
　　3.3. Result of quantile regression ························· (184)
　4. Regional disparities of information resource and
　　economic development level disparities ··················· (186)
　　4.1. Relation between the disparities of essential
　　　　factors input and the disparities of
　　　　economic development level ························· (186)
　　4.2. Empirical result ·· (187)
　5. Summary of Chapter 7 ·· (190)

**Chapter Seven　Affecting factors of information resource
　　　　　　　　and information economy efficiency** ············· (191)
　1. Analysis of information resource affecting factors ········ (191)
　　1.1. Research significance ···································· (191)
　　1.2. Analysis of information resource
　　　　affecting factors ··· (191)
　　1.3. The variable and data ································· (192)
　　1.4. Empirical result based on panel data ················ (194)
　2. Analysis of information economy efficiency ··············· (195)
　　2.1. Significance of information economy
　　　　efficiency measurement ································ (195)
　　2.2. Data envelopment analysis (DEA) ····················· (197)
　　2.3. The variable and data ································· (204)
　　2.4. Empirical result ·· (204)
　3. Summary of Chapter 8 ·· (208)

Chapter Eight Conclusions and policy suggestions ······················ (209)

1. Main conclusions of the research ······································ (209)

   1.1. The acting mechanism of information resource is diversfied and multilevel ·························· (209)

   1.2. The regional disparity of information resource in China is narrowing ····································· (210)

   1.3. The contribution of information resource to economic growth is dynamic and variable and less than the contribution of labor and the capital on the whole ······································· (211)

   1.4. The information resource is contribution to economic growth is greaterif without efficiency loss ······················ (211)

   1.5. Reducing regional information resource disparities is helpful for reducing regional economic development disparities ····································· (211)

   1.6. The elastic coefficients of information resource' contribution to economic growth of different regions differ a little ······································ (212)

   1.7. The main affecting factors of information resource are economic developmentlevel, education and science & technology ······································ (212)

   1.8. The utilization efficiency of capital, labor and information resource needs to be improved ·················· (212)

2. Policy suggestions ··· (213)

   2.1. Deepen information resource utilization ······················ (213)

   2.2. Strengthen information infrastructure construction in less developed areas of information resource ······································ (214)

   2.3. Education and science & technology are fundamental measures of the promotion of information resource construction ······················· (214)

  2.4. Strengthen information supervision and
enhance information resource quality ················ (214)

  2.5. Strengthen management and enhance
input – output efficiency in every region ················ (215)

 3. Research prospect ················ (215)

  3.1. Comparative study on China and similar foreign
countries' information resource utilization ················ (215)

  3.2. Research on information resource disparities
between urban rural areas and its effects ················ (215)

References ················ (217)

Relevant academic thesis issued by this book ················ (229)

引　言

第一节　问题的提出

一、信息资源的地位

信息化正在席卷全球，从工业经济到信息经济，从工业社会到信息社会，在这个动态演进过程中，信息化逐步上升成为推动世界经济和社会全面发展的关键因素，成为人类社会进步的新标志。一个国家的信息化程度，代表着其社会生产力的发展水平，是一个国家或地区现代化水平和综合实力的重要标志，也决定着其生存与发展的实力和地位。

信息资源的开发和利用是信息化的核心。信息资源是用来创造社会财富，增进人类福利的，经过加工处理的有用信息的集合，包括科技信息资源、经济信息资源、社会信息资源等。在新世纪之初，人类正走进以信息技术为核心的知识经济时代，信息资源已成为与材料和能源同等重要的战略资源；信息产业已发展为世界范围内的朝阳产业和新的经济增长点。

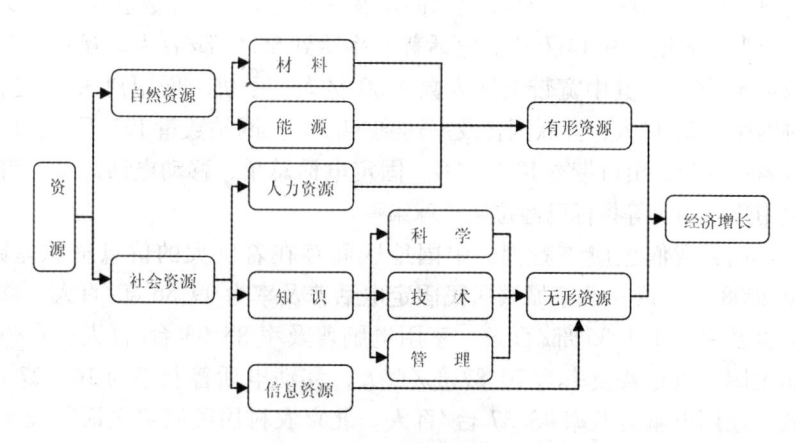

图1　投入要素与经济增长

从本质上讲，导致社会进步和经济发展的要素可分为自然资源和社会资源两大部分。自然资源是有形资源，包括材料、能源等，厂房设备也是自然资源的体现。社会资源包括知识、信息资源和人力资源，知识包括科学、技术和制度管理因素。科学包括自然科学和社会科学，其作用是潜在的和间接的。技术是知识应用的体现，是物化了的知识，是知识的归宿，知识对社会经济的贡献是通过技术体现的，也可以这样说，知识中只有一部分是直接对经济发展起促进作用的，那就是技术与制度管理，人力资源是劳动投入，投入要素与经济增长的关系见图1。

在日常经济社会生活中，信息无处不在，无时不有。比如商品信息会从经济学的角度调节市场，就业信息会调节劳动力分配，新闻报道会影响人们的行动……所有这一切貌似零星、杂乱的大量信息，深刻地影响着社会经济发展和人们的生活，最终影响经济发展的水平、质量、结构。因此，从广义的角度研究信息资源的贡献，不仅有着重要的理论意义，更有非常重要的实践意义。这是以前没有引起学术界重视的问题，也是本研究立足的基点和价值所在。

二、信息资源的地区差距

信息资源水平是信息化效果的外在反映。改革开放以来，随着中国经济的发展，整个信息产业和信息资源建设发生了翻天覆地的变化。据2010年中国统计公报，全年完成邮电业务总量32940亿元，比上年增长20.6%。其中，邮政业务总量1985亿元，增长21.6%；电信业务总量30955亿元，增长20.5%。固定电话年末用户29438万户，其中，城市电话用户19662万户，农村电话用户9776万户。移动电话用户年末达到85900万户，其中3G移动电话用户4705万户。年末全国固定及移动电话用户总数达到115339万户，比上年末增加9244万户。电话普及率达到86.5部/百人。互联网上网人数4.57亿人，其中宽带上网人数4.50亿人，手机上网用户3.03亿人，农村网民1.25亿人；互联网普及率达到34.3%。网站数量191万个，域名总数866万个，出口带宽1098.96G。固定电话总量、移动电话总量、有线电视用户、网民等指标已经位居全球第一。

然而，我们也应该看到，中国地区间存在着巨大的信息资源差距。截至2008年年底，北京城镇居民固定电话普及率为99.86部/百人，移动电话普及率为191.35部/百人，家用电脑普及率85.93台/百人；贵州城镇居民固定电话普及率为70.87部/百人，移动电话普及率为163.27部/百人，家用电脑普及率43.37台/百人。北京农村居民固定电话普及率为115.60部/百人，移动电话普及率为194.93部/百人，家用电脑普及率

45.60 台/百人，彩色电视机 134.53 台/百人；贵州农村居民固定电话普及率为 43.48 部/百人，移动电话普及率为 65.13 部/百人，家用电脑普及率 1.07 台/百人，彩色电视机 83.48 台/百人。截至 2010 年底，北京网民普及率 69.4%，贵州网民普及率 19.8%。2009 年各省区市信息资源主要指标情况见表1。

表1　2009 年中国各省区市信息资源主要指标人均情况

地　区	人均邮政业务额（元）	人均电信业务额（元）	互联网普及率（%）	移动电话普及率（%）	城镇固话普及率（%）	农村固话普及率（%）
北京	518.08	4435.73	57.82	95.36	40.21	12.00
天津	202.06	2833.28	41.24	73.55	33.38	0.34
河北	61.46	1452.26	19.09	45.99	13.24	7.61
山西	93.85	1555.36	24.01	49.80	15.32	8.22
内蒙古	50.95	1881.79	15.95	55.70	16.09	3.07
辽宁	94.30	1821.71	26.37	56.12	26.47	10.71
吉林	65.93	1619.64	19.02	49.85	16.29	6.45
黑龙江	86.05	1496.79	16.21	43.04	20.66	6.21
上海	919.40	4223.74	58.78	99.60	53.12	0.65
江苏	166.76	1893.67	27.14	51.54	25.72	12.94
浙江	169.55	2905.09	41.17	77.67	28.95	15.92
安徽	52.85	864.32	11.78	27.96	11.04	11.45
福建	134.81	2335.31	38.26	65.71	29.55	10.16
江西	62.54	1059.69	13.86	29.03	11.27	7.98
山东	78.90	1513.41	21.06	49.14	14.47	11.24
河南	52.32	1140.41	13.61	37.13	11.08	5.49
湖北	67.77	1182.94	18.39	44.28	13.50	7.01
湖南	55.40	1150.55	15.66	35.11	12.74	6.97
广东	260.14	3604.77	47.72	87.97	28.97	8.48
广西	39.38	1182.18	15.24	33.72	10.71	6.91
海南	75.83	1804.67	25.29	46.58	18.68	7.62
重庆	68.53	1435.49	21.06	45.15	15.01	8.91
四川	55.45	1092.62	13.55	35.05	12.93	7.47
贵州	28.52	952.20	11.42	31.09	7.44	5.74
云南	28.75	1243.27	12.06	36.01	8.28	5.28
西藏	52.10	1371.61	16.38	30.31	23.69	0.94
陕西	73.45	1632.17	21.00	50.83	15.01	8.41
甘肃	30.08	1064.23	12.44	34.07	12.74	7.02
青海	41.52	1476.30	23.45	44.60	16.69	4.87
宁夏	56.17	1518.02	16.51	52.34	12.87	6.80
新疆	54.82	1727.95	29.33	49.34	21.69	7.04

数据来源：根据 2009 年中国统计年鉴整理。

三、经济发展的地区差距

中国经济发展存在着较严重的区域失衡，基本上呈现东部、中部、西部由高到低的态势。东部沿海地区经济相对发达，中部地区次之，西部地区经济发展相对薄弱。据 2009 年中国统计年鉴公布的数据，2008 年 GDP 前 4 位的广东、山东、江苏、浙江 GDP 总额高达 118568.05 亿元，占全国 GDP 份额的 36.23%，而 GDP 后 4 位的西藏、青海、宁夏、海南 GDP 总额仅为 3915.18 亿元，仅占全国 GDP 的 1.19%，相差巨大。在各个省区市内部，也存在着一定程度的地区差距、城乡差距，以城乡差距最为严重。

中国地区间信息资源与经济发展都存在着巨大差距，对其进行深入分析要回答一系列问题：信息资源地位如何？它与其他投入要素的关系及作用机制如何？地区间信息资源差距状况及变化趋势如何？信息资源与经济增长有何关系？理想状态下信息资源的贡献究竟多大？不同信息资源丰裕地区信息资源对经济发展影响有何不同？缩小地区信息资源差距对缩小经济差距有何意义？有哪些因素影响区域信息资源量？信息经济投入产出效率如何？

四、研究目的和意义

（一）研究目的

研究信息资源的地位及作用机制，测度中国地区信息资源差距水平及变化趋势，分析信息资源对经济增长的动态贡献、信息资源的影响因素及其投入产出效率，以新的视角重新审视缩小信息资源差距对缩小地区经济差距的影响，为缩小地区经济差距、转变经济增长方式寻找深化信息资源利用的理论和实际支持。

（二）理论意义

1. 研究信息资源与经济增长的关系，探讨缩小地区信息资源差距与缩小经济差距的内在联系，丰富信息资源与经济增长关系的相关理论。

2. 采用经济学理论和方法研究无形资源——信息资源的区域分布规律，分析其影响因素，同时比较不同地区信息经济的投入产出效率并总结其规律，寻找优化信息资源配置，提高其利用率的有效途径。

3. 分析信息资源、知识、自然资源、人类行为的内在关系，探索信息资源的内在作用机制。

（三）现实意义

1. 客观评价中国地区信息资源差距水平，分析影响信息资源的因素，从而优化区域信息资源布局，缩小数字鸿沟，增进居民信息福利。

2. 为节省自然资源消耗，加快技术进步和自主创新的步伐，缩小地区经济差距，促进经济增长方式变革和可持续发展提供新的思路。

3. 对发展中国经济，缩小与世界发达国家数字鸿沟以及经济发展差距也具有借鉴意义。

第二节　文献综述

一、信息资源测度

对信息资源进行定量研究，首先要解决的问题是信息资源的测度问题。由于信息化与信息资源的密切关系，信息资源测度总是和信息化测度联系在一起，总体上，信息化测度较多，信息资源测度较少。

一般认为，信息化是国民经济或社会结构的重心从物理空间向信息或知识性空间转移的过程，它以高科技的信息技术为手段，对社会经济结构、产业结构等进行改造、重组或重新定向，通过提高经济活动与产品中信息与知识的含量，推动全体社会达到更高级、更有组织、更高效率的经济发展水平。信息化是个动态过程，国民经济和社会信息化意味着社会从工业社会向信息社会演进，国民经济从工业经济向信息经济的演进。信息化的发展，必然会带来信息资源的深化利用。

（一）信息化测度

信息化是当代社会发展的重要趋势，代表着先进生产力的发展方向。信息化水平已成为衡量一个国家和地区的国际竞争力、现代化程度、综合国力和经济成长能力的重要标志。信息化加速了产业结构升级，促进了资源优化配置，推动了经济全球化进程，对科技、经济、文化、政治、军事以及意识形态产生越来越广泛的影响，正在深刻改变着人类生产方式和生活方式。信息化关系到经济、社会、文化、政治和国家安全，已成为各国在新世纪发展中竞相争夺的战略制高点。

国内外有关信息化测度的模型与方法有几十种，其中影响较大的几种信息化水平和知识经济的测度方法有马克卢普测度法、波拉特测度法、信息化指数法等。

1. 马克卢普测度法。马克卢普（F. Machlup, 1962）主要是从宏观上测算信息产业在国民生产总值中所占的比重、信息部门就业人数的比例以及信息部门的收入占国民总收入的比重大小，间接描述信息资源的作用与贡献。马克卢普的最终需求法是用信息经济国民生产总值的方法来测度信息化水平。最终需求法也称支出法，它把消费、投资、净出口和政府支出等几部分与最终商品需求汇总而成。其计算公式为：

$$GNP = C + I + G + (X - M) \qquad (1-1)$$

其中 GNP 为独立的商品化信息部门的 GNP 值；C 为消费者对最终产品和服务的消费量；I 为企业对最终产品和服务的消费量；G 为政府对最终产品和服务的消费量；X 为出口额；M 为进口额；$(X-M)$ 为净出口额。

2. 波拉特测度法。马克·波拉特（M. Porat, 1977）宏观测度方法就是用信息活动的产值占国民生产总值（GNP）或国内生产总值（GDP）的比例大小、信息劳动者人数占就业人口的比例大小和信息部门就业者收入占国民收入的比例大小来衡量社会信息化程度。在理论上，将整个经济划分为农业、工业、服务业、信息业四大产业，认为信息活动是信息产品和信息服务在生产、处理、流通中所消耗掉的一切资源。将社会职业分为信息职业和非信息职业两大类。他从美国422种职业中归纳出5大类信息劳动者：知识生产与发明者、知识分配者、市场调查与管理人员、信息处理工作者、信息机械操作者。在测度中确定了三个衡量指标：信息活动产值占 GNP 或 GDP 的比例、信息部门就业人数占总就业人数的比例、信息部门就业者收入占国民收入的比例。其测度的核心是将国民经济中的信息部门划分为一级和二级信息部门。马克·波拉特信息测度方法从经济学角度，以经济统计语言开启了定量描述信息经济的先例。其信息行业的识别、二级信息部门的划分与测度及其一整套测度理论和方法都很有独创性，国际影响很大。该模型对研究信息产业与国民经济结构及其他产业部门之间的内在联系等问题具有重大意义。

3. 信息化指数法。信息化指数法是日本电信与经济研究所学者小松崎清介（1965）提出并用以测度社会信息化程度的方法，也称为 RITE 模型（Research Institute of Telecommunications and Economics）。该方法能够从纵向上比较一个国家或地区不同时期的信息化程度以及从横向上比较不同国家或地区之间的信息化程度。该方法是相对测度法，即以某个信息化水平为标准，其他地区的信息化水平与其相比较所得为该地区信息化水平。其信息化指数是通过4个因素反映的，每一个因素又由若干个分指标构成，共11个指标。由于这些分指标不同而无法直接运算，所以应先根据统计数据求出各自的绝对值，再将此绝对值转换成指数（按百分比计算），最后才能求出信息化指数。常用的有两种算法：一步算术平均法，先将基年各项指标的指数定为100，分别用被测年的同类指标值除以基年指标值，求得被测年度的各项指数，再将各项指标值指数相加除以项数，可得最终的信息化指数；二步算术平均法，先分别计算四组要素的指数平均值，即对每组指标的指数值求平均值，再对此平均值求算术平均值，得到信息化指数。

由于信息化的迅猛发展，不断产生新的通信方式与沟通手段，如互联网与移动电话的出现，中国学者对信息化指数进行了修正，主要是指标体系的设计及指标的计算方式，并且针对中国或部分地区进行了实证研究。

以信息化测度方法改进为主的研究主要有：陈昆玉（2001）对信息指数法的指标及权重全面进行了调整，优化了该指标体系。王俊、张光宇（2002）利用改进后的 RITE 模型对广东省社会信息化水平作了测定，并结合测定结果进行了分析。宋秉芳、吕胜利（1998）分析了日本信息化指数法指标间信息重叠问题，并用主成分分析法进行了修正。国家统计局国际统计信息中心在 2003 年制定了国际大都市信息化水平总指数的指标体系，用于测算国际大都市的信息化水平，这套指标体系共设置了 6 大类 27 个指标。

以信息化测度应用为主的研究主要有：王亮（2005）利用修正的信息化指数测度了成都市的社会信息化水平。卢丽娜（2004）选用信息化的主要指标对山东省信息化水平进行了分析并提出了改进意见。胡芒谷（1997）从信息经济规模和社会信息化水平的角度提出评价中国信息产业发展水平的评价方法和指标体系，并对北京和天津 1990 年信息产业发展水平进行了测度和比较。陈向东、傅兰生（1999）从信息需求与信息供给两个方面建立了机械行业信息化测度指标体系并进行实证。修文群（2004）从信息资源、信息产业、信息设备、信息应用、信息政策、信息人才方面建立指标体系，用来测度区域信息化水平。对日本信息化指数改进做过贡献的学者还有靖继鹏（1993）、贾怀京、许飞月（1997）、梁海丽、于洪彬（1999）、陈建中、白万平（1999）、郑建明、王育红（2000）、朝乐门、王丽萍（2001）等数十位学者。

4. 国际电信联盟法。20 世纪 90 年代初，国际电信联盟严格界定了信息产业的范畴，即信息产业包括四大项：电信服务与设备、计算机服务与设备、声音与图像传播及其设备、音像娱乐业。该联盟使用的评价各国信息化水平的方法是：首先计算出每一部分的产值（增加值），然后与 GDP 相比较，算出信息产业对于国民经济的贡献率，以及信息产业发展速度对于 GDP 发展速度的贡献率。本质上还是受马克卢普和波拉特的影响，该方法在我国的影响总体不大。

5. 国家信息化指标体系。国家信息化评测中心历时 8 年，会同国家统计局、质量技监局，国家计委、国家经贸委、国家广电总局、国务院新闻办等有关部门，研究提出了20项反映国家信息化水平的统计指标体系，在2001年确定了国家信息化指标构成方案，以《关于印发〈国家信息化指标构成方案〉的通知》（信部信［2001］434号）发布，成为官方标准。国家信息化指标体系本质上仍然是信息化指数法在中国的实际应用。

国内不少学者对国家信息化指标体系进行了改进和修正。俞立平（2005）从指标选取、数据采集、指标间的互相替代三个方面分析了国家信息化指标体系的缺陷，并提出了修正意见。孙建军、苏君华（2005）基于国家信息化指标体系，利用因子分析法测度了江苏省的信息化水平。邓小昭、邬晓鸥等（2003）对国家信息化指标体系进行了评析，并提出了改进意见。丛敬军、韩玉伟等（2003）利用修正的国家信息化指标体系测度了辽宁省的信息化水平。

6. 其他信息化测度方法。由联合国教科文组织委托美国加州大学图书情报研究院 H. Borko 和法国学者 N. J. Menou（1982）研究的一种测度方法，称为信息利用潜力（Information Usage Potentiality，IUP）指数，1982年完成。选用230多个指标，权重采用因子分析法确定。美国国际数据公司（IDC）自1996年开始，每年都利用计算机基础设施、网络基础设施、通信基础设施、社会基础设施4要素2层次评估体系，对全球55个国家（地区）参与信息社会的能力进行综合评估，并以"信息社会指数"的形式公布评估结果。

国内很多学者利用各种各样的评价方法，提出了很多信息化评价模型和方法，并大量应用到实证研究中。杨雅婷、马博等（2010）提出贯穿区域信息化全生命周期的信息化水平评价模型及体系，运用数据仓库模型分析特征数据，给出区域信息化水平多指标分层综合评价算法，建立模糊评价矩阵，采用层次分析对区域信息化水平进行测度。周跃锋、丁旺旺等（2010）采用模糊综合评价法对农村信息化水平进行了评价。杨诚、蒋志华（2009）提出了能够较为全面反映我国农村信息化水平的评价指标体系。毕然、魏津瑜等（2008）建立了天津市信息化发展的评价指标体系，并应用网络分析法（The Analytic Network Process，ANP）构建指标体系的数学模型，分析指标间的依存和反馈关系。滕勇、魏隽等（2001）根据灰色系统理论，提出递阶多层次灰色测度法，从信息资源、信息产业、信息设施、信息应用、信息人才、信息政策6个方面选取若干指标，对天津信息化程度进行测度。石洪斌、陈畴镛（2001）根据中国二元经济的现实条件，改进了现有的社会信息化水平评价方法，增加了信息观念等指标，并以层次分析法（AHP）确定各指标权重，用模糊综合评价方法对重要定性指标进行量化评价。付兵荣（2003）利用层次分析法建立了城市信息化测度指标体系并对广州市的信息化进行了测度。王君、杜伟（2003）探讨了中国传统产业信息化水平的测度方法和指标体系，并运用该指标体系，采用层次分析法对中国机械工业所属的6个分行业进行了产业信息化水平的实证分析。

（二）信息资源测度

对中国信息资源的测度，主要是谢康、肖静华（1997）提出的信息资源丰裕度系数，选取若干指标，测度信息资源量，权重采取相等权重法。信息资源的生产能力指标有数据库数量、专利商标数量、图书报刊出版发行量、视听产品生产数量。信息资源储备能力指标有计算机拥有量、文化设施、新闻设施、娱乐设施、邮电设施、通信设施等。信息资源的处理潜力指标主要有识字率、在校生数、科研人员数、政府公务员数、咨询人员等。王爽英（2008）运用信息资源丰裕指数模型测算了2000—2005年湖南省的信息资源发展水平。刘灿姣，陈能华（2003）分析了该模型存在的问题，并进行了修正。徐世伟（2004）对该模型从指标体系和权重方面进行了修正。

国内信息资源测度的理论研究和实证研究都比较丰富。申彦舒（2010）利用因子分析方法对中国31个省区市网络信息资源进行了测度，选取的指标有网民、网站、域名。宋海艳、郑建明（2008）提出"驱动力——响应——影响——状态表征"逻辑结构，提出一个包含9项指标的信息资源测度体系，采用主成分分析进行测度。汪祖柱，徐冬磊（2009）提出了一种基于三角模糊数的网络信息资源模糊综合评价方法。矫健、黄仕群（2008）提出了一种基于层次分析法和贝叶斯网络的网络信息资源综合评价新方法。吕淑丽、曾旗、张乾林（2005）应用BP神经网络模型尝试了对国家信息化水平的评价。翁佳、谷俊（2008）提出了一套囊括传统文献信息资源（图书、报纸、期刊）和电子信息资源（广播、电视、网络）的测度体系。曾文武、刘冬红（2004）建立了一套图书馆信息资源测度指标体系，从基础条件、数字化资源、非数字化资源三方面进行测度。吕静、邹小筑（2010）对目前的信息资源测度方法进行了归纳和总结。郝金星（2003）分析了信息社会中注意力和信息的关系，认为信息社会缺乏的不是信息，而是获得注意力的有价值的信息。进而分析了注意力的特性，并且认为注意力可以作为衡量信息的手段，通过对注意力的特性进行公式化描述并利用信息社会的基本规律，提出了信息价值测度的注意力模型。

（三）测度评价

国内外学者主要进行的是信息化水平、知识经济的测度，取得了丰硕的成果。信息资源测度包含在信息化测度中。在指标体系上，由于信息技术的飞速发展，早期的研究成果对互联网相关指标缺乏或不尽科学，因此不少学者进行了一些修正，但没有充分考虑信息资源媒体之间的替代作用。在权重赋值上也存在一些问题，因此有必要从新的视角对信息资源进行测度。总体上，没有哪一种测度方法得到广泛认同，因此造成即使针对同一测度对象，选取相同的指标，测度结果也不尽相同。

在对信息资源的界定上，由于研究目的不同，存在过分宽泛和过分狭窄状况。一些学者在界定信息资源测度指标体系时包括了信息化基础设施、人才、知识等方面的指标，某种程度上将信息化与信息资源测度等同。另一些学者将信息资源狭义地界定为图书信息资源或互联网信息资源。相对而言，对信息资源测度的理论研究和实证研究均少于信息化测度。

二、信息资源地区差距

（一）数字鸿沟

数字鸿沟是信息资源地区差距的重要组成部分。对于"数字鸿沟"的来历，有两种说法：一是由 Markle 基金会的前总裁 Lloyd Morrisett 在 1995 年 5 月出版的《数字鸿沟的演变》一书中首先提出，他提到了有关对信息富人（The Information haves）和信息穷人（The Information have-nots）之间所存在的一种鸿沟的认识。二是纽约时报的记者 Gary Andrew Poole，他在 1995 年 12 月和 1996 年 2 月期间，在报道学校网络计划的几篇文章中几次使用该词。

美国商务部认为数字鸿沟是一种由于地域、种族、经济状况、性别和身体状况等产生的差异，主要是指通过互联网或其他信息技术和服务获取信息的差异和利用信息、网络以及其他技术的能力、知识和技能的差异。从 1995 年开始，美国商务部启动了一个系列项目"在网络中落伍"，从多角度研究数字鸿沟。美国得克萨斯大学电子商务研究中心的"互联网生态"从公司的角度研究互联网的经济潜力，也采用了量化指标。

根据国际经合组织（OECD, Organization for Economic Co-operation and Development）2001 年的定义，"数字鸿沟"是指不同社会经济水平的个人、家庭、企业和地区在接触信息通讯技术和利用因特网进行各种活动的机会的差距。这种差距（不对称性）既存在于不同国家之间，也存在于一国内部不同人群之间。

英国广播公司（BBC，2000）的在线新闻，则把数字鸿沟称为"信息富有者和信息贫困者之间的鸿沟"。数字鸿沟的本质是经济上的差距，也称为经济鸿沟。处在鸿沟的不利的一方，经济一般是相对贫穷、落后的。他们信息技术薄弱，就意味着更少的机会参与以信息为基础的新经济，相应地经济就会更滞后于另一方，这已经形成一个怪圈。

国际电信联盟（International Telecommunications Union，ITU）的定义为："数字鸿沟"可以理解为由于贫穷、教育设施中缺乏现代化技术以及由于文盲而形成的贫穷国家与富裕发达国家之间、城乡之间以及年轻一代与老一代之间在获取信息和通信新技术方面的不平等。

关于数字鸿沟领域的研究，首先是对数字鸿沟本身的认识和状况的研究。Steven P Martin（2003）对美国商务部报告的数据重新进行统计分析后，发现计算机和互联网在穷人中的普及速度远远不如在富人中的普及速度，进而会在穷人和富人间形成更大的鸿沟。Jayajit Chakraborty、M Martin Bosman（2005）使用知识曲线（Lore Curve）和基尼系数（Gini Co-efficient），对美国50个州的种族、收入水平、个人电脑拥有量等数据进行分析，发现不同种族之间的收入不平等形成数字鸿沟。Arquette（2001）提出一个衡量地区间数字鸿沟的三维度框架定义——信息智商（Information Intelligence Quotient，IIQ）。包括三个方面：信息传播技术基础设施建设（Infrastructure）、信息传播技术的拥有（Accessibility）及信息传播技术的使用（Use）。S. P. Martin（2002）依据美国商务部报告中的基础数据，利用差额比率法对计算机和Internet普及率在美国不同群体之间的差距进行了计算，发现数字鸿沟正在拉大。DiMaggio等（1991）发现数字鸿沟导致了技术享有、技术使用授权、技能水平、社会支持可行度等多种不平等，即使在信息技术使用者之间也存在使用密度以及使用类型的不同。S. Dewan、F. J. Riggins（2005）发现数字鸿沟导致人们在信息拥有以及信息使用能力上的不平等，并分别从个人、企业组织和全球三个层面分析其影响。

关于数字鸿沟实证领域的研究，黄金、赵冬梅（2010）通过Logistic曲线研究发现，中国互联网数字鸿沟有逐渐收敛的趋势。陈建龙、胡磊等（2009）比较了五种国内外数字鸿沟测度常用的基本指标的计算方法，并通过两个实例对这五种方法进行了比较和分析。薛伟贤（2004）从互联网的角度研究中美之间数字鸿沟的差距，认为主要原因是经济实力和社会文化因素，同时研究了中国5个省市的数字鸿沟，主要是网民数据，发现中国东西部数字鸿沟较大。康建强、唐曙南（2002）认为中国的数字鸿沟主要存在于城乡之间、东西部之间以及不同的文化水平之间。袁勤俭、黄奇等（2004）的研究表明，不仅亚洲地区、拉丁美洲地区、非洲地区与北美地区、大洋洲地区和欧洲地区，而且不同国家或地区之间都存在着广泛的数字鸿沟。陈爱娟、姜福强等（2005）以国家信息化指标体系为基础，运用因子分析法测度了陕西省城市之间的数字鸿沟，发现西安市与其他城市存在着较大的数字鸿沟。汪明峰（2005）从空间视角研究数字鸿沟问题，认为主要问题是特大型城市与其他地区的差距，这种状况与当前全球出现的新的城市二元化趋势相一致，可能加剧中国社会空间的分离和破碎化。

在对数字鸿沟的影响因素实证研究领域，Edward M. Crenshaw、Kristopher K. Robison（2006）选取全球76个国家1995—2001年的数据，采用回归分析发现外国投资、大城市聚集程度、总出口额、国家的民主开放程度、财产所有制结构以及收入水平等方面的差异都是全球范围内区域"数字鸿沟"形成的原因。Rowena等（2001）认为产生"数字鸿沟"的主要影响因素有社会经济因素、地理因素、教育因素和生育因素等。Sanjeev Dewan等（2007）对世界40个国家1985—2001年的统计数据分析，提出了数字鸿沟形成的经验模型，强调IT渗透率对数字鸿沟形成所起的重要作用。

薛伟贤、刘骏（2008）认为信息资源、地理位置、年龄、个人拥有计算机、个人信息技能、个人收入水平是数字鸿沟的表层直接影响因素，信息技术研发投入、信息人才、个人信息意识是中层间接影响因素，教育发展水平、经济发展水平、信息基础设施建设、政府相关政策、社会文化是深层根本影响因素。王兴华（2010）的研究发现，中国和世界平均水平的数字鸿沟开始出现缩小的趋势；数字鸿沟的变化趋势与中国经济增长的关系呈现出一种倒"U"形；数字鸿沟变化受到对外贸易水平、金融发展水平、信息产业薪酬、信息知识普及率等因素的影响。刘芸（2007）利用回归分析研究了数字鸿沟的影响因素。胡鞍钢、周绍杰（2002）利用主成分分析方法分析了不同因素对国际互联网普及的影响，结果表明经济发展水平、国家知识发展能力、对外开放程度以及通讯技术引进水平是影响一国国际互联网普及水平的重要因素，面对日益扩大的数字鸿沟，发展中国家必须实行新的国家治理，利用信息技术实现跨越式发展，从而缩小数字鸿沟。赵冬梅、杨杰等（2004）选取指标检验了因特网发展与经济发展间的关系，发现因特网发展程度与经济发展水平之间有明显的正相关关系，这种相关关系逐年增强。因特网发展的区域差异程度高于经济发展的差异程度，但随着时间推移有下降趋势，贫富差距与数字鸿沟互为因果。

在对数字鸿沟的原因及对策方面，Tim Turpin、Russel Cooper（2005）从数字鸿沟系统的"输入"和"输出"来研究数字鸿沟的形成，认为正是由于技术、技能以及政府政策的差异，导致输入的不同，经过一定时期三者相互作用，产生了不同的输出，最终导致了数字鸿沟的形成。Joseph F 等（2003）的研究发现存在两种变化的数字鸿沟：第一种是同一地区不同村民间的数字鸿沟，由同事、朋友交际圈的差异引发，并反过来影响人们的信息意识、知识以及信息技术的使用；第二种是经济和人口发达的乡村与不发达的乡村之间存在的数字鸿沟，由不同乡村附属的城市经济引起。H. Huang，C. Keser 等（2003）研究发现信任对国家之间互联网的使用率具有显著影响，人们之间的信任度决定了网上交易水平。Mauro F. Guillen、Sandra L. Suarez（2005）也认为数字鸿沟是由各国间的互联网使用差距导致经济、政治、社会差距而引发的现象，肯定了互联网对于数字鸿沟形成的重要性。Jos De Haan（2004）建立了"数字鸿沟因果反馈链"模型，从多维度、动态的角度来说明数字鸿沟的形成过程。

何枭吟（2009）分析了美国政府消除数字鸿沟的经验教训对于我国构建和谐信息社会具有重要意义。薛伟贤、张飞燕（2009）分析了数字鸿沟的形成原因、测度、影响及弥合方法，发现数字鸿沟是一个需要全面认识的现象，未来应着重对数字鸿沟的形成原因及测度进行研究。张维迎（2001）认为跨越数字鸿沟必须首先填平制度鸿沟。盛晓白（2001）剖析了中美产生数字鸿沟的原因，认为观念革命是解决问题的关键。杨琳、李明志（2002）认为中国数字鸿沟的根源在于各地区社会经济发展的不平衡，同时这一差距本身也有可能进一步加剧社会经济发展的不平衡。政府应该采取适当的措施以阻止差距的进一步扩大。朱莉、朱庆华（2003）认为中国与发达国家数字鸿沟出现并不断扩大，国情不同和经济状况的差异是主要原因，数字鸿沟已经成为信息时代的"南北问题"。杨蒙莺、陈德棉（2003）分析了发达国家与发展中国家之间的数字鸿沟，并从政策方面寻求解决办法。邵培仁、张健康（2003）认为应该借鉴国际经验，根据中国国情来消除数字鸿沟。廖小平（2004）从伦理学的角度分析数字鸿沟问题，认为数字鸿沟所引发的代际伦理问题已日渐凸显，网络不应成为代沟的新障碍，而应成为沟通代际关系的渠道和桥梁。罗德隆（2005）从经济学的视角分析了企业之间、个人之间、企业与个人之间、中美之间、中国东西部的数字鸿沟，认为政府应该发挥主导作用。陈艳红（2005）从信息技术、信息资源、信息主体、信息政策等四个方面来探讨数字鸿沟的现状及成因，研究它们对获取和利用信息资源所产生的影响。

(二) 信息资源的地区差距

从数字鸿沟的内涵可以看出，信息资源地区差距是数字鸿沟的一部分，主要是指不同地区人均信息资源拥有量的差距。在信息资源的地区差距领域，主要集中于理论与对策研究。

国内学者该领域的研究主要集中于信息化差距。胡鞍钢、周绍杰（2001）认为信息化是21世纪发展的重大举措和机遇，缩小信息差距是中国信息化战略的重要内容，有利于促进信息产业和信息化的跨越式发展。刘灿姣（2002）从信息的生产能力、传播储存能力和获取能力等三个方面分析了中国东西部的信息差距的现状，从历史、政策和经济等方面分析了东西部信息差距的形成原因，并提出了缩小东西部信息差距的主要措施。简方（2002）认为中国与发达国家的信息差距还在继续拉大，从国家的角度和产业发展的角度看，树立危机意识和迎接挑战是最关键的问题。杨绍兰（1999）从美日信息化政策、信息技术、信息管理体制、信息化社会意识诸方面分析二者的差距所在。张芳芳、姚高亢（2003）阐述了信息差距的概念和产生的背景，分析了中国地区信息差距产生的本质原因及当前缩小信息差距的条件和对策。张彬、康宝军（2003）分析了民族地区信息化差距，认为经济发展、科技发展、教育差距是主要原因。胡晓鹏（2003）分析了收入差距与信息化差距的关系，认为中国各地区信息化的发展虽然大大地推动了人均收入的提高，却没有显著地推动工业化的发展，客观上很有可能使中国在空间上形成新的二元结构形态：快速成长的信息部门但拉力较弱和缓慢前行的工业部门同时并存的现象。姚维保（2005）认为中国的信息差距不断扩大，并提出了改进建议。

关于信息资源差距的研究总体不多。陈传夫，姚维保（2004）通过对我国信息资源公共获取差距和障碍要素的分析，提出了推动信息资源公共获取的政府策略建议。陈能华、刘灿姣（2003）认为中国西部地区信息资源的生产能力和发展潜力普遍落后于东部地区，进行西部地区信息资源建设，要加大资金的扶持和投入力度，开发特色数据库和多媒体信息产品，加强信息基础设施建设。唐重振、王晟（2005）通过城乡信息产品的需求差异分析、供给差异分析，指出要想很好地解决城乡差距问题，就应从经济入手，缩小城乡差别，均衡投资与消费各方的利益，以促进农村信息消费市场的良性发展。

(三) 地区信息资源差距研究评价

国内外学者对数字鸿沟的研究全面具体，研究视角包括国家地区、教育、收入、性别等方面的差距，政策建议也有许多真知灼见，但存在以下问题：

第一，研究数字鸿沟的角度，研究信息资源差距的较少，尤其是研究信息资源地区差距的更少。缺乏对中国信息资源地区差距全面、系统的研究。

第二，一些学者在研究数字鸿沟的时候，存在泛化倾向，比如将专利、第三产业发展也作为数字鸿沟的一部分。

第三，从研究方法看，静态研究较多，动态研究较少。

三、信息资源与经济增长关系

在信息化、信息产业、信息技术、知识等要素对经济增长贡献方面研究较多。经济学家罗莫（1986）在其内生增长模型中，进一步将知识视为除资本、劳动力之外的第三个生产要素。美国的基普曲线描述了信息基础设施发展与经济增长成正比的相关关系。自 Cobb（1928）提出生产函数以来，使定量研究信息经济的贡献成为可能。Castells（1976）认为信息化主要通过产业经济的扩充来影响社会经济发展。Biswas（2004）提出信息化通过影响生产技术和消费结构两种形式来影响经济增长。Robert Solow（1987）提出生产率悖论（IT Productivity Paradox），即"IT 产业无处不在，而它对生产率的推动作用却微乎其微"。Welfens（2002）将技术进步要素分解为两个部分：一部分为信息技术水平，另一部分是信息技术以外的其他技术进步因素。Hayes 等（1982）提出将信息化作为生产要素。Charles（1983）根据两要素经济模型分析美国信息资源在经济增长特别是生产力水平中所起到的作用，发现信息化对服务业不如对物质生产领域的促进作用大。Dewand 等（2000）根据 C－D 生产函数，采用 36 个国家 1985—1993 年间的数据，测算了不同国家的 IT 投资对 GDP 的影响。发现发达国家和发展中国家的 IT 投资对 GDP 增长的贡献有着显著的差异。Christopher 等（2004）研究了 13 个工业化国家 1992—1999 年间的数据，发现 IT 技术对美国的经济增长有着明显的促进作用，而在那些存在严重管制环境的工业化国家，其信息技术的生产与应用都得不到很好的发挥，导致信息化对经济的贡献不如美国。

国内学者关于信息化与经济增长关系的实证研究也比较丰富。姜涛等（2010）运用面板单位根和面板 Granger 因果关系模型研究中国信息化和经济增长的关系。发现中国总体存在信息化与经济增长的双向因果关系，东中西部不同地区的因果关系特点不同。邵宇开等（2007）采用 Granger 因果关系检验研究发现，在信息化与经济发展的互动关系中，信息化为"因",经济发展为"果"。王铮等(2006)将信息化作为一种内生经济行为,研究信息化对省域经济的影响。结果表明信息化促进了东部经济的快速增长,对长江三角洲、珠江三角洲和环渤海地区的经济贡献尤为突出。徐瑾(2010)运用面板数据的变截距、变系数模型,从总指数和分类指数两方面分析了地区信息化对地区经济增长的影响。李立志(2010)根据《国家信息化指标构成方案》,测度了河南省18个省辖市信息化建设水平,并用线性回归对省辖市信息化建设水平与国民经济发展之间进行了相关性量化分析,认为信息化的贡献比较显著。李斌等(2009)运用修正的C-D生产函数和岭回归研究了湖南省信息化对经济增长的贡献,同样得出信息化贡献较大的结论。马生全、张忠辅等(2003)结合索洛余值法从理论上探讨了西北少数民族地区信息化建设投入对经济增长的作用,建议采用投入经费作为信息化的量化指标。徐险峰、李咏梅(2003)认为以信息化促进产业结构调整升级是中国实现跨越式发展的必由之路。王述英、马云泽(2001)认为信息技术是美国经济增长的动力和源泉;信息化改造成为美国传统工业重焕生机的重要途径,信息产业成为美国劳动力就业的主要领域。为了快速提高中国经济的信息化水平,我们必须借鉴美国信息化发展的经验。郑晔,钟昌标(2002)研究信息网络对区域经济发展的影响。张颖丽,许正良(2003)提出了信息产业对国民经济的带动系数,作为测度信息产业对国民经济的方法。朱幼平(1996)研究信息化对经济增长的贡献,认为信息化的贡献最大,其次是劳动力,最后是资本;孙宝文(2002)用信息技术装备量作为信息技术产业的量化指标做过类似研究。

在信息资源与经济发展关系的理论研究方面,苏联学者帕尔凯维奇认为一国信息需求的增长与人均国民收入的平方成正比。李赤林(1996)从多方面阐述了信息是促进经济增长方式转变的战略资源,并提出了加速信息资源开发利用的对策。雷润玲(2001)分析了信息资源对经济效益的直接影响和间接影响,认为深化信息资源利用是提高经济效益的根本途径。王守全(1999)认为开发信息资源,应以系统理论做指导,走产业化发展的道路。耿爱静、王茜(2001)认为信息资源与信息市场在社会经济中具有十分重要的地位和作用,对合理地利用信息资源和信息市场具有十分重要的意义。

在信息资源与经济发展关系的实证研究领域,徐红梅、查奇芬等(2009)采用向量自回归模型分析信息资源与经济增长的关系。钟有林、李娟(2009)采用生产函数分析了中国信息资源与经济增长的关系。时文生(1996)对美国及日本的信息需求与国民经济关系进行了实证研究,发现二者呈现严格的正线性相关关系。俞立平（2005）用网站作为信息资源的替代变量探讨信息资源对经济增长的贡献，认为资本贡献最大、其次是信息资源，劳动力贡献最小。

综上所述，信息资源与经济增长关系的理论研究较为成熟，部分学者认为信息资源就是图书情报信息资源，范围界定过小，而且将信息资源与知识等同。总体上存在以下问题：

第一，在实证研究方面，研究信息化、信息技术产业、知识经济对经济增长贡献的较多，研究信息资源对经济增长贡献的极少。

第二，国内几乎所有学者在进行信息资源对经济发展规模贡献的实证研究时，或采用截面数据或采用时间序列数据分析，较少采用面板数据（Panel Data），因此难以克服多重共线性，没有考虑随机解释变量问题，因为信息资源与经济增长是互为因果关系的，也难以控制个体差异，导致研究结果可能是有偏的。

第三，关于信息化（信息资源）、资本、劳动力等对经济增长的贡献，结果相差较大。有的认为信息化的贡献最大，有的认为中等，也有的认为信息化的贡献最低，低于资本和劳动力。

第四，绝大多数研究都假定信息化（信息资源）变量的回归系数是不变的，对于发展中国家而言，在经济转型时期这种假定并不存在，因而不能真实刻画信息化（信息资源）与经济增长之间的关系。

第五，迄今所有的研究没有考虑到信息资源对经济增长的贡献，即在无效率损失情况下，信息资源对经济增长的贡献如何？它和有效率损失下有什么区别？

四、信息资源的作用机制

关于信息与知识的传播及作用机制问题，不少学者进行过广泛研究，袁志秀（2005）从生态学的角度分析信息传播模式，认为通过信息系统的自我调节和修复可以解决信息资源传播中的一些问题。倪延年（2003）研究了知识传播环境对知识传播的影响。宁艳阳、常立农（2004）探讨了隐性知识的传播与共享问题。张生太、李涛等（2004）从系统工程的角度建立了组织内部隐性知识传播的微分动力学模型。总体上，从逻辑角度研究信息资源与知识传播处理机制的不多，将二者进行比较的报道更少。

组织和个人行为是促进社会变迁和经济增长的唯一途径。在人类行为研究领域，主要集中于两大领域，一是从生理学和生物学的角度，把人类行为看成是有机体对外界刺激的反射和反映活动；二是力图以心理学、社会学、人类学等理论为基础来说明人类的行为，并产生了行为科学。从个体行为的角度看，需要→动机→行为模型已经得到了大部分学者的公认。随新民（1998）认为社会系统个体行为的选择标准必须是社会认同的行为方式，同时能实现个人目标并且促进社会系统优化。王自强（2002）探讨了个体行为选择的内在影响因素。

信息行为一般是人类个体对其所需要的信息采取的搜寻、传递、存储、利用等行为。国外学者对信息行为进行过广泛研究，如德尔文（Dervin）的意义建构理论及模型，埃利斯（Ellis）的信息查找行为模型、库尔斯奥（Kuhlthau）的信息查找过程模型和威尔逊（Wilson）的信息查找行为模型等，朱婕、靖继鹏（2005）曾比较过这四种模型的异同。崔保国（2000）将信息行为理论与传播学中的"利用与满足"理论进行比较研究，同样详细比较了二者在方法论上的差异。郑丽航、余秋英（2002）认为应建立信息行为的社会控制体系，并提出了相关政策建议。李书宁（2004）探讨了网络信息行为的影响因素，并从信息检索、信息交流两方面探讨网络用户的信息利用规律。

总体上，国内外学者目前的主要研究方向在单纯的信息行为领域或行为科学领域，强调基于人类个体的角度进行研究，从哲学高度对信息与个体及组织行为关系及影响机制较少研究，报道不多。

五、信息资源的影响因素及效率分析

（一）信息资源的影响因素

在信息资源的影响因素方面的研究，主要集中在理论分析方面。张彩、莫国辉（1999）认为国民信息素质会影响信息资源的获取。陈伟、汪琼（2002）认为保护知识产权可以促进知识与信息资源的利用。喻战书（1999）、叶南平（2000）分析了信息立法对信息资源共享的影响。贾君枝（2003）认为网站信息资源的组织方式、网络用户需求、网络信息服务机构的生产能力会影响网络信息资源配置。袁园（2004）分析了信息政策对信息资源建设的影响。李德华（1997）从现代信息技术的角度，分析了技术因素对信息资源建设的影响。朱庆华、杜佳（2006）认为信息公开制度有利于政府信息资源建设、规范政府行为。

总体上，在影响信息资源建设与共享因素方面，一些学者进行了一些探索，取得了一定的成果，但总体上这方面的研究比较薄弱，迄今为止所进行的研究全部是定性分析，没有将影响信息资源建设的因素量化，缺乏实证研究。

（二）信息资源的效率

在信息资源效率领域，金晖（2010）选用网民数量、IPV4 地址数量作为投入，网站数量、网页数量、域名数量作为产出，利用指标体系测度网络信息资源的投入产出效率。司辉（2009）在 DEA 方法的基础上，建立了网络政府数字信息资源配置效率评价模型的研究框架。俞立平（2008）利用信息资源基础设施指数和劳动力作为投入变量，邮电业务额作为信息资源产出替代变量，运用 DEA 方法结合 Malmquist 指数分析中国 2002—2005 年的信息资源生产效率。张晓瑞等（2008）研究了信息化背景下科技资源的配置效率，并提出了相关政策建议。何伟（2010）运用生产函数和岭回归测度了中国不同行业信息化贡献的弹性系数，并且认为弹性系数是一种效率测度。马费成（2003）用经济学方法研究了信息资源的优化配置与共享效率。王英（2000）研究了组织结构对信息传递效率的影响，认为导致低效的主要原因是协调关系所导致的组织效率下降以及信息失真导致的弱化激励。周冰（1994）从宏观上分析了计划经济与市场经济体制对信息利用效率的影响，认为计划经济信息网络规模庞大，效率低下。赵筱媛、靖继鹏（2005）构建了企业信息资源配置效率评价指标体系，从信息资源开发、利用、环境协调等方面进行评价。马费成、裴雷（2004）通过信息共享模型的分析和建立，分析了信息资源共享过程中信息福利的变化情况，分析了效率损失的原因，提出了效率改进的方案和合理的信息资源共享措施。

总体上，对信息资源效率的研究不多，侧重于组织结构和制度因素的分析。许多研究立足信息资源配置和利用效率，方法上以理论研究为主，实证研究主要集中在指标体系上。还没有学者从宏观信息资源利用的角度，基于投入产出研究信息资源的效率。此外，迄今为止的研究，测度的都是信息化（信息资源）对经济增长的实际贡献。

六、信息资源管理

在一般意义的信息资源宏观管理领域的研究成果颇丰，研究范围涉及信息资源管理的内涵、地位和作用、管理方法等方面。

在信息资源管理的内涵、地位、作用等研究领域。韦波（2010）从信息资源管理和知识管理的概念、特征出发，分析了二者在概念、核心理念、理论侧重点等方面的差别，指出从信息资源管理到知识管理是一个比较复杂的过程。马费成（1996）认为，由于当代信息需求和利用的社会化、多样化、综合化以及现代信息技术高度发展及广泛应用，使得信息服务呈现出以下典型趋势：信息资源数字化、信息存取网络化、软件服务系列化、信息咨询社会化、信息服务管理规范化。并讨论了在这些变化趋势下可能出现的问题以及需要采取的对策。霍国庆、林曦（1997）将信息资源传播与服务置于宏观的信息资源管理过程中加以考察，重点论述了信息资源传播与服务的性质和范围，归纳了信息资源传播与服务的三种基本模式，分析了信息资源传播与服务对社会的影响。孟广君、霍国庆（2003）认为信息资源管理是管理思想在全球经济一体化、市场竞争多样化、信息技术集成化和组织机构平面化时期的特定表现形式，是管理思想史上新的里程碑。郭星寿（2000）论述了信息资源管理的丰富内涵，分析了资源及其管理的认识历程，以及从信息资源走向信息资源管理的必然性。王芳、赖茂生（2003）认为信息资源具有六大经济学特征：相对稀缺性、不均衡性、与人的互动性、信息资源的竞争性、信息产品的非排他性与非竞争性、信息生产的外部性。随着政府、企业、信息机构在信息资源的管理、开发和利用中出现了越来越多的经济问题，加上电子商务、电子政务的迅速发展，对信息资源的经济学研究日益重要。

在信息资源管理方法领域，陈婧（2009）认为借助于混沌理论可以从信息资源计量与采集、信息资源组织与提炼、信息资源的分析与预测、信息资源传递与检索八个维度来改进信息资源管理方法。李进华、焦玉英（2003）探讨了网格（Grid）技术在信息资源管理中的应用。钟守真、李月琳（2000）认为信息资源管理是一个多要素集成的概念。其"方法说"和"对象说"的本质并无区别，信息资源管理是信息管理的一个发展阶段，它是国际、国家和社会组织为达到预定目的，综合运用各种手段对信息活动中各要素实施全面管理的一种管理思想和模式。周毅（2002）在评述国内外有关信息资源管理层次的若干观点的基础上，提出中国信息资源应定位在组织层次和社会层次上。作者在其相关论文中还论述了信息政策与法规在信息资源配置中的作用。童学军（2002）认为信息资源网络中的信息是通过信息资源采集、处理、加工、存储、传输、利用等环节的整套流程而获取的。信息资源的利用是整个流程的归宿和结果，是信息资源网络建设的目的。

在信息资源配置研究领域，杜安平、陈能华（2004）针对西部信息资源保障能力比较低下的现状，提出应从加强基础设施建设、加大信息资源储备与开发力度、积极发展信息服务业、培养和引进人才、创造良好的信息资源开发环境等几个方面进行西部信息资源保障体系的建设。贾晋（2004）认为信息资源的配置必须根据其具体特点进行分类，然后对其生产和交换进行分析，寻求信息资源配置的帕累托最优条件。吕晓燕、张玉梅等（2000）认为信息作为一种智力型资源在社会经济发展中占有重要地位，必须重视开发利用，解决信息资源开发中存在的问题，要充分利用信息资源创造经济价值。徐恩元、李澜楠（2005）从市场为主体配置资源的角度出发，分析了信息资源配置的含义，探讨了以市场驱动的信息资源有效配置的必要性与可能性，并提出了信息资源有效配置的原则与发展对策。

在信息资源管理政策领域，肖英（2008）认为信息资源管理政策应切实反映国家社会经济发展目标，综合运用多元化手段，并提出了加强我国信息资源管理的若干对策。雷玉明、黄小舟（2005）通过对信息的作用及其在经济社会中的影响的介绍与分析，说明了进行信息资源的社会管理的必要性，并且结合中国的实际情况，阐述了信息资源社会管理的措施和理由。

此外，王昌贵（2000）、雷香花（2000）、党跃武、孔桃（2000）、刘鑫、刘戈（2000）、温平（2000）、王美兰（2001）、卢小宾（2001）、王绪林（2002）、石建、李广德（2002）、杨文祥（2003）、杨昌俊（2003）、杨琴（2003）、蔡瑛（2004）、陈晓东（2004）、陈光华（2005）、许原弘（2005）等学者也在信息资源管理领域进行了有益的探索。

以上研究强调了政府在信息资源配置与管理中的地位和作用，研究主要是理论分析，从区域信息资源配置与管理角度进行研究的不多，尤其缺乏建立在实证研究基础之上的信息资源管理政策建议。此外，许多研究将信息资源界定于科技信息资源，主要是科技文献、图书情报信息等等，范围过窄，削弱了信息资源的地位。

第三节 技术路线

一、研究基本前提与假设

（一）研究的假设

1. 中国区域信息资源差距总体在缩小，但具体到某个信息资源因素，有可能拉大。
2. 信息资源与资本、劳动力、知识（技术进步、管理等）一样，都是经济增长的投入要素，其弹性为正。
3. 信息资源丰裕地区经济相对发达。

4. 经济发达地区信息资源的投入产出效率高于经济欠发达地区。

5. 地区信息资源的影响因素有科技水平、教育水平、居民收入等。

6. 由于改革开放以来我国经济结构和信息资源建设的巨大变化，信息资源对经济增长贡献的弹性是动态变化的，早期信息资源对经济增长的贡献没有后期大。

（二）研究的基本前提

1. 信息资源概念的界定：是用来创造社会财富，增进人类福利的，经过加工处理的有用信息的集合，微观上称为信息，宏观上称为信息资源。

2. 地区内部信息资源的分布是均衡的，本研究不讨论区域内部存在的信息资源地区差距、城乡差距，也不讨论个体之间的差距。

二、研究技术路线

研究的技术路线如图2所示，具体内容如下：

（一）在选题设计基础上，进行文献检索、数据搜集。

（二）信息资源作用机制的理论研究。在分析信息资源内涵及传播、处理机制的基础上，研究信息资源与自然资源的关系，它们的替代机制；信息资源与知识的关系；信息资源与人类行为的关系；分析信息资源深层次的作用机制；提出信息资源与知识共同作用的效率测度模型。

（三）信息资源地区差距及其动态变化。研究地区信息资源差距，分析历年来差距变化趋势、特点，研究时通过信息资源的主要指标（邮政类、电信类、报刊杂志类等）进行。同时提出信息资源的指标体系综合测度模型，用以分析宏观信息资源差距。

（四）信息资源对经济增长的贡献。采用中国时间序列数据，研究资本、劳动力、信息资源三要素对经济发展的理想贡献和实际贡献；采用面板数据研究不同地区资本、劳动力、信息资源对经济增长的贡献。

（五）信息资源差距与经济发展差距的关系。分析地区资本、劳动力、信息资源的差距状况及要素增长速度，同时分析经济发展水平的差距变化，结合要素弹性，研究导致地区经济差距的主要因素及缩小信息资源差距对经济发展水平差距的影响。

（六）信息资源的影响因素与信息经济的效率。分析影响信息资源的因素，同时用DEA（Data Envelopment Analysis）方法分析资本、劳动力、信息资源的投入产出效率。进一步总结信息资源自身的规律。

（七）在以上研究的基础上，提出政策建议。

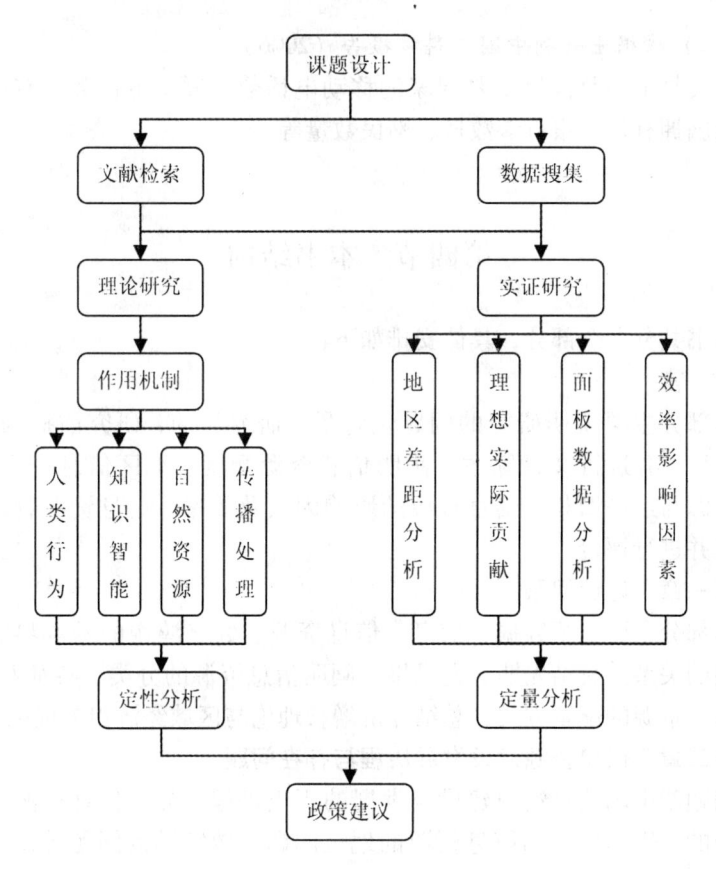

图2 技术路线

三、数据来源

本研究中数据主要有以下来源渠道：

（一）中华人民共和国统计年鉴（1981—2010）

主要是各地区的邮电统计数据，如邮电业务额、报刊期发数、特快专递数等，另外还有各地区的人口数、GDP数据、技术市场成交额、教育经费、城镇居民家庭人均收入、固定资产投资、职工人数、城镇百户居民电脑拥有量、城镇百户居民固定电话拥有量、城镇百户居民移动电话拥有量等等。

（二）中国互联网络信息中心调查报告（1998—2011）

主要是历年来分地区的网站数、域名数、网民数等。另外还有部分网民行为的调查数据，互联网发展的宏观数据等。

（三）摩根士丹利中国高科技报告（2006）

主要是中国及世界主要国家的移动电话数、固定电话数、有线电视数、电脑拥有量、银行卡数量、网民数量等。

第四节　本书结构

本书共分九个部分，具体安排如下：

引　言

本部分主要说明研究的问题及背景，研究目的、研究前提与假设、技术路线。并进行文献综述，阐明信息资源测度、地区信息资源差距、信息资源与经济增长、信息资源的影响因素及效率、信息资源管理的研究现状并进行评价。

第一章　理论回顾

本部分主要介绍数据、信息、信息资源、数字鸿沟的基本界定及它们之间的关系。总结先期研究成果，阐明信息资源的分类、特征和作用，分析信息资源的配置方式，总结经济增长理论与区域经济相关理论。

第二章　信息资源建设发展历程与存在问题

回顾新中国信息资源建设与发展的历史进程，分析信息资源建设与管理中的若干问题，如信息资源的地位问题、数字鸿沟问题等，进一步分析数字鸿沟的危害及产生的原因，交代本书的研究背景与侧重点。

第三章　信息资源的作用机制

通过建立逻辑模型，在剖析信息资源内涵、特点、传播机制、处理机制的基础上，研究其与自然资源的关系，分析其对自然资源的节约机制；提出用途不同，信息资源测度方法可以不同；研究信息资源对知识传播的影响；信息资源、自然资源、知识对经济增长的作用机制区别；信息资源与人类行为的关系及对社会生活的影响；提出信息资源与知识综合作用的效率测度模型，实际上就是信息经济的效率测度模型；深入分析了信息资源对经济增长贡献的内在机制。

第四章　地区信息资源差距

从时间和空间上研究信息资源的地区差距，分析中国近年来地区信息资源差距的水平及其变化，同时结合案例比较经济发达地区与经济欠发达地区信息资源变化规律。提出一种基于 TOPSIS 的信息资源间接测度方法，并交代了该方法用于分析信息资源地区差距的适用范围。

第五章　信息资源对经济增长的理想与实际贡献

利用宏观时间序列数据，采用状态方程、向量自回归模型等研究信息资源对经济增长的动态实际贡献，总结其特点和规律。并在利用效率分析计算出理想的投入要素后，研究无效率损失下信息资源对经济增长的理想贡献，并对两者进行比较。

第六章　区域信息资源与经济增长

基于省际面板数据，定量研究资本、劳动力、信息资源对经济增长的贡献，分析投入要素及经济发展水平地区差距的动态变化，总结投入要素差距与经济发展水平差距的关系，进一步研究缩小地区信息资源差距对缩小地区经济发展水平差距的影响。同时定量研究不同地区信息资源对经济增长贡献弹性的差别。

第七章　信息资源的影响因素及信息经济效率

分析信息资源的影响因素，信息经济的投入产出效率以及信息资源的利用效率。

第八章　结论与政策建议

对本研究的主要结论做出总结，在此基础上提出政策建议。

第五节　创新与不足

一、研究的创新

本研究的创新主要体现在以下几个方面：

（一）将信息资源界定为更为广泛的信息资源，研究其对经济增长的贡献。

（二）发现信息资源的深层次作用机制。包括构建信息——决策——行为模型；信息资源对自然资源的节约机制；信息资源与知识的不同作用机制。

（三）采用状态空间模型（State Space Model）、向量自回归模型、DEA分析、面板数据等研究工具全面系统分析信息资源对经济增长的动态贡献，克服静态研究的不足，首次发现改革开放初期中国存在"生产率悖论"。

（四）首次研究在无效率损失情况下，信息资源对经济增长的理想贡献，并且和有效率损失下的贡献进行比较。

（五）发现缩小信息资源差距可以缩小地区经济差距的内在机理，即信息资源是重要的投入要素，无效率损失下信息资源对经济增长贡献的弹性更大，信息资源的重要影响因素是经济发展水平，信息资源——经济系统会产生良性循环，缩小信息资源差距可以缩小地区经济差距。

二、有待完善之处

由于资料、时间及研究能力的限制，本研究在以下方面有待进一步完善。

（一）由于数据和篇幅所限，没有研究地区内部信息资源的差距，主要是城乡间的信息资源差距及其与经济增长关系的研究。

（二）由于数据所限，研究主要集中于最近不到10年的面板数据，缺乏长期跟踪研究。

第一章　理论回顾

第一节　基本概念的界定

一、信　息

信息自古就有，对于什么是信息，学术界至今仍没有形成统一的定义。在中国可以追溯到唐朝时期，西方则追溯到古希腊。信息在人们日常生活和文学作品中普遍存在，但人类真正开始从科学的角度对信息及其本质进行探讨，则是在20世纪20年代，特别是40年代后期。

1928年，哈特莱（L. V. R. Hartley）在《贝尔系统电话杂志》上发表了一篇题为"信息传输"的论文。他在文中把信息理解为选择通信符号的方式，并用选择的自由度来计量这种信息的大小。

1948年，信息论的奠基人、美国科学家申农（C. E. Shannon）在《通信的数学理论》中把信息理解为"用以消除随机不确定性的东西"，认为信息是关于环境的可以通讯的知识，是用以消除信宿对信源发出何种消息的不确定性的东西。同年，控制论创始人、美国科学家维纳（N. Wiener）在《控制论》一书中提出了"信息就是信息，不是物质也不是能量"的论断，认为"信息是人们在适应外部世界并且使这种适应所作用于外部世界的过程中，同外部世界进行交换内容的名称"。

阿罗（1977）认为，所谓"信息"，就是根据条件概率原则有效地改变概率的任何观察结果。具体地说，先验概率决定了所有的事件。然而，某一事件则是通过描述与个人福利相关的变量，以及规定可能观察范围的变量来测定。这样，已知某种观察结果，将出现有关福利变量概率的条件分布或后验分布。

邬焜（2005）从哲学的角度将信息定义为：信息是标志间接存在的哲学范畴，它是物质存在方式和状态的自身显示。

赵春华、张焕炯、钟义信（2002）认为应从本体论层次和认识论层次来给信息下定义。他认为本体论层次的信息是指事物运动的状态以及它的状态改变的方式；认识论层次的信息是指主体所感知或者主体所表达的事物运动的状态以及状态变化的方式。

靖继鹏（2002）认为信息是客观世界中各种事物的变化和特征的最新反映以及经过传递后的再现，信息是通过一定的物质载体形式反映出来的，是事物存在的状态、运动形式、运动规律从其相互联系、相互作用的表征。

马费成（2003）认为信息是事物存在的方式和运动状态的表现形式。
……

关于信息的定义还有很多，这里不一一列举。信息定义的多样化，主要有四方面的原因：

（一）信息本身的复杂性。它是一个多元化、多层次、多功能的复杂综合体。

（二）信息科学尚不够完善成热。它的内涵与外延不甚明确，一些重要的概念正处于多定义并存阶段。

（三）实际需要的不同。人们出自不同的研究目的，从不同角度出发，对信息作不同的理解与解释。

（四）学科的不同。由于学科不同，人们对信息的界定也不同。如从通讯的角度强调信息的不确定性；从内容的角度强调信息的内涵等。

本研究从信息在经济社会中的作用出发，提出如下定义：信息是经济社会中对人们生产和生活有用的数据。本定义强调信息的内容，强调信息的作用。

数据是客观世界的反映，数据本身并不是信息，数据成为信息的前提有两个，或者是数据本身直接有用，或者数据经过加工处理后的结果就变成了信息。数据是客观的，我们不能修改数据，而信息是主观的，是对数据进行进一步加工处理的结果。因此，相同的数据，不同的人、不同的处理方法可以得出不同的信息。

二、信息资源

《大英百科全书》把资源定义为：资源是人类可以利用的自然生成物及生成这些成分的环境。《辞海》（1999版）对资源的定义是：资源是一国或一定地区内拥有的物力、财力、人力等物质要素的总称，分为自然资源与社会资源。

联合国环境署认为：自然资源是指在一定时间、地点条件下能够产生经济价值，以提高人类当前和将来福利的自然环境因素和条件，如阳光、空气、水、土地、森林、草原、动物、矿藏等；社会资源指一切能用来创造财富的社会因素和条件，如人力资源、信息资源以及劳动创造的物质财富。

信息资源作为术语最早由罗尔科（J. O. Rourke, 1970）在《加拿大的信息资源》(Information Resources in Canada) 一文中提出。对信息资源界定做出最多贡献的是美国学者霍顿（F. W. Jr. Horton, 1986），他认为从政府文书管理的角度看，信息资源具有两层意思：第一，当资源为单数（Information Resource）时，指某种内容的来源，即包含在文件和公文中的信息内容；第二，当资源为复数（Information Resources）时，信息资源指支持工具，包括供给、设备、环境、人员、资金等。

1977—1978年，美国哈佛大学的奥廷格（Oettinger）在其主持的"信息资源政策项目"的研究报告中，将信息资源分为信息内容和信息管道两部分，并认为在多数情况下，二者是不可分离的。

K. A. Stroetmann（1992）认为，信息资源包括三个组成部分：信息内容、信息系统和信息基础结构。

从20世纪90年代初期开始，中国一些学者开始探讨信息资源问题。乌家培（1993）认为信息资源有两种理解。一种是狭义的理解，即指信息内容本身。另一种是广义的理解，指的是除信息内容本身外，还包括与其紧密相连的信息设备、信息人员、信息系统、信息网络等。狭义的信息资源实际上还包括信息载体，因为信息内容不能离开信息载体而独立存在。

马费成、杨列勋（1993）认为信息资源由信息生产者、信息和信息技术三部分组成。

孟广均、霍国庆（1997）认为，信息资源包括所有的记录、文件、设施、设备、人员、供给、系统和搜集、存储、处理、传递信息所需的其他机器。

赖茂生、杨秀丹等（2004）认为，信息资源包括为人类活动各个领域（包括政治、军事、经济、文化和社会生活等）所产生的和有使用价值的各种信息集合，如数据的集合、（显性）知识的集合；包括各种来源、各种载体、各种表示方式、各种传递方式和渠道以及各种使用场合和用途的信息资源。

陈畴镛（2004）认为信息资源是人类活动各个领域所产生和有使用价值的信息的结合。

由于研究的方法、侧重点、学科领域的不同，对信息资源所下定义可以不同。本书将信息资源定义为：

信息资源是用来创造社会财富，增进人类福利的，经过加工处理的有用信息的集合。

本定义中，将资源的概念从自然资源延伸到社会资源，信息资源指信息资源本身，不包括信息基础设施、人员等。信息与信息资源是个体与总体的关系，是微观与宏观的关系，微观上称为信息，宏观上称为信息资源，就像树木和森林的关系一样。

由于人们的需求、文化背景、知识积累等因素的个体差异，相同的信息，有些人认为是无用的数据；同样的信息，不同人获取后所发挥的作用也相差很大。只要对一个人有用，就可以将其界定为信息，人类社会所有信息的集合构成了信息资源。

三、信息资源差距

信息资源差距并不是一个专门的概念，一般认为，信息资源差距包括以下四类：

（一）信息获取能力的差距

信息获取能力包括信息的认知能力、信息工具的使用能力。所谓信息认知，是指对信息的感悟能力和洞察力，比如，对同一消息有些人认为是信息，有些人则无动于衷。信息工具的使用能力包括电脑、网络、语言文字的掌握等等。不同的人或组织的信息获取能力是不同的。

（二）信息拥有的差距

指信息存量的多少的差距，即个人或组织掌握信息总量的差距。当然，信息资源也有流量的差距。

（三）信息利用的差距

信息的价值体现在利用上，对于同一信息，不同人掌握后发挥的效用是不同的。

信息资源差距主要表现在信息拥有的差距，但又离不开信息基础设施、信息利用等。区域信息资源差距也可以称为"地区信息资源鸿沟"，地区信息资源差距与数字鸿沟各有侧重，数字鸿沟更多地强调信息获取手段与利用的差距，而信息资源差距则着重强调信息获取结果的差距。

（四）信息处理的差距

由于信息处理的差距产生在组织和个人之间，特别是对个人而言，信息处理的差距难以界定，因此本书对此不重点进行研究。

第二节 信息资源的分类、特征与作用

一、信息资源的分类

综上所述,认识信息资源的内涵必须站在哲学的高度,信息资源固然与信息化、信息产业、信息经济、知识经济等密切相关,但信息资源的内涵完全可以超越其所在的时代。人类具有社会性,只要存在社会,就会有信息,就存在信息资源的储存、传递、应用。

信息资源的类型是多种多样的,不同类型的信息资源有不同的特点、价值和用途。信息资源分类是识别和开发利用各类信息资源的基础性工作之一。

(一) 按信息资源的运营机制和政策机制不同划分

1. 政府信息资源

政府拥有的信息资源包括由政府收集和生产的信息,即在政府业务流程中产生的记录、数据、文件内容;为政府收集和生产的信息,即为政府业务流程的需要从外部采集的信息。

2. 商业性信息资源

商业性信息资源指服务于商业机构或其他机构以市场化方式收集和生产的各种信息资源。这部分信息资源一般是封闭和半封闭的,很少会向社会公众免费开放。

3. 公益性信息资源

公益性信息资源指进入公共流通领域的,由公益性机构管理和向公众提供的,教育、科研、文化、娱乐、生活等领域的信息资源。

(二) 按信息增值状况划分

1. 基础性信息资源

基础性信息资源指机构业务流程中产生的,未经过加工或加工程度较低的,保证各行业和机构正常运作必不可少的信息资源。

2. 增值性信息资源

增值性信息资源指在基础性信息资源的基础上经过增值处理,或加工程度较高的信息资源。

(三) 按信息资源的所有权划分

按信息资源的所有权划分,其可以分为公共信息资源(简称公共信息)、私有信息资源(简称私有信息)和个人信息资源(简称个人信息)。

1. 公共信息

对公共信息（Public Information）尚无公认的统一的定义。美国图书馆与信息科学全国委员会1990年制定的行业法规《公共信息准则》把联邦政府生产、编辑和维护的信息称为"公共信息"，认为公共信息是属于公众的信息，为公众所信赖的政府所拥有，并在法律允许的范围内为公众所享用。显然，公共信息不等于公开信息。它包括公开和不公开出版的信息，即包括政府机构打算或不打算公开的信息。公开信息包括那些由某个政府机构挑选出来作为自己主动公开的信息，或被法庭强迫公开的信息。当然，公开信息还应包括一切公开发表和出版的非政府信息，它们一般都受到知识产权法律的保护。

2. 私有信息

与公共信息相对的是"私有信息"（Private Information）。它指属于某个组织机构所专有，并打算自己单独使用的信息，又称"专有信息"。以公司为例，私有信息包括财务数据、销售记录、人事档案、市场研究资料、商业秘密和内部会议记录等。许多商务信息都是严格专用的。虽然有些财务信息按法律必须公开，但大部分公司档案可以免于公开，受法律保护。介于公共信息与私有信息之间还有一个灰色区域，既不是完全公有也不是完全私有的，它属于受控使用的信息，只限于合法用户使用。例如，商会提供的数据和信息，只限于其会员使用。

3. 个人信息

个人信息（Personal Information）是指关于个人的可识别信息，包括此人的民族、种族、肤色、性别、年龄、婚姻状况、宗教信仰、受教育情况、财产状况、血型、指纹、医疗史、职业经历、身份证号码、住址等等。需要说明的是，个人信息可以是记录的，也可以是非记录的，如口头传播的个人信息。

除了上述三种划分方法外，信息资源还可以按记录介质、记录方式、记录状态、信息的生产和利用领域、信息的编码抽象程度等划分。

二、信息资源的公共物品特征

公共物品的概念是由休谟最早（1739）提出并由萨缪尔逊（1954）加以规范的。在现实生活中，大部分物品是私人物品。私人物品是由个人消费的物品，它的特征是消费的排他性和竞争性。排他性指一个人一旦拥有了某种物品，就可以很容易地不让别人消费。如个人所购买的食品，不让别人消费是很容易做到的事情。竞争性指一个人消费了一定量的某种物品，就要减少别人的消费量。市场上的商品是有限的，一个人多消费了，其他人就要少消费。究竟由谁消费，要由消费者竞争。私人物品的排他性和竞争性决定了每个人只有通过购买才能消费某种物品，即通过市场交易才能消费这种物品。有市场交易就有价格，当消费者和生产者对价格都满意时，交易才会发生。这就是市场机制配置资源的有效性。公共物品与私人物品的区别如图1-1所示。

	竞争性 是	竞争性 否
排他性 是	私人物品 ▲食品 ▲衣服 ▲拥挤的收费道路	自然垄断 ▲消防 ▲有线电视 ▲不拥挤的收费道路
排他性 否	共有资源 ▲海洋的鱼 ▲环境 ▲拥挤的不收费道路	公共物品 ▲国防 ▲基础知识 ▲不拥挤的不收费道路

图1-1 公共物品与私人物品

公共物品是集体消费的物品，它的特征是消费的非排他性和非竞争性。非排他性指不能轻易地排斥某人消费某种物品。例如，你无法排除其他人利用路灯照明。非竞争性指一个人消费某种物品不会减少其他人的消费，消费者之间不存在竞争。例如，多人利用路灯照明，并不会减少每个人从路灯中得到的好处。国防、城市的公共绿地等都是公共物品。

公共物品的非排他性和非竞争性决定了人们不用购买仍然可以消费。这种行为称为搭便车。例如，你使用路灯没有必要花钱。这样，公共物品就没有交易，没有市场价格，生产者就不愿意生产，市场调节无法提供公共物品，造成市场失灵。但公共物品是一个社会发展必不可少的，因此，政府必须进行干预。

公共物品又分为纯公共物品和准公共物品。即具有非排他性但有一定程度竞争性的，或具有非竞争性但存有一定程度排他性的物品，或者是具有一定程度的非排他性和一定程度非竞争性的物品。也就是说，准公共物品（也叫非纯粹公共物品）是介于纯公共物品和纯私人物品两个极端之间的混合物品。

根据本书对信息资源的定义，可以将信息资源进一步进行分类，即信息和情报（图1-2）。在图书馆情报学领域，有时情报和信息概念趋于统一，因为国外将其统称为"Information"。这里将情报定义为不能广泛公开的信息，情报属于信息的范畴，是信息的特殊形式。通常情况下，信息可以分为三种：私人物品、公共物品、准公共物品。政府新制定各项规章制度就是公共物品，可以免费向公众传播。某个限量促销的广告则是准公共物品，因为它具有非排他性，但不具有完全非竞争性，一旦商品售完，其他人即使知道信息也无从购买。因此，信息资源是非常复杂的公共物品、准公共物品和私人物品。

另外需要说明的是，企业与个人的情报属于私人物品，但政府也有情报，尤其是从国家利益出发的情报，属于公共物品和准公共物品，因此情报既有私人物品的性质，也有公共物品和准公共物品的性质。

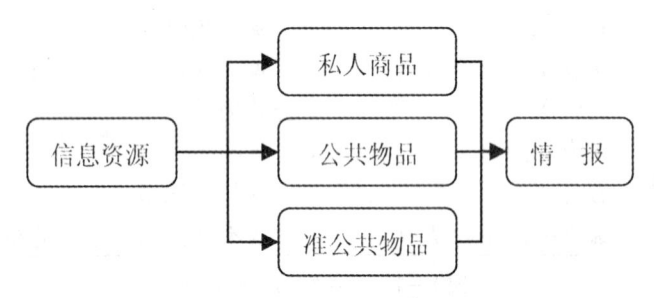

图1-2 信息资源与公共物品

三、信息资源对社会的影响

信息资源的利用对社会产生深刻的影响，主要体现在以下几个方面：

(一) 为社会提供各种信息，促进经济发展

在现代社会，知识和信息已经成为重要的战略资源，一旦为物质部门所掌握，即可转化为现实的生产力。合理有效地利用信息资源可以创造出更多的物质和精神财富。

(二) 节约时间和费用，提高社会劳动生产率

信息资源的利用，如通过信息咨询寻找最佳解决方案或方法来达到预定的目标。正确的决策和有效的措施可以保证最大限度地节约人力、财力、物力和时间，从而有利于提高整个社会的劳动生产率。良好的信息利用能够使企业做到零库存管理，极大地提高管理效率。

(三) 充分发挥专业技术人员的作用，促进社会发展

一个社会进步的重要标志是这个社会在最大程度上发挥了每个人的聪明才智。通过信息资源的流动，可以促使显性知识流动，同时提高隐性知识的利用率，发挥每位专业人员的智慧，使每个人的价值都得到最大的体现，社会向着更加合理、和谐的方向发展。

（四）有利于提高整个社会成员的素质

通过利用信息资源，广大信息用户接收了更多的知识，提高了领导者和决策者的科学决策水平，也可以培养和引导信息工作者创造性地应用知识以解决在信息活动实践中遇到的种种问题，提高从事信息工作的能力和技巧。同时，还可以提高全民的信息意识，促进全社会正确、有效地利用信息资源。

（五）促进资源的有效配置

信息资源能够促进自然资源与社会资源的流动，进一步有效配置资源，从而提高整个社会的效率与福利。

（六）改变人们的行为观念和生活方式

信息是当代社会中渗透力最强、辐射面最广的因子。经济、科技和社会的发展对信息资源、信息技术和信息产业的依赖程度越来越大，信息需求在日常生活中更是随处可见，如商业信息、交通信息、医疗信息，以及旅游、影视、图书等文娱信息。有效地利用信息资源可以使人们生活得更加舒适，更加丰富多彩。良好的信息沟通也使在家上班成为可能，网上聊天成为人们新的沟通方式。

（七）信息资源带动了一个庞大的信息产业

信息资源的开发与利用带动了庞大的信息产业，目前信息产业已经成为中国国民经济的支柱产业，包括电讯、电话、印刷、新闻、出版、电视、广播等传统的信息部门和新兴的电子计算机、光导纤维、激光、通讯卫星等信息部门。主要以电子计算机为基础，从事信息的生产、传递、储存、加工和处理。

（八）信息资源对就业结构的影响

信息资源的深化在改变产业结构的同时也必然会影响到就业结构的改变，其变化趋势是从业人员的知识水平不断提高。因此，知识水平相对较低的人员失业的可能性增加。如果信息产业化进程过于迅速，则会由于劳动力结构与产业结构要求不相适应而出现较多的结构性失业，进而影响信息产业化的社会环境条件，从而会影响到经济发展。

第三节 信息资源配置

一、信息资源配置的类型

作为经济发展的基本条件和表现形式，资源优化配置是指为最大限度减少宏观经济浪费和现实社会福利最大化而对各种投入要素进行有机组合。从经济发展的角度，资源配置是一个连续的动态过程，本质上，发展不仅需要找出现有资源与生产要素的最佳组合，还必须发挥和利用那些潜在的、分散的及利用不当的资源和潜力。

信息资源作为一种无形资源，不仅可以节约自然资源，而且有利于更有效地配置有形资源。信息资源的配置问题无疑应当包容在资源配置的范畴内，从整个社会角度看，资源的有效配置意味着包括信息资源在内的所有资源的有效配置。

基于这种理解，信息资源配置的对象显然不仅限于静态存量信息的集合，其内容也不只是已有信息集合的布局与组织管理，而是应当面向宏观国民经济的运行，调配包括信息资源在内的物质资源、人力资源、管理资源、金融资源等各种资源，以保证整个社会的信息产出数量和产出结构优化。从横向看，包括信息资源的行（产）业配置和区域配置。

资源的横向配置反映为部门、行业或地区之间的宏观布局。一国在经济发展中不能将稀缺资源平衡分散于各个部门、行业和地区，而只能有选择、有重点地加以发展，并通过选择和布局后的发展扩散，带动经济的全面发展。本研究重点研究信息资源的区域配置。

（一）信息资源的区域配置

信息资源的地域配置存在严重的不均衡性，各地区并不能依靠信息需求和使用方向合理使用信息资源。这主要是因为信息资源在不同地理区域的信息量分布和信息基础设施存在着很大的差距。

由于信息具有易于扩散和传播的特点，与实物产品相比，信息资源的传递费用十分低廉。由于各种原因，信息资源在地区间分布并不均匀，在同一地区内部也不同程度地存在着城乡差别和地区差别，应通过改进信息的交流和扩散机制，推动信息的广泛传播和利用，同时消除信息资源差距。

（二）信息资源的行（产）业配置

信息资源行（产）业配置在宏观上表现为某个行业内部信息资源在各个环节的配置情况。表现为某个行业或产业的信息流，如果信息沟通不畅，就会对行业和产业的均衡有序发展带来影响，造成资源浪费和效率降低。

（三）信息资源的时间配置

信息资源的时间配置是指在过去、现在和将来三种时态上的配置，也就是说，对不同时段上的信息进行贮存，从而满足用户对不同时段上的信息需求。不同类型的信息时效差别较大，一般来说，科技信息相对稳定，比如各种科技论文，其效用随着时间推移逐渐过时，衰减比较缓慢；商务信息的时效性很强，一条价值连城的信息可能在一夜之间变得分文不值。因此，在不同的时间上对不同种类的信息资源进行配置是保证信息资源结构具有合理时效分布的重要指标，也是满足用户信息需求的前提。

二、信息资源的配置方式

（一）信息资源的市场配置

市场机制能够通过价格信号自动地以较低的成本合理地配置资源，信息资源的市场配置是通过市场机制对信息生产的自组织过程实现的，它表现在以下几个方面。

1. 市场可以减少信息生产的不确定性影响

不确定性是信息生产的内在属性，也是制约信息生产的一大因素。市场机制则允许多个信息资源生产单位进行信息资源的生产与传播，这种做法也许会造成一定的资源浪费，因为几家信息生产部门同时进行竞争性的信息生产，必然带来信息的重复与浪费，包括资本和人力资源的浪费，但可以将其理解为市场经济的成本。竞争的结果会刺激信息资源开发和利用，带来整个产业水平的提高。虽然这也许不是最优的方式，但肯定是最实用和公众可以接受的方式。

2. 市场能自动地为信息生产提供动力

一方面，对于公共物品的信息而言，其信息生产可能是低经济效益的，需要政府介入，如天气预报。另一方面，信息也是高经济效益的产业，如信息公司、咨询机构等，市场能够为这些机构的信息生产提供强大的激励。

3. 市场竞争的压力迫使企业不断创新

在市场体制下，技术水平低、创新能力差的信息生产企业会自动被市场淘汰。在信息的生产和流通环节，创新尤为重要，所谓"眼球经济"、"注意力经济"迫使信息生产部门想方设法进行创新，没有创新就没有"注意力"，就没有信息的进一步利用。

4. 市场通过价格信号引导信息生产

市场把信息生产成功与否的裁决权交给消费者，这既达到了使信息生产服务于消费者目的，又达到了引导信息生产的目的。消费者需求的变化，常常通过市场价格反映出来，这就迫使信息生产部门不断调整自己的生产与经营活动，适应市场的需要。

（二）信息资源的政府配置

市场机制只能解决一部分信息资源的配置问题，即非公共物品的那部分信息资源，由于信息资源的准公共物品的特性，相当一部分信息资源是公共物品，因此，单靠市场机制是不能够进行信息资源配置的。此外，由于信息的特殊性，加强信息监控，防止有害信息的传播也是政府义不容辞的责任。

1. 政府对信息资源配置的作用集中在三个方面：

（1）信息基础设施建设。这是一项耗资巨大的长期的基础性工程，仅依靠私人投资是无力完成的。世界各国的经验均表明，政府必须在这项工作中占主导地位，为信息资源生产与传播构筑一个基础平台。

（2）公共信息服务。公共信息服务本身的性质决定了它不应作为营利性活动。有效的公共信息服务对于提高民众的文化素质、传播知识信息具有重要的作用。公共信息服务系统要努力改进服务质量和服务效率，公共信息服务的投资应由政府投入。如新闻、天气预报等等。

（3）制度建设。包括规范市场，界定产权，完善法律制度，调整信息产业结构和信息产业组织，限制过分垄断，从而在制度上保障市场机制的有效性。

2. 政府对信息资源的配置主要依靠两个工具：

（1）经济工具。信息资源配置的经济工具是指各个层次的政府运用各种经济杠杆的利益诱导作用，促使信息资源开发利用机构从经济利益上关心自己的活动，是一种间接组织协调、控制信息资源开发利用活动的手段。

在信息资源配置过程中，运用经济工具有利于增强信息资源开发利用机构的微观经济活力，有利于发挥市场机制的作用。其主要特征是：体现了信息资源本身的特点及开发利用活动中所固有的规律，具有明显的诱导性和非强制性。在实践中，经济工具的运用是通过制定和颁布信息经济政策来实现的。

信息资源配置的经济工具主要具有下述功能：核算功能，即借助价格、税收、工资、利润等经济杠杆核算劳动耗费，比较投入产出，平衡社会需求。控制功能，即通过财政、价格、税率、利率等经济杠杆引导各项信息资源开发利用活动向信息资源配置的目标靠拢。调节功能，包括调节信息资源开发利用各个机构之间、各个环节之间的关系以及调节国家、集体和个人之间的利益关系。监督功能，即借助审计、监管、稽查等手段，根据法律和规章，对信息资源开发利用机构及其与政府、职工和相关企业之间的关系进行监督管理。

(2) 法律工具。信息资源配置管理的法律工具是指用以协调信息资源开发利用活动的各种有关的法律规范的总称。运用法律手段对信息资源进行配置，就是各个层次的信息资源配置管理者依靠国家政权的立法，通过经济立法和经济司法机构，运用经济法规来调整信息资源开发利用各机构之间及各环节之间错综复杂的经济关系，处理经济矛盾，解决经济纠纷，惩办经济犯罪，维护信息资源开发利用活动的正常秩序。对国际性的属于人类共同财富的信息资源配置，则通过国际间的协商，达成协议来共同遵守、执行。

法律规范是由国家制定或认可，体现国家意志，以国家强制力保证实施的行为规则。它指明了规范适用的条件、规范、允许或禁止的行为以及违反规范所应承担的法律责任。在现实生活中，信息资源配置的法律规范的具体运用是通过经济立法和经济司法来实现的。与经济手段相比，信息资源配置的法律手段具有普遍的约束性、严格的强制性、相对的稳定性和明确的规定性等特点。

中国已经制定了著作权法、商标法、计算机软件保护条例、电信法、个人信息保护法等与信息资源配置有关的法律规范，对于促进各专门领域的信息资源配置起到了很好的作用。目前中国正在形成比较完备的信息资源配置法律规范体系，将对信息资源开发和利用产生积极的作用。

三、信息资源配置的层次

信息资源配置的层次包括宏观配置和微观配置。信息资源配置的层次不同，其配置目标、配置方法、配置重点也不相同。信息资源的宏观配置主要是区域和行业配置，强调总量和宏观的配置效果，而信息资源的微观配置主要面向各信息机构、企事业单位甚至家庭，强调个体配置效果。

(一) 信息资源的宏观配置

信息资源的宏观配置是指国家或地区政府部门运用经济手段、行政手段、法律手段等对其拥有的信息资源加以宏观调控，从而实现国家或地区信息资源优化配置的目标，以达到满足整个社会信息资源需求的目的。具体地说，国家或地区政府主要通过发展纲要、政策法规、系统规划和标准化、管理条例等来指导、组织、协调和促进信息资源在区域内部的最佳分布。为了满足国家或地区信息资源配置的需要，促进国家或地区信息化的长远、健康发展，政府比信息机构、信息企业更加重视和关心整个国家或地区的信息资源结构与配置状况，重视国家或地区信息资源的合理配置和有效利用。

一个国家和地区在利益关系上总是存在着集体利益与个人利益、整体利益与局部利益的矛盾；在经济发展、资源配置上总是存在着不平衡性。信息资源也是如此，因此有必要加强信息资源的宏观配置。从信息化发展历程考察，对信息活动中的各种资源进行宏观配置，是信息化发展的必然要求。信息化产生于规模经济大发展、经济开放度高的时代。它从产生时起就以规模经济为起点，要求市场具有广域性和开放性，同时，作为信息化重要基础的信息产业是一个技术含量高、产品及生产要素更新快的产业，如果不对信息资源进行宏观有效配置，必然导致区域内部的不均衡，产生不公平和浪费，从而阻碍信息资源与信息商品的共享；也必然导致信息资源配置的低效率，不能发挥信息产业作为国民经济主导产业的作用。

（二）信息资源的微观配置

信息资源的微观配置是指各个机构对信息资源进行多种形式的组合，从而形成合理的信息资源体系。随着社会信息化程度的提高，各企事业单位内部开始出现独立的信息服务部门，它们的主要目的是管理和挖掘内部信息资源，服务于管理、设计、生产、营销等诸多环节。无论单位内的一个部门，还是单位自身建立的信息管理系统，这种对单位内部信息资源的匹配、组织都属于微观信息资源配置。单位信息资源包括内部信息资源和外部信息资源，大量的信息资源在单位内部。如何实现这些资源的有效配置，是管理部门非常关心的问题。对企业而言，信息资源的配置要以促进单位生产、经营与管理为宗旨，以满足企业生产、经营与管理需要为原则。由于市场竞争的激烈，企业越来越重视技术信息、产品开发信息、市场信息、竞争信息等。

第四节　经济增长与区域经济理论

一、经济增长理论及其进展

一般说来，经济增长（Economic Growth）是指一个国家或一个地区生产商品和劳务能力的增长。如果考虑到人口增加和价格的变动情况，经济增长还应包括人均福利的增长。Simon Kuznets（1971）为经济增长作出这样的定义："一个国家的经济增长，可以定义为给居民提供种类日益繁多的经济产品能力的长期上升，这种不断增长的能力是建立在先进技术以及所需要的制度与思想意识之间相应调整的基础之上的。"他总结了经济增长的6个特征：1. 按人口计算的产量的高增长率和人口的高增长率；2. 生产率的增长率也是很高的；3. 经济结构的变革速度提高了；4. 社会结构与意识形态结构迅速改革；5. 增长在世界范围内迅速扩大；6. 世界增长是不平衡的。

经济增长就是社会物质财富不断增加的过程，是一般社会再生产动态过程的共性实质。经济增长是指一国在充分就业状态下国民生产总值或生产力的持续增加，是经济繁荣和国民福利提高的前提，它代表的是一国潜在的 GDP 或国民产出的增加。对于一个国家而言，经济增长是宏观经济中衡量一个国家经济状况的重要指标。

现代经济学从不同的角度将经济增长的方式分成两类，即粗放型经济增长和集约型经济增长。粗放型经济增长方式是指主要依靠增加资金、资源的投入来增加产品的数量，推动经济增长的方式。集约型经济增长方式则是主要依靠科技进步和提高劳动者的素质来增加产品的数量和提高产品的质量，推动经济增长的方式。中国目前的经济增长方式总体上是高投入、高消耗、高排放、不协调、难循环、低效率的粗放式经济增长方式。

多年来经济学家进行了深入研究。古典经济学家首先对这一问题进行了分析。Smith（1776）在《国民财富的性质和原因的研究》中最早涉及了经济增长问题，他认为增长的动力在于劳动分工、资本积累和技术进步；马克思在《资本论》第二卷中也阐述了简单再生产和扩大再生产理论；李嘉图（Ricardo, 1817）在《政治经济学与赋税原理》中提出了认识经济增长的一个重要概念即报酬递减规律；此外，马尔萨斯（Malthus, 1789）、拉姆赛（Ramsey, 1928）、杨（Young, 1928）、熊彼特（Schumpter, 1934）等许多经济学家也提出了经济增长的诸多观点，包括竞争行为和动态均衡的基本方法、报酬递减的作用及其物质资本和人力资本积累的关系、人均收入和人口增长率之间的相互作用等。

哈罗德（Harrod, 1939）和多马（Domar, 1946）的研究是现代经济增长理论的开端，他们认为充分就业是长期稳定增长所应满足的条件；新古典经济增长理论形成的标志是由索洛（Solow, 1956）和斯旺（Swan, 1956）提出的增长理论，他们指出哈罗德模型关键的问题在于"生产是在不变的要素比例的前提下发生的"，在对哈罗德—多马理论的缺陷修正的基础上，他们奠定了新古典经济增长理论，提出产出的增长来源于资本和劳动投入的增长。但新古典经济增长理论将技术进步归结于外生因素，这意味着经济增长的主要动力在经济增长理论研究的范围之外；而其后的经济学家对经济增长进行的研究，由于偏重于技术性，数学模型占据重要地位，导致该理论对经济现象的解释力降低。阿罗（Arrow，1962）最早用内生技术进步来解释经济增长，他假定整个经济体系内存在着技术溢出，在不存在政府干预时的竞争性均衡是一种社会次优，均衡增长率低于社会最优增长率，政府可以采取适当政策提高经济增长率，使经济实现帕累托改进。

新增长理论源于罗默（Romer，1986）的观点，许多经济学家也进行了延伸性的研究。罗默在其内生增长模型中假定有四种投入：资本、劳动、人力资本和技术。他认为技术进步是内生的，并且原有意义上的劳动力概念也应为人力资本。这样，支撑经济增长的主要因素有人力资源、可供利用的物质资源、管理效能和技术水平。内生经济增长理论还将技术进步具体化为专业化的知识，认为专业知识和人力增加积累是现代经济增长的主要推动力。罗默的最大贡献是其强调经济外部性的作用，认为技术（知识）的外部性完全可以保证产出相对资本与技术的弹性大于1，因而资本的边际收益由递减转变为递增，这样一来，人均收入的增长率随时间而递增，经济增长表现为发散的过程。新增长理论不像以前的理论那样有一个为众多经济学家所共同接受的基本模型，而是由一些观点相似的经济学家所提出的增长模型构成的。新增长理论的主流思路是：经济增长不是外生因素作用的结果，而是由经济系统的内生变量决定的；经济不需要外在力量的推动就能实现增长；肯定技术进步在增长中的作用，认为内生的技术进步是经济实现持续增长的决定性因素；宏观的经济政策对经济增长具有重要意义。

卢卡斯（Lucas，1988）的人力资本溢出模型则认为整个经济体系的外部性是由人力资本的溢出造成的。卢卡斯认为溢出效应来自于对人力资本的投资，而不是来自于对实物资本的投资，每一单位人力资本的增加除了引起产出的提高外，还同时引起社会平均人力资本水平的提高，而社会平均人力资本水平决定社会平均的运作效率，总体效率的提高又使每个企业和个人从中收益，也就是说人力资本的积累方式具有一定的外部性。

二、区域经济理论

西方区域经济理论在渊源上最早可以追溯到19世纪初创立的区位理论。德国经济学家杜能（Tunen，1826）从区域地租出发探索因地价不同而引起的农业分带现象，创立了农业区位论，奠定了区域经济理论的学科基础。

20世纪50年代以来，发展中国家在经济发展的同时，与发达国家的差距日益拉大。而发达国家以追求经济高速增长为目标，把大量资源和要素集中投入到经济发展条件较好的区域，经济高速增长的结果，不仅没有缓解反而加剧了发达区域与欠发达区域之间的两极分化。这种差距拉大和两极分化表明仅仅依靠市场的力量已经很难解决所有的区域发展问题，区域经济增长并不像新古典经济学家设想的那样收敛，即发达区域与欠发达区域的经济增长情况并不一致，随着经济的进一步发展，区域差距没有缩小反而拉大。

区域经济理论作为一个独立的研究领域却形成于20世纪五六十年代。当时，进入这一研究领域的经济学家大部分把它看成是其所在学科的一个分支，当区域发展计划成为国际开发行动的一个重要组成部分，区域差异问题日趋严重而缩小区域差距又成为区域经济发展的一个重要目标时，区域经济理论研究才开始作为一个独立的经济学科而存在。其中非常有影响的有增长极理论、累积的循环因果关系理论、发展极理论、中心边缘理论、依附理论、收入趋同假说等等。

传统的区域经济增长理论分为区域经济平衡增长理论和区域经济不平衡增长理论。在新古典经济学的基本假定下对区域经济增长问题研究的主要成果是索罗——斯旺增长模型。索罗和斯旺（Solow 和 Swan）在生产要素自由流动与开放区域经济的假设下，认为随着区域经济增长，各国或一国内不同区域之间的差距会缩小，区域经济增长在地域空间上趋同，呈收敛之势。

弗朗索·佩鲁（Francois Perroux, 1955）提出了发展极理论，认为经济增长是不平衡的，一些主导部门和具有创新能力的行业集中于一些地区形成"发展极"，带动本区域经济优先增长，增长极作为能动的创新企业聚集的结果能产生前向与后向效应，并通过传播机制推动整个经济的增长。增长极常常发生在但并不总是发生在城市——中心。增长极理论主张通过政府的作用来集中投资，加快若干条件较好的区域或产业的发展，进而带动周边地区或其他产业发展。

增长极理论认为，区域经济的发展主要依靠条件较好的少数地区和少数产业带动，应把少数区位条件好的地区和少数条件好的产业培育成经济增长极。通过增长极的极化和扩散效应，影响和带动周边地区和其他产业发展。增长极的极化效应主要表现为技术、人才、资金等生产要素向极点聚集；扩散效应主要表现为生产要素向外围转移。在发展的初级阶段，极化效应是主要的，当增长极发展到一定程度后，极化效应削弱，扩散效应加强。

缪尔达尔（G. Myrdal, 1957）提出了"地理上的二元经济"理论，用"回波效应"和"扩散效应"说明了发达地区优先发展对落后地区的不利影响和促进作用。该理论也称为累积因果理论,后经卡尔多、迪克逊和瑟尔沃尔等人发展并具体化为模型。缪尔达尔等认为,在一个动态的社会过程中,社会经济各因素之间存在着循环累积的因果关系。某一社会经济因素的变化,会引起另一社会经济因素的变化,这后一因素的变化,反过来又加强了前一个因素的变化,并导致社会经济过程沿着最初那个因素变化的方向发展,从而形成累积性的循环发展趋势。市场机制的力量一般趋向于强化而不是弱化区域间的不平衡,即如果某一地区由于初始的优势而比别的地区发展得快一些,那么它凭借已有累积优势,在以后的日子里会发展得更快一些。这种累积效应有两种相反的效应,即回流效应和扩散效应。前者指落后地区的资金、劳动力向发达地区流动,导致落后地区要素不足,发展更慢;后者指发达地区的资金和劳动力向落后地区流动,促进落后地区的发展。

新古典主义提出了"核心——外围"发展理论(Harrey S. Perloff, 1965),认为发展中国家由先进、相对发达的核心地区和落后、不发达的边缘地区组成,当经济要起飞时,区域核心——外围结构就会通过要素移动而在经济过程中消失,出现区域均衡和空间一体化,并提出了"区域收入趋同"假说。

赫希曼(A. O. Hirschman, 1958)和卡尔多(N. Kaldor, 1966)提出了区际增长传播理论,增长在区际间不均衡现象是不可避免的,核心区的发展会通过涓滴效应在某种程度上带动外围区发展,但同时,劳动力和资本从外围区流入核心区,加强核心区的发展,又起着扩大区域差距的作用,极化效应起支配作用。要缩小区域差距,必须加强政府干预,加强对欠发达区域的援助和扶持。赫希曼主张不平衡发展战略,认为区域间经济增长的不平等是增长本身不可避免的伴生物和前提条件,但同时认为核心地区的增长会通过"涓滴效应"和"极化效应"来缩小区域的差异。卡尔多则通过"相对有效工资"的概念说明了区域经济之间的相互促进和不断发展。

罗默(Paul Romer, 1986)和卢卡斯(Robert E. Lucas, 1988)提出了区域分化理论,认为知识的积累和人力资本是经济增长的重要因素,经济发达的地区知识和人力资本的积累越来越多,经济发展越来越快,经济不发达地区知识和人力资本的积累越来越少,经济发展越来越慢。因此,随着时间的推移,地区间的差距不是缩小了,而是扩大了。

著名经济学家熊彼特(Joseph Alois Schumpeter, 1912)提出了创新理论,认为经济波动与经济增长相互交织,无法分离。其主要理论便是创业能力、创新与制度环境。他将创新分为 5 种类型：1. 开发新产品，或者改良原有产品。2. 使用新的生产方法。3. 发现新的市场。4. 发现新的原料或半成品。5. 创建新的产业组织。在其思想体系中，创业能力供给是经济增长率的最终决定因素，而创业能力供给又取决于"社会气候"，也即环境因素。创新成功则会形成"仿效者群体"，从而促进经济的发展。创新能够导致经济增长，是因为创新者不但为自己赢得利润，而且为其他企业开辟了道路，起了示范。创新一旦出现，往往会引起其他企业模仿。普遍的模仿，会引发更大的创新浪潮，于是经济走向高涨。当较多的企业模仿同一创新后，创新浪潮便消逝、经济出现停滞。如果经济要再度增长，就必须有新一轮的创新。只有不断创新，才能保证经济持续增长。

目前，西方区域经济理论研究最活跃的领域是新经济地理学。迪克斯特与斯蒂格利茨（Dixit, Stiglitz, 1977）建立的垄断竞争模型为空间因素纳入西方主流经济学的分析框架奠定了基础，新经济地理学由此产生。新经济地理学力图把"空间"因素引入对区际贸易的分析，通过把运输成本作为"空间"因素纳入区际贸易模型来解释贸易量随距离的增加而迅速减少，价格、要素报酬和行业生产率在不同区域间差异等与区际贸易问题。

信息资源的深化利用本质上就是一个创新过程。第一，由于信息的资源化，使信息成为新的资源。第二，信息资源的深化利用产生了新的生产方式，如 CAD、CAM、CIMS 等，大大提高了设计与制造的效率。第三，信息资源深化利用带来的信息产业产生了新的市场，信息产业已经成为我国国民经济的支柱产业。第四，信息资源的深化利用改进了企业管理，如扁平化、高效化。由于信息资源是无形资源，不用考虑运输成本，加上信息媒介之间具有较强的替代性，因此，只要有一定的基础设施，信息资源的扩散更为容易，从而可以进一步带动周边欠发达地区的经济发展。

本章小结

本章总结了信息资源领域的理论研究成果，界定了本研究中信息资源的内涵，认为信息资源是社会生活中用来创造财富的、对人类有用的信息的集合，微观上称为信息，宏观上称为信息资源。总结了信息资源的分类、特征、作用、信息资源的配置方式，并进一步探讨了信息资源与经济增长及区域经济理论的内在联系。

第二章 信息资源建设发展历程与存在问题

信息资源这个术语虽然出现较迟，但其应用可以说从人类社会诞生后就有了。本章回顾了新中国信息资源建设与发展的历程，分析了信息资源建设与管理中存在的问题，交代了本研究的研究背景与切入视角。

第一节 新中国信息资源建设的发展历程

信息资源的发展不是孤立的，涉及信息基础设施、信息装备、信息人员、政策制度法律环境等诸多方面，因此在分析新中国信息资源建设发展的历程中，综合以上因素和重要事件对其进行划分。

一、萌芽阶段（1949—1980年）

新中国成立后，虽然当时还没有信息资源的概念，但相关的信息基础设施建设已经开始，如广播、电视、电话、邮政等。早在1940年延安就开通了新华广播电台，1958年北京电视台开通了第一套电视节目。1949年新中国电话用户仅26万，到了1978年，达到214万，不及世界平均水平的1/10。占世界1/5人口的中国拥有的话机总数还不到世界话机总数的1%，每200人中拥有话机还不到一部，总体上发展速度比较缓慢。

1956年10月，新中国第一个综合性科技情报研究机构——中国科学院科学情报研究所成立，两年后，更名为中国科学技术情报研究所；1966年，从法国进口一台布尔（Bull）统计计算机，开始自动化情报检索研究。

1956年，周恩来总理亲自提议、主持、制定我国《十二年科学技术发展规划》，选定了"计算机、电子学、半导体、自动化"作为"发展规划"的四项紧急措施，并制定了计算机科研、生产、教育发展计划。我国计算机事业由此起步。

1956年8月25日，我国第一个计算技术研究机构——中国科学院计算技术研究所筹备委员会成立，著名数学家华罗庚任主任。这就是我国计算技术研究机构的摇篮。

1959年9月，我国第一台大型电子管计算机104机研制成功。该机运算速度为每秒1万次，字长39位，采用磁芯存储器，容量为2K—4K，并配备了磁鼓外部存储器、光电纸带输入机和1/2寸磁带机。

1965年6月，我国自行设计的第一台晶体管大型计算机109乙机在中科院计算所诞生，字长32位，运算速度每秒10万次，内存容量为双体$2 \times 4K$字。

1974年10月，国家计委批准了由国防科委、中国科学院、四机部联合提出的"关于研制汉字信息处理系统工程"（748工程）的建议。工程分为：键盘输入、中央处理及编辑、校正装置、精密型文字发生器和输出照排装置、通用型快速输出印字装置远距离传输设备、编辑及资料管理等软件系统、印刷制版成形等，共7个部分。748工程为汉字进入信息时代做出了不可磨灭的贡献。

这一阶段以信息源管理为核心，以图书馆为象征，同时也包含档案管理和其他文献资料管理。虽然人类对知识信息的保存与管理早已有之，但作为一项专门的工作和事业则是在图书馆出现之后才兴起和发展起来的，图书馆是人类社会生活发展到一定阶段的产物。

该阶段，广义的信息概念尚未形成，更多的是情报的概念。信息的概念局限于科技文献、图书馆情报学领域。

作为现代信息处理的基本工具——计算机，从萌芽到缓慢起步，取得了突出的成就，奠定了我国现代信息技术的基础。

二、起步阶段（1981—1996年）

20世纪80年代初期，随着中国改革开放和微机的诞生，信息资源建设开始起步，其特点是信息资源建设伴随着信息化的进程，信息资源数字化成为现实，微机和局域网作为信息资源的处理工具得到普遍应用。

在中国国民经济进行调整的情况下，计算机工业界认识到，发展中国计算机工业，应该从过去的以研究制造计算机硬件设备为中心，迅速地转向以普及应用为重点，以此带动生产制造、研究发展、应用开发、外围配套、技术服务和产品销售等工作。

1981年7月，由北京大学负责总体设计的汉字激光照排系统原理样机通过鉴定。该系统在激光输出精度和软件的某些功能方面，达到了国际先进水平。

1982年10月4日，国务院成立了计算机与大规模集成电路领导小组。同年12月8日至12日，领导小组在北京召开全国计算机系列型谱专家论证会，确定了中国在此后一个时期，发展大中型计算机、小型机系列机的选型依据。

1983年12月，国防科技大学研制成功我国第一台亿次巨型计算机银河-I，运算速度每秒1亿次。银河机的研制成功，标志着我国计算机科研水平达到了一个新高度。

1983年，电子部六所开发成功微机汉字软件CCDOS，这是我国第一套与IBM PC-DOS兼容的汉字磁盘操作系统。

1984年9月15日，国务院发出通知指出，为了迎接世界新的技术革命，加速中国四个现代化的建设，必须有重点地发展新兴产业。在现代新兴产业群中，信息产业是最重要、最活跃、影响最广泛的核心因素。要逐步装备中国的信息产业，并以各种信息技术手段为改造传统工业服务。应当把电子工业摆到国民经济发展的非常重要的位置上。为了加强对电子和信息事业的集中统一领导，有效地推动这项工作，国务院决定将国务院计算机与大规模集成电路领导小组改为国务院电子振兴领导小组。

1985年6月，第一台具有字符发生器的汉字显示能力、具备完整中文信息处理能力的国产微机——长城0520CH开发成功。由此我国微机产业进入了一个飞速发展、空前繁荣的时期。

1986年3月，邓小平同志亲自批示"宜速作决断，不可延误"，启动了国家高技术研究发展计划，即"863"计划的起源。该计划投资100亿元，其中，信息技术相关项目的投资约占投资总额的2/3。

1987年，中科院高能所通过低速的X.25专线第一次实现了国际远程联网。

1987年9月20日，钱天白教授发出了中国第一封E-mail邮件，由此揭开了中国人使用Internet的序幕。

1987年11月，中国电信在广州建立了我国第一个模拟移动电话网，正式开办移动电话业务。

1988年，电子工业部六所、清华大学、南方信息公司联合研制成功我国第一套国产以太局域网系统。

从1988年至1992年，国家经济委员会、机电部、国家科委和电子信息技术推广应用办公室，在推动传统产业技术改造、EDI技术、CAD/CAM以及MIS等领域，做了大量工作，不断推动电子信息技术应用向纵深发展。

1989年，我国第一个大学校园计算机网在清华大学建成。该网采用清华大学自主研制的X.25分组交换机和分组拆装机PAD，并开通了Internet电子邮件通信。

1991年6月4日，我国正式发布实施《计算机软件保护条例》。

1991年12月，中国邮电工业总公司与解放军信息工程学院合作开发的HJD-04程控交换机通过国家鉴定。这是我国自主开发的第一个数字程控交换机机型。

1992年1月17日，中美就知识产权保护问题签署谅解备忘录，3月17日生效。我国开始遵照国际公约对计算机软件进行保护。

1992年11月19日，国防科技大学研制成功的国内第一台通用十亿次并行巨型机银河-Ⅱ通过国家鉴定。

1993年12月，中国建立了以国务院副总理任主席的国民经济信息化联席会议制度，确立了"实施信息化工程、以信息化带动产业发展"的指导思想，提出了信息化建设的任务，启动了金卡、金桥、金关等信息化重大工程。三金工程是中国中央政府主导的以政府信息化为特征的系统工程，是中国政府信息化的雏形。

1993年，国务院信息化工作领导小组拟定了《国家信息化"九五"规划和2010年远景目标（纲要）》，国务院要求当时的电子工业部与有关部委大力协调，抓好几项重大的信息工程。

1994年4月20日，中关村地区教育与科研示范网络（NCFC）完成了与Internet的全功能IP连接，从此，中国正式被国际上承认是接入Internet的国家。

1994年5月，成立了国家信息化专家组，作为国家信息化建设的决策参谋机构，为建设国家信息化体系，推动国家信息化进程提出了许多重要建议。

1994年10月22日，中国公用数字数据网CHINANET开通。

1995年5月，国家智能计算机研究开发中心研制出曙光1000。这是我国独立研制的第一套大规模并行机系统，峰值速度达每秒25亿次，实际运算速度超过10亿次浮点运算，内存容量为1024兆字节。

1995年8月8日，建在中国教育和科研计算机网（CERNET）上的水木清华BBS正式开通，这是中国大陆第一个Internet上的BBS。

1996年1月，成立了以国务院副总理任组长、由22个部委组成的国务院信息化工作领导小组，确立了国家信息化的内涵和体系，提出了信息化建设的方针和原则。制订了国家信息化"九五"发展规划。而后，各部门、各地区相继组建了信息化领导机构，信息化在各领域、各地区有组织有计划地向前推进。

1996年1月，中国公用计算机互联网（CHINANET）全国骨干网建成并正式开通，全国范围的公用计算机互联网络开始提供服务。

1997年4月18日至21日，国务院信息化工作领导小组在深圳召开全国信息化工作会议，提出我国信息化建设的24字指导方针，即"统筹规划，国家主导，统一标准，联合建设，互联互通，资源共享"。

1998年，我国在移动通信设备的开发制造方面实现了群体突破，巨龙、大唐、中兴、华为、东兴等一批具有自主知识产权的中国通信设备制造企业迅速成长起来。

1999年6月，中国原邮电部电信科学技术研究院（大唐电信）向ITU提出TD-SCDMA 3G标准。该标准将智能无线、同步CDMA和软件无线电等当今国际领先技术融于其中，在频谱利用率、对业务支持具有灵活性、频率灵活性及成本等方面的独特优势。另外，由于国内的庞大的市场，该标准受到各大主要电信设备厂商的重视，全球一半以上的设备厂商都宣布可以支持TD—SCDMA标准。该标准提出不经过2.5代的中间环节，直接向3G过渡，非常适用于GSM系统向3G升级。

三、高速发展阶段（1997年至今）

随着1997年互联网在中国开始大规模普及，信息资源建设在中国进入了一个高速发展的黄金时期。其特点是以进入互联网为基础的信息资源高速发展阶段。

1997年7月，"中国试验型数字式图书馆项目"由文化部向国家计委立项，由国家图书馆、上海图书馆等6家公共图书馆参与，该项目的实施是中国数字图书馆建设开始的标志。

1998年3月以后，随着国务院机构的进一步改革，将原国务院信息化工作领导小组办公室整建制并入新组建的信息产业部，负责推进国民经济和社会服务信息化的工作。

1999年6月，国家知识基础设施（National Knowledge Infrastructure，CNKI）开始建设，CNKI是由世界银行于1998年提出。CNKI工程是以实现全社会知识资源传播共享与增值利用为目标的信息化建设项目，为全社会知识资源高效共享提供最丰富的知识信息资源和最有效的知识传播与数字化学习平台。该项目由清华大学、清华同方发起。CNKI工程的具体目标，一是建设知识资源互联网传播扩散与增值服务平台，为全社会提供资源共享、数字化学习、知识创新信息化条件；二是大规模集成整合知识信息资源,整体提高资源的综合和增值利用价值;三是建设知识资源的深度开发利用平台,为社会各方面提供知识管理与知识服务的信息化手段;四是为知识资源生产出版部门创造互联网出版发行的市场环境与商业机制,大力促进文化出版事业、产业的现代化建设与跨越式发展。

2000年10月,中央十五届五中全会提出要以"信息化带动工业化,发挥后发优势,实现社会生产力的跨越式发展"。在"十五"期间,国家将制定国家信息化专项规划,提出发展中国电子商务的指导意见,建立国家信息化指标体系,实施一系列信息化重大工程,信息化建设进入一个重点突破和全面推进的阶段。

2001年2月初,中国电信开通Internet国际漫游业务。

2001年7月,信息产业部公布了国家信息化指标构成方案,作为进行国家和地区信息化水平量化分析和管理的依据及手段。该指标体系中,信息资源作为一个重要的二级指标。

2002年1月3日,联合国技术信息促进系统(TIPS)链接中国主要省区市政府信息工程正式启动。工程将使中国主要省区市政府的信息进入TIPS全球信息系统。这将迅速扩大中国主要省区市地方政府的国际信息传递力度与影响,帮助和促进中国各地在更大范围和更深程度上加大与国际间的交流与合作。

2002年1月8日,中国联通"新时空"CDMA网络正式开通。

2002年2月27日新华社消息,我国数字图书馆工程建设已取得进展。国家863工程下面专门设立了"中国数字图书馆发展战略组",负责中国数字图书馆事业的统筹规划和组织实施工作。目前,中国国家数字图书馆工程(文化部)、中国高等教育文献保障体系(教育部)、中国国家科学数字图书馆工程(科学院)及全国党校系统数字图书馆工程已全面启动。

2002年5月17日,中国移动率先在全国范围内正式推出GPRS业务。同年11月18日,中国移动通信与美国AT&T Wireless公司联合宣布,两公司GPRS国际漫游业务正式开通。

2003年3月17日,中国国家顶级域名".CN"正式开放二级域名注册,这是中国自有域名体系以来一次重大的变化。

2003年7月22日,温家宝总理在国家信息化领导小组第三次会议上提出信息化建设四项重点:一是大力推广应用信息技术;二是加强信息资源开发利用;三是抓紧推行电子政务;四是切实加强信息安全保障工作。

2004年6月21日，美国能源部劳伦斯·伯克利国家实验室公布了最新的全球计算机500强名单，曙光计算机公司研制的超级计算机"曙光4000A"排名第十，运算速度达8.061万亿次，这是中国计算机有史以来进入排名的最好名次。

2004年，中共中央办公厅、国务院办公厅发布了《关于加强信息资源开发利用工作的若干意见》，意见从充分认识信息资源开发利用工作的重要性和紧迫性，加强信息资源开发利用工作的指导思想、主要原则和总体任务，加强政务信息资源的开发利用，加强信息资源的公益性开发利用和服务，促进信息资源市场繁荣和产业发展，完善信息资源开发利用工作的保障环境等方面明确了具体要求。

2005年，温家宝总理主持召开国家信息化领导小组第五次会议，审议并原则通过了《国家信息化发展战略（2006—2020）》。会议认为，制定和实施国家信息化发展战略，是顺应世界信息化发展潮流的重要部署，是实现经济和社会发展新阶段任务的重要举措。

2005年2月，我国首款64位高性能通用CPU芯片问世。由科技部、中国科学院和信息产业部共同主办的"龙跃神州、'芯'动中国"——"龙芯"2号成果发布及产业化基地成立大会在北京举行。中国科学院计算技术研究所成功研制出"龙芯"2号计算机高性能通用处理器，并已装备多种现代电子产品，初步形成了产业链，使我国在电子产品的核心技术上开始掌握主动权。

2005年4月1日，《电子签名法》和《电子认证服务管理办法》正式施行。《中华人民共和国电子签名法》由中华人民共和国第十届全国人民代表大会常务委员会第十一次会议于2004年8月28日通过。由信息产业部颁布的《电子认证服务管理办法》主要规定了电子认证服务许可证的发放和管理、电子认证服务行为规范、暂停或者终止电子认证服务的处置、电子签名认证证书的格式和安全保障措施、监督管理和对违法行为的处罚等内容。

2005年6月3日，国家图书馆数字资源门户开通。该门户将国家图书馆购买和自建的37种中文数据库、77种外文数据库、16000余种中外文电子期刊进行了有机整合，实现资源间的无缝互联。通过该门户系统，读者可足不出户轻松查找国家图书馆的数字化馆藏，并对检索结果进行下载、打印、保存等，还可享受个性服务和居于内容的定制服务。

2005年10月1日，中央政府门户网站试开通。中央政府门户网站（http://www.gov.cn）是国务院和国务院各部门，以及各省、自治区、直辖市人民政府在国际互联网上发布政务信息和提供在线服务的综合平台。网站发布政务信息和数据资料，方便公众了解国家法律法规和重大决策，同时面向社会提供与政府业务相关的服务，逐步实现政府与企业、公民的互动交流。

2006年1月1日，中华人民共和国中央人民政府门户网站（简称"中国政府网"）正式开通，网址是http：//www.gov.cn，是国务院和国务院各部门，以及各省、自治区、直辖市人民政府在国际互联网上发布政务信息和提供在线服务的综合平台。联合国经济和社会事务部在《2005年全球电子政务准备报告》中，对中国政府在加快电子政务方面作出的努力予以肯定。

2006年3月，我国制定完成信息安全风险评估的国家标准——《信息安全风险评估指南》。《指南》规定了信息安全风险评估的工作流程、评估内容、评估方法和风险判断准则，适用于信息系统的使用单位进行自我风险评估，以及风险评估机构对信息系统进行独立的风险评估。

2006年，农业信息化助推新农村建设。在《国民经济和社会发展第十一个五年规划纲要》中，建设社会主义新农村已成为国民经济未来发展的重要部署。而农业信息化则是社会主义新农村建设的重要推动力。4月17日，信息产业部推进社会主义新农村建设工作会议召开。会议号召加快发展农业和农村信息化，开创信息产业服务社会主义新农村建设的新局面。同时，信息产业部下发了《关于推进社会主义新农村建设工作的意见》，从信息化的角度提出新农村建设的方针。

2006年5月11日，中国确定未来15年信息化发展战略。中共中央办公厅、国务院办公厅印发《2006—2020年国家信息化发展战略》，提出了到2020年我国信息化发展的战略目标。《战略》提出，到2020年，我国信息化发展的战略目标是：综合信息基础设施基本普及，信息技术自主创新能力显著增强，信息产业结构全面优化，国家信息安全保障水平大幅提高，国民经济和社会信息化取得明显成效，新型工业化发展模式初步确立，国家信息化发展的制度环境和政策体系基本完善，国民信息技术应用能力显著提高，为迈向信息社会奠定坚实基础。

2006年7月1日，《信息网络传播权保护条例》正式实施。2006年5月18日，国务院总理温家宝签署第468号国务院令，公布《信息网络传播权保护条例》（以下称《条例》），自2006年7月1日起开始施行。依据《著作权法》，《条例》规定了信息网络传播权的保护措施，并规定了合理使用和法定许可。《条例》建立了处理侵权纠纷的"通知与删除"简便程序，并参考国外立法，规定网络服务提供者向公众提供侵权作品，在四种情形下可以免除赔偿责任。《条例》是保护著作权人、表演者、录音录像制作人的信息网络传播权的重要行政法规，是我国著作权保护进一步加强的标志。

2007年，胡锦涛总书记在十七大报告中指出："全面认识工业化、信息化、城镇化、市场化、国际化深入发展的新形势新任务"；"大力推进信息化与工业化融合"；"加强网络文化建设和管理，营造良好网络环境"；对信息化和互联网的发展提出明确要求。

2007年11月1日，七项信息安全国家标准正式实施。这七项国家标准分别是GB/T 20984-2007《信息安全技术 信息安全风险评估规范》、GB/T 20979-2007《信息安全技术 虹膜识别系统技术要求》、GB/T 20983-2007《信息安全技术 网上银行系统信息安全保障评估准则》、GB/Z 20985-2007《信息技术 安全技术 信息安全事件管理指南》、GB/Z 20986-2007《信息安全技术 信息安全事件分类分级指南》、GB/T 20987-2007《信息安全技术 网上证券交易系统信息安全保障评估准则》和GB/T20988-2007《信息安全技术 信息系统灾难恢复规范》。

2008年，互联网的媒体影响力得到了迅速提升，凭借在北京奥运会、汶川地震等重大事件当中的突出表现，互联网获得了社会的广泛认可。而随着互联网影响力的提升，政府、社会对互联网媒体也愈加关注。胡锦涛主席通过人民网强国论坛同网友在线交流；温家宝总理通过网民博客举报信要求核查山西娄烦县重大尾矿库溃坝事故等都成为2008年《大事记》中备受关注的事件。互联网作为一种表达民意的渠道，以及其所具有的舆论监督的功能，引起党政中央领导的高度重视。

2008年中国互联网取得3项世界第一。中国互联网在2008年取得了令世人瞩目的成绩。CNNIC《第22次中国互联网络发展状况统计报告》数据显示，2008年6月30日，我国网民总人数达到2.53亿人，首次跃居世界第一，到2008年年底更是逼近3亿人，其中宽带网民数以2.7亿人居世界第一。而我国的国家顶级域名。CN也在2008年7月跃居全球ccTLD第一。在网民规模和域名资源迅速增长的背后，是互联网普及程度的提高，中国互联网在世界上的地位也因此迅速提升。

2009年1月5日，国务院新闻办公室、工业和信息化部、公安部、文化部、工商行政管理总局、广播电影电视总局、新闻出版总署七部委在北京召开电视电话会议，部署在全国开展整治互联网低俗之风专项行动。

2009年1月，我国几大运营商分别获得3G牌照，中国进入3G元年，对未来信息化产生深远的影响。中国电子商务总额突破3万亿元，占到GDP总量的10%，网络客户的人数达到7400万人。淘宝网年交易总额突破 999 亿元，注册会员超过一亿，解决了 57 万人的就业问题。

2009 年 8 月 7 日，国务院总理温家宝在无锡微纳传感网工程技术研发中心视察，提出要尽快建立中国的传感信息中心（"感知中国"中心）。11 月 3 日，温家宝总理发表了题为《让科技引领中国可持续发展》的讲话，指示要着力突破传感网、物联网的关键技术。

2009 年 9 月 7 日，中央机构编制委员会办公室印发《中央编办对文化部、广电总局、新闻出版总署〈"三定"规定〉中有关动漫、网络游戏和文化市场综合执法的部分条文的解释》。规定："文化部负责动漫和网络游戏相关产业规划、产业基地、项目建设、会展交易和市场监管。国家广播电影电视总局负责对影视动漫和网络视听中的动漫节目进行管理。国家新闻出版总署负责在出版环节对动漫进行管理，对游戏出版物的网上出版发行进行前置审批。"

2010 年 1 月 13 日，国务院总理温家宝主持召开国务院常务会议，决定加快推进电信网、广播电视网和互联网三网融合。6 月 30 日，国务院三网融合工作协调小组审议批准，确定了第一批三网融合试点地区（城市）名单，这标志着三网融合试点工作正式启动。

2010 年 3 月 23 日，谷歌公司宣布将在中国的搜索服务由内地转至香港。

2010 年 6 月 8 日，国务院新闻办公室首次发表《中国互联网状况》白皮书，说明了中国政府关于互联网的基本政策："积极利用、科学发展、依法管理、确保安全"。

2010 年 6 月 25 日，第 38 届互联网名称与编号分配机构（ICANN）年会决议通过，将".中国"域名纳入全球互联网根域名体系。7 月 10 日，".中国"域名正式写入全球互联网根域名系统（DNS）。

2010 年 10 月 9 日，国家新闻出版总署出台《新闻出版总署关于发展电子书产业的意见》，提出要依法依规建立电子书行业准入制度，依法对从事电子书相关业务的企业实施分类审批和管理。

2010 年，据《第 27 次中国互联网络发展状况统计报告》显示，截至 2010 年 12 月底，我国网民规模达到 4.57 亿，较 2009 年底增加 7330 万人；我国手机网民规模达 3.03 亿，依然是拉动中国总体网民规模攀升的主要动力；最引人注目的是，网络购物用户年增长 48.6%，是用户增长最快的应用，预示着更多的经济活动步入互联网时代。中小企业互联网接入比例达 92.7%，规模较大的企业互联网接入比例更是接近 100%。43% 的中国企业拥有独立网站或在电子商务平台建立网店；57.2% 的企业利用互联网与客户沟通，为客户提供咨询服务；中小企业电子商务/网络营销应用水平为 42.1%，其中电子邮件以 21.3% 的比例成为"最普遍的互联网营销方式"。

  2011 年，社会化媒体方兴未艾。社会化媒体（social media）是一个近来出现的概念，是一种给予用户极大参与空间的新型在线媒体，改变以往媒体一对多的传播方式为多对多的"对话"。社会化媒体主要有博客、维基、播客、论坛、社交网络等。2011 年开始，以微博、社交网站为代表的社会化媒体持续发展，不仅成为个人、组织连接沟通和品牌营销的新渠道，也为应对社会挑战、推动社会公益提供了新平台，社会化媒体成为潮流。

  2011 年，移动互联网异军突起。移动互联网这个概念从 2010 年开始，已经彻底从神坛走向了生活。随着网速越来越快，手机终端越来越强大，移动互联网透露出的机遇与诱惑正在让互联网欲罢不能。随着 3G 的发展和移动通信及 WEB2.0 技术的提升，移动互联网成为一个更大的新兴市场。全球信息技术产业热闹非凡：谷歌收购摩托罗拉移动，网秦赴美上市，微软收购 Skype。每一条新闻都与移动互联网的发展密切相关。种种迹象表明，移动互联网时代已经到来。

  2012 年 1 月 16 日，中国互联网络信息中心（CNNIC）在北京发布《第 29 次中国互联网络发展状况统计报告》（以下简称《报告》）。《报告》显示，截至 2011 年 12 月底，中国网民规模达到 5.13 亿，全年新增网民 5580 万；互联网普及率较上年底提升 4 个百分点，达到 38.3%。中国手机网民规模达到 3.56 亿，同比增长 17.5%，与前几年相比，中国的整体网民规模增长进入平台期。我国网民规模继续扩大，但增速逐渐放缓。截至 2011 年年底，中国网站规模达到 229.6 万，较 2010 年年底增长 20%。经过一年多的下跌之后，在 2011 年下半年，网站规模显现出稳步回升的势头，有望进入一个新的增长周期。与此同时，国家顶级域名 .CN 的注册量也开始转身向上：2011 年年底 .CN 域名注册量达到 353 万个，较 2011 年中增长 26000 余个。

第二节 改革开放后信息资源发展的聚类分析

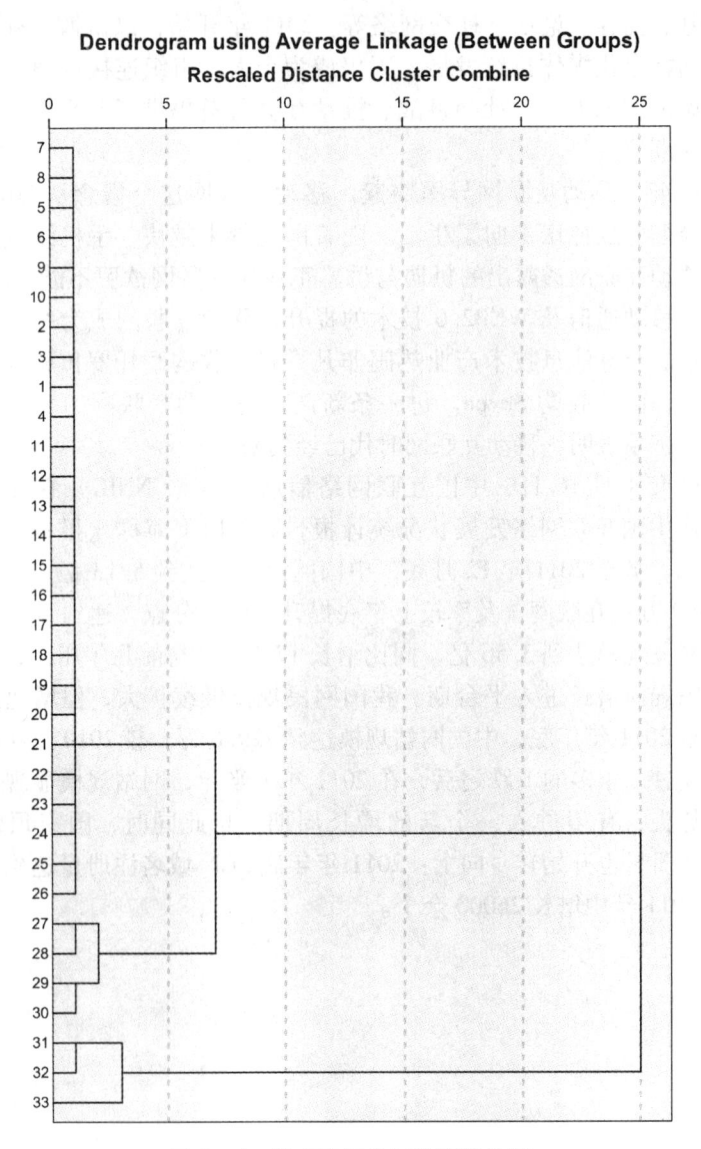

Dendrogram using Average Linkage (Between Groups)
Rescaled Distance Cluster Combine

图 2-1 信息资源发展的聚类分析

如果从客观的角度，根据数据说话，对信息资源发展的历史进程进行分类，可能更有意义，聚类分析就是这么一种方法。

聚类分析是多元统计分析的一种，它把一个没有类别标记的样本集按某种标准分成若干个子集（类），使相似的样本尽可能归为一类，而不相似的样本尽量划分到不同的类中。聚类分析被广泛地应用于模式识别、数据挖掘和知识发现的许多领域。聚类的目的是要使各类之间的距离尽可能地远，而类中点的距离尽可能地近，并且分类结果还要有令人信服的解释。在聚类分析中，人们一般事先并不知道应该分成几类及哪几类，全根据数据确定。

对一组数据，既可以对变量（指标）进行分类，也可以对观测值（事件，样品）来分类，对变量的聚类称为 R 型聚类，而对观测值聚类称为 Q 型聚类，它们在数学上是无区别的。可以用 Q 聚类来对信息资源发展阶段进行分类。

1978—2010 年期间邮电业务额的聚类分析如图 2-1 所示，邮电业务额可以作为信息资源发展进程的一个缩影。从聚类分析结果看，可以分为以下几个阶段：

第一阶段：传统信息资源发展阶段，时间是 1978—2003 年，此时虽然已经开始有互联网，但由于处于起步阶段，尚不足以动摇传统信息资源的发展。

第二阶段：转折期，时间是 2004—2007 年，主要是互联网开始大规模普及。

第三阶段：网络信息资源阶段，时间是 2008—2010 年，其特点是互联网引领下的信息资源高速发展。

聚类分析结果与 3.1 结果不同，根本原因是随着互联网和移动通信的发展，导致信息资源发展的结构存在重大变化，总体上，信息资源仍然处于高速发展阶段。

第三节 信息资源建设与管理中的若干问题

一、信息资源差距问题

（一）与世界其他国家的差距

经过了改革开放以来 30 多年的发展，中国信息化和信息资源建设取得了长足的进步，但是离世界先进水平仍然有较大的差距。据经济学人（EIU）公布的数据（表 2-1），2010 年中国全球电子化准备排在全世界第 56 位，总得分为 4.28 分（满分 10 分），其中企业环境得分最高

(6.36)，上网水平和技术基础得分最低（2.65），其他得分依次为：社会文化（5.40）、法律环境（5.20）、政府政策（4.60）、消费者和企业接受程度（3.11）。

表2-1 2010年全球电子化准备排名和得分

国家和地区	排名	总分	上网水平和技术基础	企业环境	社会文化	法律环境	政府政策	消费者和企业接受程度
权重		100	20%	15%	15%	10%	15%	25%
瑞典	1	8.49	8.20	8.13	8.53	8.25	8.90	8.75
丹麦	2	8.41	7.85	8.18	8.47	8.10	8.70	8.90
美国	3	8.41	7.35	7.85	9.00	8.70	9.25	8.60
芬兰	4	8.36	8.00	8.30	8.47	8.35	8.00	8.85
荷兰	5	8.36	8.05	8.05	8.07	8.45	8.25	9.00
挪威	6	8.24	7.95	7.95	8.00	8.30	8.05	8.90
中国香港	7	8.22	7.65	8.40	7.27	9.00	9.18	8.28
新加坡	8	8.22	7.35	8.63	7.33	8.70	9.13	8.48
澳大利亚	9	8.21	7.35	8.24	8.53	8.50	8.85	8.18
新西兰	10	8.07	6.80	8.17	8.60	8.45	8.50	8.29
加拿大	11	8.05	7.15	8.33	7.87	7.95	8.75	8.35
中国台湾	12	7.99	7.00	7.95	8.40	8.15	8.55	8.15
韩国	13	7.94	7.90	7.32	8.80	7.65	9.20	7.18
英国	14	7.89	7.65	7.40	7.73	8.10	8.55	8.00
奥地利	15	7.88	7.25	7.54	7.80	8.45	8.55	8.00
日本	16	7.85	7.70	7.54	7.43	8.75	8.75	8.04
爱尔兰	17	7.82	7.20	7.75	7.60	8.00	7.85	8.40
德国	18	7.80	7.60	7.82	8.00	8.05	7.40	7.98
瑞士	19	7.72	7.80	8.33	7.93	7.93	6.80	7.65
法国	20	7.67	6.80	7.54	7.60	7.85	8.20	8.10
比利时	21	7.52	6.95	7.68	7.33	8.45	7.50	7.63
百慕大群岛	22	7.47	7.45	8.04	6.40	8.35	8.50	6.80
马耳他	23	7.32	6.15	7.28	6.80	8.20	8.65	7.45
西班牙	24	7.31	6.20	7.39	7.60	8.35	7.85	7.23
爱沙尼亚	25	7.06	6.40	7.16	6.77	8.40	7.98	6.60
以色列	26	6.96	6.30	7.39	7.50	7.05	7.05	6.83
意大利	27	6.92	6.45	6.32	7.60	8.45	6.55	6.88
葡萄牙	28	6.90	5.40	6.64	7.33	8.35	7.40	7.10
斯洛文尼亚	29	6.81	6.10	6.82	6.93	7.40	7.60	6.60
智利	30	6.39	4.15	8.00	6.67	7.40	6.75	6.43
捷克共和国	31	6.29	5.55	7.18	6.60	7.20	5.95	6.00
阿联酋	32	6.25	6.80	7.27	5.47	5.10	6.20	6.18

续表

国家和地区	排名	总分	上网水平和技术基础	企业环境	社会文化	法律环境	政府政策	消费者和企业接受程度
希腊	33	6.20	5.15	6.17	7.13	7.15	6.00	6.25
立陶宛	34	6.14	5.45	6.51	6.23	7.33	6.20	5.90
匈牙利	35	6.06	5.35	6.71	6.27	7.10	6.23	5.60
马来西亚	36	5.93	4.35	7.36	5.47	6.88	6.65	5.80
拉脱维亚	37	5.79	5.25	6.32	6.17	7.38	5.40	5.28
斯洛伐克	38	5.78	5.35	6.93	6.07	7.15	4.90	5.25
波兰	39	5.70	5.10	7.26	5.93	6.83	5.35	4.88
南非	40	5.61	3.65	6.03	5.57	7.58	5.80	6.05
墨西哥	41	5.53	3.10	6.97	5.53	6.35	6.55	5.68
巴西	42	5.27	3.60	6.66	5.73	6.10	5.70	4.93
土耳其	43	5.24	4.20	6.11	5.80	5.45	5.50	4.98
牙买加	44	5.21	4.75	5.67	5.33	6.65	4.90	4.83
保加利亚	45	5.05	4.80	6.25	5.20	6.65	4.75	4.00
阿根廷	46	5.04	3.85	5.48	5.73	6.05	5.20	4.83
罗马尼亚	47	5.04	4.75	6.22	5.23	6.78	5.65	3.38
特立尼达和多巴哥	48	4.98	3.25	6.43	5.33	6.40	5.60	4.33
泰国	49	4.86	3.20	6.83	4.50	6.35	5.60	4.18
哥伦比亚	50	4.81	3.60	6.29	4.80	6.60	5.00	4.08
约旦	51	4.76	3.00	6.12	5.30	4.90	5.45	4.55
沙特阿拉伯	52	4.75	4.25	6.34	5.13	4.75	4.85	3.90
秘鲁	53	4.66	2.60	6.47	5.13	5.80	4.75	4.43
菲律宾	54	4.47	2.60	6.35	4.27	4.85	5.20	4.38
委内瑞拉	55	4.34	3.85	3.95	5.13	4.70	4.60	4.20
中国	56	4.28	2.65	6.36	5.40	5.20	4.60	3.11
埃及	57	4.21	2.55	6.20	5.00	5.20	4.90	3.05
印度	58	4.11	2.15	6.27	4.67	5.60	5.10	2.88
俄罗斯	59	3.97	3.85	5.72	5.13	3.65	3.00	3.01
厄瓜多尔	60	3.90	2.95	4.63	4.53	4.75	3.80	3.58
尼日利亚	61	3.88	1.75	4.87	4.53	5.53	4.65	3.50
越南	62	3.87	3.20	5.70	3.60	4.60	4.60	2.71
斯里兰卡	63	3.81	2.35	5.68	4.40	5.95	3.95	2.55
乌克兰	64	3.66	3.50	4.48	5.07	4.23	3.15	2.54
印度尼西亚	65	3.60	2.60	6.04	3.60	4.20	3.88	2.55
巴基斯坦	66	3.55	2.35	5.31	2.80	5.90	4.30	2.51
哈萨克斯坦	67	3.44	3.15	5.26	3.93	3.45	3.93	1.98
阿尔及利亚	68	3.31	2.90	4.74	3.87	3.30	2.65	2.83
伊朗	69	3.24	3.20	4.14	4.90	3.00	2.40	2.33
阿塞拜疆	70	3.00	2.85	4.93	3.17	3.40	2.55	1.98

数据来源：Digital economy rankings 2010 Beyond e-readiness: A report from the EIU。

另据摩根士丹利《中国高科技报告2006》数据，截止到2005年，中国固定电话总量达3.5亿部、移动电话总量3.93亿部、有线电视用户1.44亿户，三个指标的总量居世界第一，网民数量占全球第二，电脑总量全球第四。在全球访问量最大20家网站中，中国占据了30%，前5家网站依次是：BAIDU、SINA、SOHU、QQ、NETEASE，其中百度排全球第四。但是人均水平仍然较低，总体上低于全世界平均水平。

表2-2 信息资源的世界比较之一

排名	国别	百人固定电话数			百人移动电话数			百人电脑数		
		2002	2004	增长率	2002	2004	增长率	2002	2004	增长率
1	美国	63.09	62.59	-0.40	50.17	58.16	7.67	70.74	69.39	-0.96
2	中国	16.66	21.77	14.30	16.09	25.77	26.56	2.27	3.23	19.29
3	日本	48.74	60.94	11.81	62.28	66.41	3.26	38.60	42.19	4.55
4	德国	67.91	68.67	0.56	71.51	81.93	7.04	43.46	46.99	3.98
5	英国	60.14	55.00	-4.37	81.50	90.00	5.08	39.70	43.33	4.48
6	印度	3.87	4.32	5.73	1.02	3.68	90.10	0.75	1.20	26.47
7	法国	60.72	54.84	-4.97	64.57	67.74	2.43	37.33	37.10	-0.31
8	意大利	47.66	46.55	-1.17	85.00	93.10	4.66	21.10	25.86	10.70
9	韩国	48.15	52.08	4.00	66.92	77.08	7.32	26.88	56.25	44.66
10	加拿大	69.09	62.50	-4.89	44.89	46.88	2.19	50.78	50.00	-0.77
11	巴西	21.78	23.86	4.66	19.58	27.84	19.23	7.90	10.80	16.91
12	西班牙	43.60	43.90	0.34	82.37	90.24	4.67	19.26	24.39	12.53
13	俄罗斯	23.51	26.76	6.68	12.42	40.85	81.38	5.76	13.38	52.42
14	荷兰	48.92	62.50	13.03	78.85	87.50	5.34	46.55	50.00	3.64
15	挪威	39.78	60.00	22.81	76.69	80.00	2.14	52.60	60.00	6.81
	平均	44.24	47.09	4.54	54.26	62.48	17.94	30.91	35.61	13.63

数据来源：摩根士丹利中国高科技报告2006。

表2-2和表2-3为信息化主要指标的国际比较。电话指标包括固定电话和移动电话，中国每百人固定电话数仅比印度高，从增长速度看，人均固定电话有5个国家出现了负增长，深层次的原因是移动电话对固定电话的替代所致。中国的增长速度名列第二，挪威排在第一位。可以预计，中国的固定电话普及水平还将继续提高，到达一定的阈值后会趋于稳定。从目前情况看，这个值应该在50部/百人左右。

表2-3 信息资源的世界比较之二

国别	百人网民数 2002	2004	增长率	百人有线电视数 2002	2004	增长率	百人银行卡数 2002	2004	增长率
美国	57.78	68.71	9.05	25.07	33.67	15.89	279.90	298.64	3.29
中国	4.59	7.23	25.46	7.79	9.85	12.45	38.66	52.69	16.75
日本	41.58	57.03	17.11	11.68	16.41	18.52	538.68	503.91	-3.28
德国	41.13	55.42	16.08	27.07	31.33	7.56	134.05	115.66	-7.11
英国	53.53	58.33	4.39	5.60	25.00	111.21	202.87	236.67	8.01
印度	1.43	3.59	58.16	3.82	4.51	8.56	1.03	3.50	83.82
法国	35.14	40.32	7.13	5.74	12.90	49.94	66.33	48.39	-14.59
意大利	35.31	50.00	19.00	1.25	5.17	103.62	63.47	94.83	22.24
韩国	54.36	66.67	10.74	27.08	27.00	83.90	216.87	137.50	-20.37
加拿大	44.51	68.75	24.28	25.48	31.25	10.72	170.02	193.75	6.75
巴西	9.27	10.23	5.02	1.94	1.14	-23.54	60.67	99.43	28.02
西班牙	24.44	31.71	13.89	2.09	7.32	87.19	133.66	231.71	31.66
俄罗斯	4.08	15.49	94.95	11.16	7.04	-20.56	4.44	16.90	95.06
荷兰	55.39	68.75	11.41	41.26	37.50	-4.67	128.33	187.50	20.88
挪威	72.71	60.00	-9.16	18.78	20.00	3.18	119.78	140.00	8.11
平均	35.68	44.15	20.50	13.12	18.01	30.93	143.92	157.40	18.62

数据来源：摩根士丹利中国高科技报告2006。

移动电话的水平排名和固定电话相当，是印度的6倍。增长速度排名第三，仅次于印度与俄罗斯。中国移动电话正以较高的速度快速普及，与世界先进水平的差距会越来越小。

中国电脑普及率较低，仅为3.23台/百人，略高于印度。从增长速度看，中国排在俄罗斯、韩国、印度之后，增长率为19.29%，美国、法国、加拿大电脑普及率的增速已经出现负值，这实际上是电脑普及到饱和状态时的正常现象。

中国网民的比例较低，略高于印度。从增长速度看，中国排在第三位，在俄罗斯和印度之后。

有线电视普及率相对较高，中国排在西班牙、俄罗斯、意大利、印度、巴西之前，列第10位。从增长速度看，中国增长速度趋稳，列第八位。俄罗斯、荷兰、巴西等国家的有线电视普及率有所下降，可能是各国的特殊情况所致，因为俄罗斯、巴西的有线电视普及率极低，只有荷兰较高。

银行卡是金融信息资源应用的缩影。银行卡的普及率中国也比较低，略高于印度与俄罗斯。从增长速度看，中国排在俄罗斯、印度、西班牙、巴西、意大利、荷兰之后，列第7位。韩国、日本、法国、德国信用卡增长为负值，属于正常调整，因为即使是经济发达国家，信用卡普及率都相差很大。

总体上，中国、俄罗斯、印度等发展中国家信息化程度提高很快，正努力缩小与发达国家的差距。印度人均信息化水平虽然最低，但发展速度超过中国。俄罗斯信息化人均水平高于中国，发展速度也超过中国，需要引起足够的重视。

(二) 地区与城乡差距

地区间的信息资源差距是本研究的重点，除了不同省区市之间的差距外，同一地区内部城乡之间、同一地区内部不同地区间都有差距。

据中国统计年鉴2009年数据，2008年东部、中部、西部、东北地区城镇百户居民拥有彩电数量分别为146.64台、126.40台、122.79台、114.99台，东部和其他地区存在一定差距。东部、中部、西部、东北地区城镇百户居民电脑拥有数量分别74.86台、48.24台、48.31台、45.70台，东部和中西部及东北地区差距较为明显。东部地区每百户城镇居民拥有移动电话187.43部，中部、西部、东北地区分别为153.84部、168.57部、159.98部，总体差距已经不大。

再来看不同地区农村居民的情况，东部、中部、西部及东北农村居民每百户拥有移动电话数量分别为129.87部、102.78部、91.29部、109.11部，仍然是东部地区最高，西部地区最低；家用电脑数量分别为12.15台、2.65台、1.45台、3.77台。电脑数量的地区差距最大。

同时还可以看出，除了地区间的差距外，地区内部城乡之间差距也较为明显。如东部地区城乡家用电脑比为6.16倍，西部地区城乡电脑比为33.32倍。各项指标地区间横向比较的差距要小于地区内部城乡之间的差距。

据CNNIC《第27次中国互联网络发展状况调查统计报告》，2010年中国各地区网民的分布如下。

第一梯队：互联网发展水平较好，普及率高于全国平均水平，主要集中在东部沿海地区和部分内陆省份。包括北京、上海、广东、浙江、天津、福建、辽宁、江苏、新疆、山西、山东、海南、重庆、陕西14个省区或直辖市，较2009年增加4个。其中，北京互联网普及率高达69.4%，上海和广东分别为64.5%和55.3%。

第二梯队：互联网普及率低于全国平均水平，但是高于全球平均水平，包括青海、湖北、吉林、河北、内蒙古、黑龙江6个省区和直辖市，较2009年减少2个。

第三梯队：互联网发展水平较为滞后，网络普及率低于全球平均水平，集中在西南部各省和中部地区，包括宁夏、西藏、湖南、河南、广西、甘肃、四川、安徽、云南、江西、贵州11个省区或直辖市，较2009年减少2个。

(三) 群体差距

包括性别差距、文化程度差距、收入差距引起的信息差距，以下数据均来自CNNIC《第27次中国互联网络发展状况调查统计报告》。

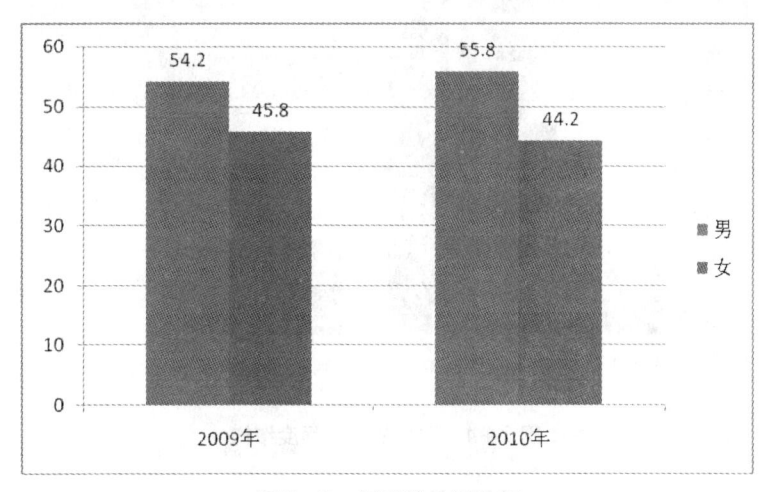

图2-2 网民的性别特征

2010年，我国网民男女性别比例为55.8∶44.2，男性群体占比高出女性近11.6个百分点。网民的性别差距正逐步缩小，1999年年初的调查数据显示，男性占86%，女性占14%（图2-2）。

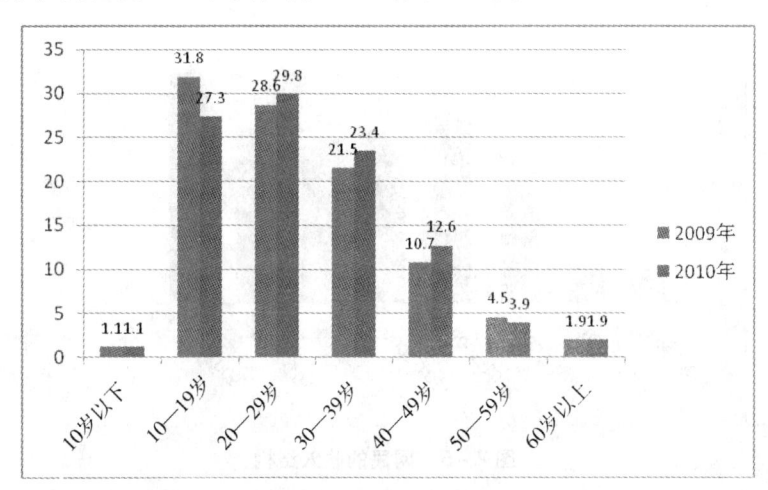

图2-3 网民的年龄差距

网民年龄结构更加优化。2010年，20—50岁之间年龄段网民所占比重均有所上升，10—19岁年龄段的网民所占比例下降较多，与该年龄段实际人口数下降有关。10—40岁之间网民所占比重相差不大，在23.4%—27.3%之间，但与高年龄段所占比重差距较大（图2-3）。

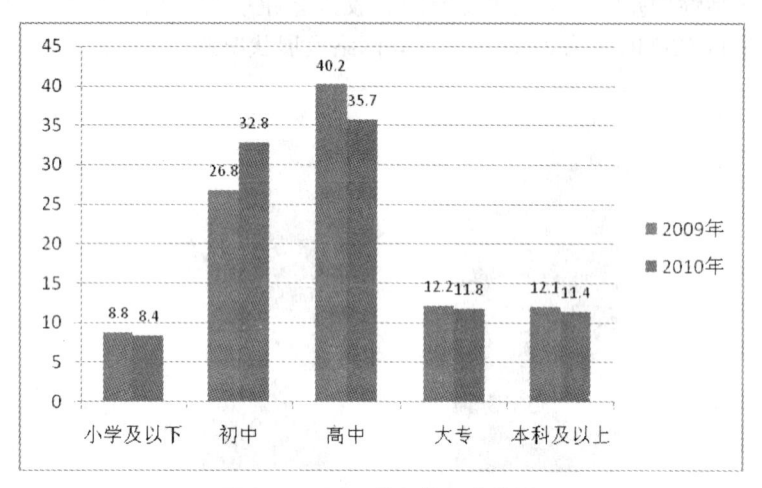

图2-4 网民的文化程度结构

从文化程度看，初中以上网民占整个网民的91.6%。由于信息技术的普及，上网难度降低，小学文化程度的网民仍然占有一定的份额。总体上，学历造成的上网问题几乎已经不复存在（图2-4）。

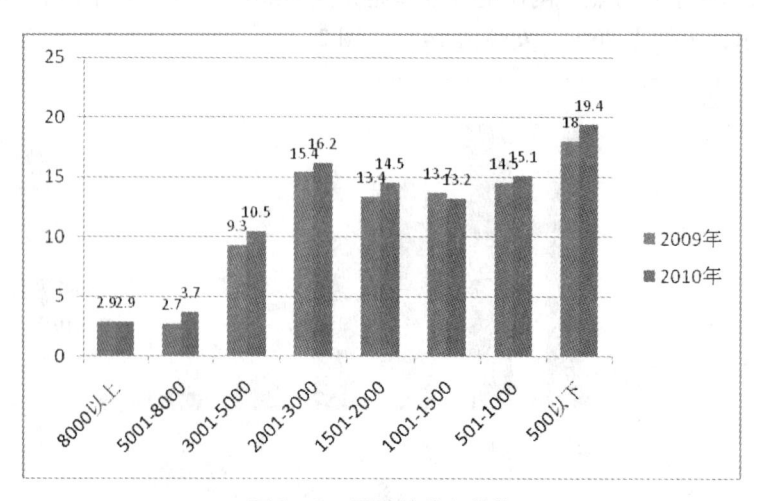

图2-5 网民的收入结构

网民的收入结构如图 2-5 所示，月收入 3000 元以上的相对高收入的网民占网民总数的 7.1%，这是因为高收入居民的比例本来就低。月收入在 500—3000 元之间的网民所占比例总体相差不大，说明对网民而言，即使在收入极低的情况下，上网也成为一种必需。无收入者所占比例极低，这和无收入居民所占比例极低有关。总体上，收入对网民上网影响似乎不大。

2010 年，学生、企业一般职员、个体户/自由职业者三大群体在网民中占比进一步增大，分别占整体网民的 30.6%，16.2% 和 14.9%。同时，农林牧渔劳动者占比上升较快，从 2.8% 上升至 6%，无业、下岗、失业人员占比从 9.8% 下降至 4.9%。

随着信息化建设加快，农村互联网接入条件不断改善，农村网络硬件设备更加完备，推动了农村地区网民规模的持续增长。2010 年我国农村网民规模达到 1.25 亿，占整体网民的 27.3%，同比增长 16.9%。

农户自发使用信息技术的意识明显增强。通过政府主导、社会参与的方式，我国农村信息服务普及有了显著的提升。农户通过自发使用市场化的电子商务交易平台，直接对接需求市场，带动农村地区制造及其他配套产业发展，促进农村产业结构升级和转型，也带动了周边地区信息化使用深度的提高。然而，随着农村人口城市化进程加快，农村人口的绝对规模下降，使农村网民的增长势头相对平缓，低于城市网民的增长速度。

从群体差距看，以互联网网民为例，性别、年龄、城乡差距相对比较显著，而文化差距、经济差距则相对较小。当然，网民指标只是信息资源差距中很小的一个部分。

二、信息资源在经济增长中的地位问题

（一）信息资源作为无形资源没有受到足够的重视

第一个原因可能是对信息资源的界定还存在一定的误区。一提起信息资源，人们首先想到的是图书馆、文献情报信息资源，在学术界尤其如此，甚至不少学者在缺省情况下把信息资源就界定为图书情报信息资源。图书情报信息资源的作用固然重要，但这种狭义的界定使信息资源的范围大大缩小，从而缩小了信息资源的作用。从另外一个层面讲，普通居民对图书馆的接触度总体水平较低。

举一些简单的例子：相邻集镇苹果的销售价格每斤比本镇高出 1 毛钱，这个信息对果农而言至关重要；在电视上偶尔看到的某个大型工程的招工广告对周围地区的居民可能非常具有吸引力。生活中充斥了各种各样的信息，这些信息通过电话、口头传递、报刊、广播电视等各种方

式进行传播，直接间接地改变着人们的生活，给经济社会带来影响。信息资源绝不是象牙之塔里特有的现象，它是如此普及、如此世俗地充斥于社会生活的各个角落，影响着人们的工作与生活。

第二个原因是信息资源被作为信息化的副产品，重视不够。20世纪90年代至今是中国信息化高速发展阶段，信息化是带动经济的重要手段。信息化给社会带来的深层次变化就是解决信息沟通问题，解决信息的准确度问题。如业务流程重组表面看是一种管理变革，但深层次其实是建立在信息处理和沟通快捷的基础上。互联网本质上解决的是信息的沟通问题，如论坛、互动游戏等等莫不如此。如果不能从理论高度认识到这一点，就不会对信息资源给以足够的重视，导致网上虚假信息、垃圾信息泛滥成灾、信息监管不力等一系列问题。

(二) 信息资源与知识贡献混淆

由于学科领域、研究方向不同，对信息资源与知识的界定允许有模糊的地方，但二者的作用机制是不一样的。信息更多地影响决策，知识更多地影响运行。所有信息都可以方便地进行记录和传播，而知识中的隐形知识很难记录，也很难传播。单纯的信息资源本身不存在技术进步的问题，只存在过时不过时和作用大小问题，而知识和技术总在前人的基础上不断进步。

在经济和社会发展中，知识和技术进步的重要性受到了应有的重视，但是如果将知识和信息资源模糊化，会导致对信息资源的重视不够，影响信息资源的深化利用。

(三) 信息资源质量有待提高

信息资源质量亟待提高，一方面，垃圾信息、虚假信息、冗余信息、不良信息泛滥，既浪费资源，又影响高质量信息的获取。另一方面，真正需要的信息往往比较缺乏。虽然政府加大了信息监管的力度，出台了一系列的政策措施，但这方面的问题依然存在，尤其在网络信息资源领域，这个问题尤为严重。

第四节　信息资源差距的危害与原因

一、信息资源差距的危害

(一) 妨碍经济发展

信息资源对经济增长具有十分重要的作用，信息资源贫乏对区域经济发展必然产生制约作用,影响区域经济发展。在信息资源贫乏地区,外来信息较少,时间缓慢,居民信息不灵,思维僵化,无法接受新生事物,妨碍对新思想、新技术、新产品等的吸收和融合,从而会影响地区经济的发展,导致地区经济差距的进一步拉大。

(二) 扩大地区差距

在我国,由于长期历史原因,西部地区与东部地区的数字鸿沟相差巨大。西部地区在经济、社会、教育和科技上的绝对落后地位,导致与东部和中部地区的巨大数字鸿沟,而这一鸿沟已经明显影响到人们获取和使用信息技术和信息产品及服务的机会,必然会影响经济和社会发展,如果不尽快处理好这个问题,容易形成马太效应式的恶性循环,即数字鸿沟影响经济发展,经济发展缓慢进一步增加数字鸿沟。

(三) 影响信息疆域的范围

信息疆域是国家或政治集团信息传播力和影响力所达到的无形空间。一个国家的信息疆域由经济、科技、政治、外交、军事等各个领域的信息边疆组成,它关系着一个民族或国家的兴衰。在信息技术或网络技术上领先一步的国家,往往依托网络,想方设法把自己的信息疆域扩展到许多国家,从传统文化、价值观等多方面对别国产生影响,进而对别国的信息主权造成威胁。

(四) 削弱民族文化的影响

文化是社会的黏合剂,是维持社会的基础。任何时代和任何民族的人们,都生活在一定的文化模式之中。这是人类社会稳定和发展的重要保障。目前,一些发达国家利用其信息控制优势,贬低其他民族的传统文化和价值观,并通过网络向受众连续不断地传递其文化信息,将其意识形态、价值理念强加于人,久而久之,将会使受众产生亲近感与认同感,进而依赖异邦文化,削弱对本民族文化的自尊心和自豪感。

(五) 影响社会公平

由于数字鸿沟的存在,将把社会中的人群划分为信息富有者和信息贫穷者,实际上也就是将社会群体区分为经济富有者和经济贫穷者,而且这种贫富差距将越来越大。这必然影响社会公平,进而影响社会稳定。

一提起社会平等,人们往往较重视教育平等、发展机会平等等,较少顾及信息平等。信息平等是公民应有的一项权利,信息平等是其他平等的基础。

二、国家间信息资源差距的根本原因

国际政治经济的不平等、不平衡是造成国家间信息资源差距的根本原因。国际政治经济的不平等、不平衡秩序在知识经济时代依然没有改变。发达国家在不合理的国际政治经济秩序中,继续凭借其强大的经济实力,利用对高科技的封锁,使发展中国家很难找到实现"后发优势"的技术平台,生产出高附加值的产品,从而使发展中国家在进行对外贸易时长期处于依附的、不公正的和被剥削的地位。在这种境况下,通过信息技术和知识来创造价值的新经济只能是一种"富国现象"。少数发达国家特别是美国搭上了信息革命的头班车,在"知识权力"集中过程中,通过产业重组、技术创新和全球垄断获取"先行优势",已经牢牢占据了信息革命和知识经济的制高点。由于新兴产业和高科技风险投资的高回报率,发达国家过剩资本转向内部投资,刺激了国内金融市场的繁荣。而广大发展中国家尚处于工业化阶段,部分国家尚处于农业经济向工业经济转型时期,信息革命和知识经济的到来,使发展中国家肩负双重发展重任。由于经济实力有限,知识和人才的匮乏,发展中国家没有能力推进有效的信息技术的普及工作。

三、地区信息资源差距的原因

(一) 地区间社会发展的不平衡

由于各种主客观因素,中国地区间发展很不均衡,基本上呈现东部沿海地区相对发达,西部地区相对薄弱的态势。东部地区多为平原,并靠近海洋,发展交通容易;西部地区多为山区,交通不易发展。东部地区人口密度高,社会需求市场空间大;西部地区地广人稀,社会需求市场空间小。受此影响,东部地区投资成本相对较低,收益相对较高,西部地区投资成本相对较高,收益相对较低。这样一来,西部地区吸引东部沿海地区投资相对较难,甚至出现有限的资金还往东部流动的现象,因此加剧了西部资金不足的程度。一个地区的社会发展水平和一个地区的信息资源建设必然是紧密相关的,导致地区信息资源差距。

(二) 科技教育水平的差距

信息资源建设,必然与信息基础设施建设紧密相关,如通讯网络、互联网、计算机技术等,而现代信息技术的使用,离不开发达的科技教育水平。如在互联网发展早期,由于东部地区科技教育水平较高,先是北京、上海、广东等东部沿海地区优先发展,然后再逐步扩散到中西部地区。

由于自然因素和历史因素,经济欠发达地区教育程度较低,人们的信息意识普遍比较淡薄,对信息和现代信息技术知识了解得较少,获取信息能力差,再加上相对高价的信息获取费用,使广大贫困地区用户无法享用足够的信息资源。

科技教育水平欠发达地区对信息资源的需求也相对较弱，影响信息商品的收益，因此，除了公共物品外，对信息资源中那部分私人物品的生产缺少激励，作为私人物品的信息资源生产往往容易集中到经济发达地区。

（三）信息人才流向信息资源丰裕地区

信息资源建设，离不开大量信息人才，本来信息人才分布就不均衡，加上经济欠发达地区人才的工作环境和生活环境相对较差，待遇也不高，导致有限的信息人才向经济发达地区流动，从而加重了地区间的信息资源差距。

（四）制度因素

自20世纪80年代初以来，中国一直在进行经济体制和政治体制的改革。但由于种种原因，不同地区体制改革的速度和深度是有差异的。这种差异最终导致了中国地区间的体制差距。中国社会主义市场经济是宏观调控下的市场经济，况且中国市场经济的建设还不完善。在这种情况下，体制因素对信息业发展的影响是举足轻重的。

四、群体信息资源差距的主要原因

（一）信息技能上的差异

信息的获得，需要一定程度的阅读能力和理解能力；受教育程度与信息技能的差异关系密切，受教育程度越高，对信息的需求量越大，处理信息的能力越强。

（二）已有知识储存量的差异

知识储存越多，对新事物、新知识的理解和掌握越快，对信息的需求越强。而知识存储较少的个体或组织，一般对新信息的需求能力和需求量也比较弱。

（三）社交范围的差异

社交范围越广，人际交流越活跃，获得信息的过程越加速。当然，一个人的社交范围与其所处的宏观环境是密不可分的。

（四）信息的选择性接触、选择性理解和选择性记忆的因素

生活的水平、层次与媒介的内容越接近，对媒介的接触和利用程度越高。人类由于生活、工作、娱乐背景不同而分成不同的群体，必然会对相关信息媒介存在一定的选择性。

（五）大众传播媒介的性质

不同传播媒介的定位不同，受众自然也不一样，如电视、晚报等适

合普通百姓，互联网适合中等教育以上的人群，科技情报信息适合科研人员等。

（六）收入差距

收入影响居民购买信息工具和信息本身，当然也会影响信息取向。一般收入越高对信息需求越大，但到达一定的阈值后并不存在这种关系，因为个人的信息处理能力是有限的。

（七）性别差距

由于男女性别和生理构造特点，造成男女对信息资源的获取和利用取向不同，进而造成差距。这种差距某种程度上并不是坏事，而是社会多样性的一种体现。

本章小结

本节回顾了中国信息资源建设与发展的历史，将其分为三个阶段。信息基础设施的建设、信息资源的高速发展是改革开放以后尤其是在20世纪90年代以后，其标志是互联网的产生与发展。在中国信息化和信息资源建设取得重大成就的同时，也存在一些问题，主要是信息资源的国家与地区差距、群体差距以及信息资源在经济社会中的地位问题，原因是多方面的，对此进行探讨有利于发现问题的本质。在这样的背景下，进一步研究信息资源的差距及其与经济增长之间的关系，从而可以明确信息资源的地位，为做到信息公平，缩小地区经济发展差距寻找一条崭新的道路。

本书重点研究信息资源的地区差距，分析群体差距、区域内部的差距是为了展示信息资源差距的宏观图景。此外，不同地区群体差距也影响到信息资源差距，这有助于我们分析信息资源的地区差距。

第三章 信息资源的作用机制

本章在分析信息资源的传播处理机制的基础上，研究不同用途下信息资源的测度方法，为后续信息资源的定量研究提供理论依据；剖析了信息资源与知识的关系、信息资源与自然资源的关系、信息资源与人类行为的关系，探索信息资源发挥作用的深层次作用机制，从理论上探讨信息资源给经济社会带来的深刻变化，并且提出了信息资源与知识共同作用的效率测度模型。虽然信息资源作用机制是多视角的，但总体上会影响经济社会发展和人们的生活，进而对经济增长产生贡献。

第一节 信息形成机制与信息源失真研究

一、数据的处理机制

数据的处理机制见图 3-1，数据源的数据有两种传播方式，第一种方式主动传播给数据接受者，数据接受者接受数据的前提条件是该数据必须能够引起他的"注意"，数据接受者每天都有可能接触到大量的数据，但能够被他接受到的很少，这很少的一部分数据才有可能经过进一步加工变成信息。第二种是数据接受者主动搜集数据，数据接受者根据需要会主动进行数据的搜集。

数据接受者收到数据后，会对其进行处理，数据处理受四个因素的影响，第一是处理者偏好，这纯粹是处理者的主观因素，不同处理者偏好不同，但总体上受当时社会意识形态、道德、法律、生理心理等因素的制约。第二是知识积累，处理者的知识积累会影响数据处理甚至数据搜集。第三是处理工具和方法，处理工具和方法会影响处理的效率和效果。有时，处理工具和方法起决定性的作用，人的大脑是重要的数据处理工具之一。第四是相关信息情况。

由于数据接受者、数据处理者的能动作用，导致对同一数据处理后产生不同信息。

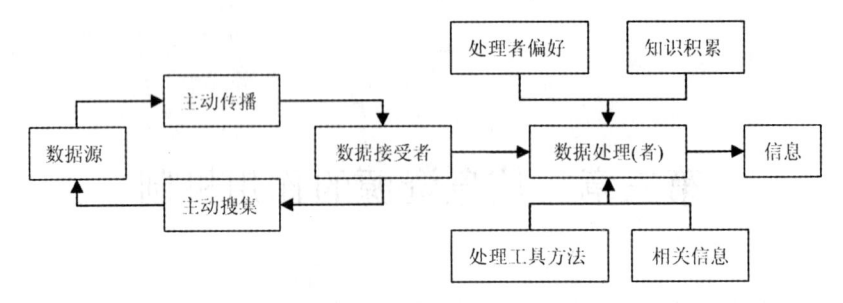

图 3 – 1　数据处理机制

二、信息源失真的原因分析

从数据处理机制与信息的形成过程可以进一步分析信息源失真的原因。数据源包括客观世界和主观世界，客观世界的数据总是真实的，但由于人们的认知能力有限和知识积累问题，加上数据搜集工具的限制，甚至还有生理心理因素的影响，有些数据会取得精确结果，而大部分数据会存在误差，甚至错误。比如观测工具自身误差、人眼的错觉、看问题的深度等因素都会造成误差甚至错误。需要说明的是，误差只要在许可范围内，是不影响数据处理的。真正可能带来问题的是超过许可范围的较大的观测错误，有些是根本性的系统错误。

主观世界的数据既包括真实数据，也包括虚假数据。虚假数据形成的原因有两个，一是主观数据源故意造假，受心理因素、环境压力、自我保护、个人隐私等多种因素的影响。二是信息搜集者与被搜集者之间沟通障碍，由于对语义的理解、概念的界定存在差异，导致误差。

数据处理阶段也存在失真因素，一是数据处理工具方法的错误，会严重影响数据处理结果，主要问题在于现有数据不符合采用该数据处理工具方法的条件，当然也存在即使符合条件，但使用不当问题。二是数据处理者知识积累偏误，导致处理分析出现偏差，如忽视数据、数据不全、原因错误等等。三是数据处理者的生理心理因素的影响，因为数据处理者既可以是个人，也可以是组织，但本质上都是由人对数据进行加工处理的。

数据处理结束后变成了信息，此时仍然存在重大失真的可能性，就是信息把关人为了自己利益最大化，故意歪曲信息，传播虚假信息，而将真实信息保存，为自己所用，典型的是军事情报信息、市场竞争情报信息等。

从以上分析可以看出，在数据搜集、数据处理、把关人三阶段都存在主客观的数据或信息失真因素。信息失真原因分析见图3-2，粗体字表示失真原因。

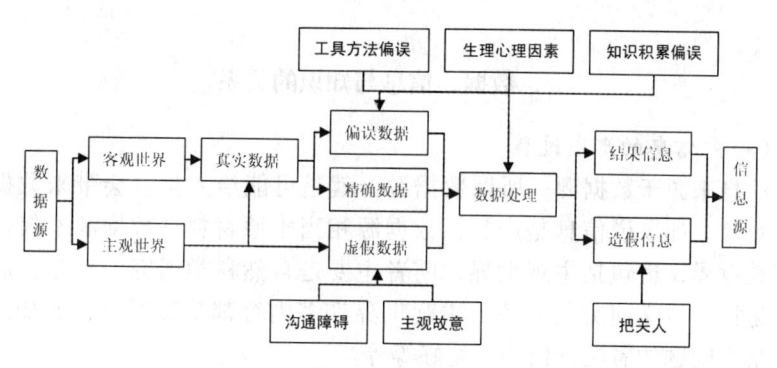

图3-2 信息源失真的原因分析

三、信息源失真的防范

信息源失真是最根本的失真，从而导致信息失真。一般而言，信息失真会导致社会资源的浪费，因为大部分信息都是要影响人类的决策，从而带来行动。防止信息失真，必须从信息的形成阶段入手。

在数据搜集阶段，为了减少客观世界数据的偏差，一是加强学习，提高信息搜集者的知识积累。二是可能的话，采用先进的数据采集手段，减少人为偏差。对于主观世界调查对象故意制造虚假数据情况，要分析原因，采取各种措施力求准确反映实际情况，如调查样本选取方法科学合理，尽量减轻数据调查中调查对象的心理压力，采取匿名方式，配合必要的物质刺激，营造良好的调查气氛等等。另外调查时要注意语义准确，不能有歧义的情况发生，以防止沟通障碍。此外，还可以采取一些技术手段防止主观世界数据不准确问题。

在数据处理阶段，要加强知识积累，同时要充分了解数据处理方法和工具适用范围，避免数据处理方法和工具的错误使用。有条件的话要选用有经验的人来分析处理数据。同时要注意信息处理者生理心理因素的影响，如不要过分疲劳，力求客观公正等等。

在信息把关人阶段，如果把关人故意传播虚假信息，这几乎是无法解决的，因为对其本身而言，他对信息是清楚的。只能等信息传播以后，信息接受者加强分析处理，去伪存真。

第二节　信息资源的传播处理机制

一、数据、信息与知识的关系

(一) 信息的形成过程

信息来源于数据源。所谓数据源，就是可能给人类社会带来数据的所有对象。如果说信息是产品，数据源相当于原材料。数据源不仅仅包括客观世界，也包括主观世界，前者主要是自然科学研究的对象，后者主要是社会科学研究的对象。主观世界许多内容都是数据源，比如，人们对某个问题的看法、信仰、爱好等等。

从数据源产生的数据经过数据处理后，就变成了信息。这里需要说明的是，从信息的形成角度看，有两种信息，一类信息称为数据信息，其内容就是数据本身，但是这种数据成为信息的前提条件必须经过信息处理者的分析，也许这个过程非常简单快捷，比如沙漠的旅行者发现水源。另一类是加工信息，是对数据进行复杂加工的结果，形式上与原有数据存在差异。如居民的平均收入，考试的最高成绩等等。这里，数据处理是广义的概念，数据信息经过大脑思维被确定为信息本质上也是数据处理过程。

数据处理结束后存在一个反馈过程，如果处理结果与预想的有出入，或者得到的信息本身非常重要，数据处理者有可能会重新核对数据。

信息形成后，由信息把关人决定信息是否传播、存储和废弃，从理性人的角度出发，信息把关人会选择相应的信息流向。需要说明的是，数据搜集人、信息处理人、信息把关人可能是同一人，也可能是不同人。既可以是个人，也可以是组织，如企业、政府、网站、图书馆、报刊杂志社等等。信息的形成过程见图 3-3。

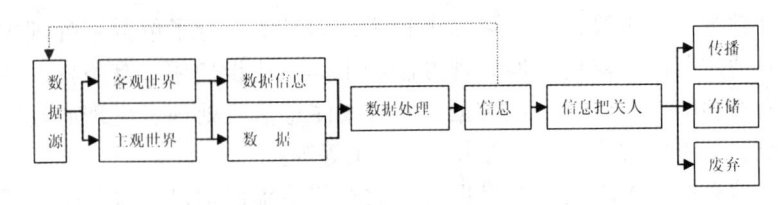

图 3-3　信息的形成过程

(二) 数据、信息与知识

数据是客观世界的反映，数据本身并不是信息，数据成为信息的前提有两个，或者是数据本身直接有用，或者数据经过加工处理后的结果就变成了信息。数据是客观的，我们不能修改数据，而信息是主观的，是对数据进行进一步加工处理的结果。因此，相同的数据，不同的人、不同的处理方法可以得出不同的信息。

信息资源分为三类，第一类是知识型信息，其特点是提供知识获得方法的信息，由于历史的原因，主要有科技文献信息和图书情报信息，至于科技文献和图书情报的具体内容，则更多的是知识。第二类是经济信息，指对经济增长有直接作用的信息，如市场信息、产品信息等。第三类是社会信息，指对社会进步、居民福利起作用的信息。此外，还有相当部分的在特定条件下与人类社会生活无关的信息不能视为信息资源，如自然界活动的大量信息，在纯科学领域人类只能监控到其中的极小一部分。

1990年版《辞海》对知识的定义是：人类认识的成果或结晶。包括经验知识和理论知识。经验知识是知识的初级形态，系统的科学知识是知识的高级形态。人的知识是后天在社会实践中形成的，是对现实的反映。

《中国大百科全书·哲学卷》的知识定义："人们在日常生活、社会活动和科学研究中所获得的对事物的了解，其中可靠的成分就是知识。"

美国经济学家弗里茨·马克卢普（1962）认为知识包括实用知识、学术知识、闲谈与消遣知识、精神知识、不需要知识（多余知识）5个部分。

信息是经过加工处理的有用数据的集合，信息是反映事物运动的状态及其变化方式的，知识则是研究事物运动的规律的。只有通过对信息的加工，才能获得知识。相反，没有信息，也就谈不上知识。可以说，知识是信息升华的成果，也是一种浓缩的系统化了的信息，知识来源于信息。根据这个定义，图书馆馆藏的更多的是知识，而不是信息。比如，某本书介绍一种产品的生产工艺，这就是知识，如果图书馆通过媒介发布一条消息告诉这种生产工艺的需要者，这就是信息。二者是有本质区别的。当然，由于研究的侧重点不同，知识和信息的界限有时很模糊，本研究对此是严格界定的，数据、信息、知识的关系见图3-4。

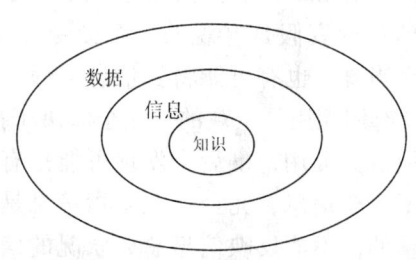

图3-4 数据、信息、知识的内涵

知识和信息资源的作用机制是不一样的。设想在一片山谷中生活着一群蜜蜂，该区域内有资源有限的数片花地，他们沿用固定的技术进行采蜜。某天一只聪明的蜜蜂在蜂群从未到过的小溪边发现了几株花朵，当然这个消息对整个蜂群没有价值，可以称之为"数据"；如果这个蜜蜂飞得高一些，结果发现了无数花朵组成的成片优质花地，这就是"信息"了。它高兴地回来将这个消息告诉所有的蜜蜂，结果大家一起去那片花地采蜜，带来了蜂蜜产量的大幅增加，这就是"信息资源"的作用；如果这个蜜蜂发明了一种新的采蜜技术，它无私地将该技术传授给其他蜜蜂，那么即使在原有的花地采蜜，也能带来产量的增加，这就是"知识"的作用；如果利用该项技术在新发现的花地采蜜，由于花地优良，技术先进，那产量增加更大，这就是知识和信息资源的共同作用。

客观世界 → 数据 → 信息 → 知识 → 人类活动

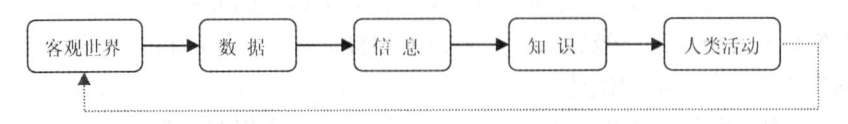

图 3-5　数据、信息、知识与人类活动

人类将客观世界的状况记录和存储，形成数据，虽然数据是客观的，但由于人类认识客观世界的能力有限，所得的数据也许并不是客观世界的真实反映。信息是对数据进行加工和处理的结果，知识是系统化的信息。人类活动总是建立在一定的知识和信息基础上，通过人类活动来改造客观世界（图 3-5）。信息资源是用来创造社会财富，增进人类福利的，经过加工处理的有用信息的集合，信息资源是一个宏观概念，微观上由若干条信息构成。

二、信息资源与知识的处理机制及其比较

（一）信息资源的处理机制

信息资源的处理机制见图 3-6。信息分为两大类，一类是虚假信息，一类是真实信息，信息的真假是客观的，而接受者对其判断是主观的，即他可能会将假信息当真，也有可能将真信息当假。真实信息又分为有用信息和无用信息，有用无用是主观的，完全取决于接受者的主观判断，某些信息也许当时他认为无用，事后会发现可能是有用信息。有用信息又分为完全信息和不完全信息，完全信息是指信息是完整的，不完全信息是指信息是非完整的，不能反映信息总体状况的信息，有时很难或者是几乎无法获得完全信息。以上所有这些增加了决策和信息利用的风险。

当信息通过各种途径传递到信息接受者大脑中时，就面临着信息的处理问题。信息处理水平的高低受很多因素的影响，如信息接受者的知识、信息处理工具和手段等。不同的个体对相同信息的处理可能完全不一样，带来了信息利用效果的巨大差异。

信息接受者同时也担当着信息把关人的职责，决定着信息的利用及流向。信息处理的结果有五大流向：第一是废弃，对于没有价值的信息选择废弃。第二是传播，信息接受者由于各种原因会选择继续传播所接受到的信息，但是由于主客观原因，信息接受者所传播的信息与他接收到的信息相比有可能是相同的，有可能是不同的，会出现信息失真，这是不可避免的。需要注意的是，接受者或许会对接收到的信息进行进一步加工，产生新信息，进而进行传播，同样可能会出现信息失真问题。第三是信息接受者选择存储信息，主要是一些有潜在价值而暂时还用不到的信息。第四是产生知识，信息接受者在收到信息的基础上，对其进行分析处理，产生新的知识。第五是进行决策，采取相应的行为，发挥信息的作用。除了废弃的信息外，存储、传播、产生知识、产生行为四类信息有可能是同一信息，也有可能是不同信息。

以上整个过程是动态的，人类就是在这样的循环中不断地接受和处理信息。

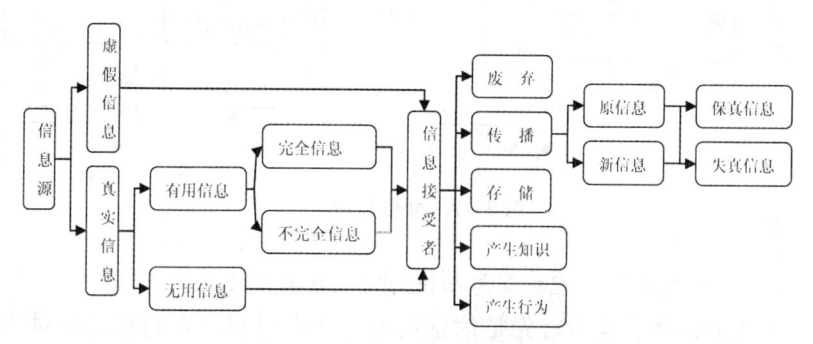

图 3-6 信息资源的处理机制

(二) 知识的处理机制

为了说明知识的处理机制，这里引入一个新的概念——知识信息。所谓知识信息，是关于知识的信息，包括知识的简介、效用、拥有者、费用等内容的信息。根据这个定义，OECD 对知识定义中的拥有者知识 (Know-who)，就是知识信息，属于信息的范畴而不属于知识的范畴。比如，有一种可以使汽车节油 5% 的专利技术，这种技术的功能、拥有者、专利转让费等等就是知识信息，属于信息的范畴，而专利技术本身的原理、实现手段等就属于知识的范畴。

知识源的知识,首先以知识信息的方式进行传播和扩散,当然,知识信息也包括虚假信息、无用信息、有用信息等内容。知识接受者受到知识信息后,会对其进行综合处理分析,有4种处理结果:一是废弃,将过时的知识信息、虚假信息、无用信息淘汰。二是对知识信息进行再传播。三是对知识信息进行保存。四是进行知识学习,这是最重要的部分,也是知识传播的意义所在。

知识学习一般需要耗费较高的费用和精力时间,因此存在知识成本问题。知识学习后,有3种结果:一是应用,发挥知识的效用。二是存储,学到的知识可能暂时用不上,或者没有利用的条件。三是进行知识创新,知识接受者在原有积累知识和学习到的新知识的基础上,对知识进行创新,产生新知识。总体上说,知识接受者的三种行为具有直接的重要意义:知识信息的再传播、知识应用、知识创新。知识存储具有间接的重要意义。知识的处理机制如图3-7所示。

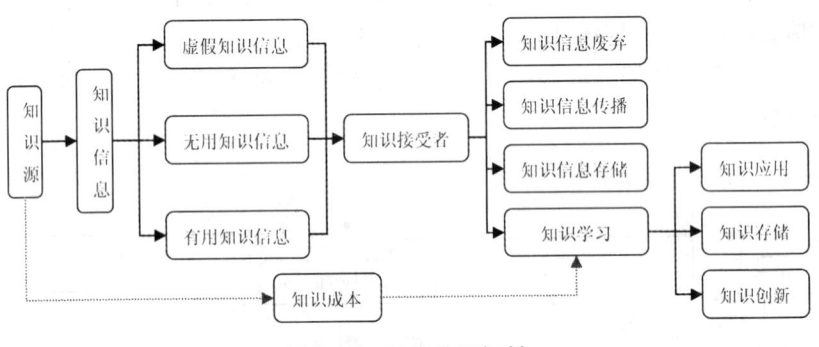

图3-7 知识处理机制

(三) 信息资源处理机制与知识处理机制的比较

知识的传播和运用首先是信息资源的处理过程,人们总是在对知识信息进行充分评估分析的基础上决定是否学习或引进该知识。因此,对知识信息的加工和准确描述,加速知识信息的传播具有十分重要的意义。

信息资源的成本总体上大大低于知识的成本,通常情况下,具有重要意义的信息总是先受到人们的关注。知识的获得通常需要较长的时间和较大的投入,但其后劲足,更具有竞争优势。如果说获取信息是短线,那么学习知识是长线,二者不可偏废。

知识积累的不同影响信息资源的处理能力。不同人的知识积累不同,即使面对同样的信息,有些人将其视为资源,而有些人将其视为数据,对其熟视无睹。当然，如果面对同样的数据，知识素养好的能对其进行处理，得出有用的信息，而其他人也许一无所获。知识积累的水平也会影响信息处理工具的使用、信息处理的方法等。

知识是社会发展的根本动力。如果没有知识的发展，没有科技的进步，信息资源利用即使再发达，其利用效果是有边界的，而知识进步的利用效果是没有边界的。由于知识和信息资源都带有部分准公共产品的性质，具有非排他性和非竞争性的特点，通过深化信息资源的利用，可以加快先进技术、先进管理等知识的普及，这就是我国实施以信息化带动工业化战略的根本原因所在。不过，知识并不是完全的公共物品，现在各国都加大了知识产权保护的力度。因此，作为立国之本，发展自主知识产权的科学技术是非常重要的。

知识与信息资源是相辅相成的，知识的推广和应用总是离不开信息的传播，而信息资源的传播、处理、搜集又离不开信息技术的发展，离不开信息接受者的知识积累。

第三节 信息资源的测度

信息资源测度是本研究的起点，如果不能以科学的方法测度信息资源，就无法进一步从实证的角度分析信息资源的作用及其影响，相关文献综述第一章已经介绍，本节进行深入分析。

从测度目的看，信息资源测度有两个目的，一是单纯的信息资源测度，需要了解一个国家地区或机构的信息资源；二是信息资源中介测度，为定量研究提供中间数据，而非仅仅测度信息资源，比如对地区信息资源测度的目的是为了研究地区信息资源的影响因素。相对而言，两种测度的要求是不同的，本书重点进行的实际上是第二种测度。

一、信息资源测度中存在的问题

（一）将信息资源测度等同于信息化测度

一些学者提出的信息资源测度指标体系包括了信息化基础设施、人员、资金等方面的内容，将信息化测度、知识经济测度与信息资源测度等同。从微观上看，在计量某个信息生产部门的信息资源时，如对报社的信息资源进行测度，可以包括这些因素。但在测度一个国家或一个地区的信息资源时，用宏观信息化基础设施、人员、资金等数据来代替各信息生产部门的基础设施、人员、资金等数据是不对的。

由于现代信息技术的特点，信息基础设施与信息资源之间并不一定成正比，比如移动通信，其基础设施水平与通信量是两个完全不同的概念，信息资源代表的是通信水平。假设一个地区拥有100万部手机以及相应的设备，在维持该水平不变的情况下，手机使用越多，信息内容越大，而信息基础设施并没有变化。此外，即使没有信息化的进程，只要有人类社会，信息资源依然存在。信息化带动信息资源建设的贡献不可否认，而且二者是相关的，但毕竟是两个不同的概念。

（二）将信息资源等同于知识

有些研究将信息资源狭义地界定为图书情报信息资源，测度时主要测度图书馆信息资源，深层次将知识与信息资源混为一谈。信息与知识固然相关，但二者是有区别的，信息主要反映事物运动的状态及其变化方式，知识则是研究事物运动规律的。关于信息与知识的界定与区别，本章第一节已有说明。

（三）逻辑错误

采用指标体系测度信息资源，某些指标貌似合理，其实犯了逻辑错误。比如评价某个地区信息资源量，采用人均图书出版数指标，由于客观上不可能将该地区出版的图书全部局限于该地销售，并且很难统计库存，因此不能作为衡量本地信息资源水平的指标。即使需要选用，也只能选取人均购买图书册数，遗憾的是该项指标数据难以获得，何况图书更多地属于知识的范畴，更不能选用。还有一点需要说明的是，也许某个地区出版业比较发达，具有比较优势，并不代表该地区知识发达。

（四）将无形商品等同于信息资源

音像制品、一般电视节目等是不能等同于信息或者知识的，只不过是一种无形精神消费商品，我们可以将某个歌手出CD的消息称为信息，但CD本身并不是信息。同样，软件也是一种特殊商品，是一种无形的生产（如生产控制软件）、管理（如管理软件）或娱乐商品（如游戏软件），只有软件的技术介绍、功能、价格等才是信息。

（五）信息媒体之间的替代与重复问题

众所周知，信息媒体间存在一定的替代性，比如电话可以代替部分信函，电子邮件可以代替部分信函和电话，广播电视新闻可以代替部分报刊新闻。近年来，中国部分地区信函量下降的根本原因就在此。由于信息媒体间的替代性，导致某个指标的减少并不意味着信息资源的减少，有可能出现减少、增加、不变的情况。当然，各种信息媒体也存在着重复信息，会出现信息资源虚高的情况。

假设共有 X、Y 两种信息媒体，某年的信息量分别为 X_0 和 Y_0，两种信息媒体的权重分别为 m、n，则信息资源总量为：

$$mX_0 + nY_0 \quad (3-1)$$

若 X 媒体的部分信息 a 被 Y 媒体替代，则信息总量为：

$$m(X_0 - a) + n(Y_0 + a) = mX_0 + nY_0 + (n - m)a \quad (3-2)$$

当 $n > m$ 时，信息资源总量增加；当 $n = m$ 时，信息资源总量不变；$n < m$ 时，信息资源总量减少，关键看 m 和 n 的大小。也就是说，只有在指标权重相等的情况下，媒体之间的互相替代才不会影响信息资源总量的测度结果，而这种情况比较少见。

下面考虑媒体信息重复的情况，假设两种媒体之间出现信息重复，重复量为 b，则信息总量为：

$$m(X_0 - b) + nY_0 = mX_0 + nY_0 - mb \quad (3-3)$$

或者

$$mX_0 + n(Y_0 - b) = mX_0 + nY_0 - nb \quad (3-4)$$

无论是什么情况，在媒体出现重复信息时，信息资源总量会夸大，采用指标体系测度的信息资源会超过实际信息量。

（六）过分强调"生产能力"，忽视"产品"

众所周知，在测度国内生产总值时，采用的是实际国内生产总值的金额，而不是全国的 GDP 生产能力。从微观上讲，如果某个产品还没有生产，我们只能暂且用生产能力进行衡量，对于一个成熟的产品，更为重要的是衡量其产量而非生产能力，这就是许多企业重视产量和利润，一般不统计生产能力的原因。在信息资源测度领域也是如此，手机普及率虽然可以反映信息资源量，但是用通话次数和通话时间衡量更有意义。上网电脑数量一定比电脑数量更有意义，因为非联网电脑根本无法获得信息。从衡量信息量的角度，邮政局所数量远远没有信函寄送数量有说服力。

（七）数量与质量问题

采用指标体系测度信息资源必然会选用各种指标，而任何指标都包括数量和质量两个方面，很难兼顾。如在人员指标上，往往采用学校数量、在校大学生数、教师数等指标，需要注意的是，虽然教育程度高代表知识水平高，但并不能说明接受的信息多。在经费投入上，存在经费使用的效率问题，同样的投入，对不同的使用者结果可能相差很大。博物馆、图书馆、文化馆、数据库等的数量说明不了什么问题，因为内涵相差很大，不能反映质量。

（八）多信息源问题

一提起信息源，人们的思维定势往往首先想到的是各种媒体、政府机构、互联网络信息资源等。其实，任何人都是信息源，人们之间传递信息、互相沟通是普遍现象，这是人类社会赖以生存和发展的基础。面对如此广博的信息源，至今很少有学者考虑测度的方法，尤其是庞大的个体信息。

（九）指标权重问题

在采用指标体系测度信息资源时，一些学者采用等指标权重法，另一些学者利用层次分析法确定权重。但由于不同学者的思路不同，对信息资源的界定不同，对各种媒体的看法不同，即使采用同一套指标体系，也不可能得到一致公认的结果。

二、国家信息化指标体系的修正

信息资源测度与信息化测度密不可分，信息资源测度是信息化测度的一个重要组成部分。分析国家信息化指标体系存在的问题，也有利于信息资源测度指标的选取与分析。2001年，信息产业部会同国家统计局、质量技监局、国家计委、国家经贸委、国家广电总局、国务院新闻办等有关部门，发布了20项反映国家信息化水平的统计指标体系，确定了国家信息化指标构成方案（表3-1），以《关于印发〈国家信息化指标构成方案〉的通知》（信部信［2001］434号）发布。

表3-1 国家信息化指标体系

序号	指标名称	指标解释	指标单位	资料来源
1	每千人广播电视播出时间	目前，传统声、视信息资源仍占较大比重，用此指标测度传统声、视频信息资源	小时/千人（总人口）	根据广电总局资料统计
2	人均带宽拥有量	带宽是光缆长度基础上通信基础设施实际通信能力的体现，用此指标测度实际通信能力	千比特/人（总人口）	根据信息产业部资料统计
3	人均电话通话次数	话音业务是信息服务的一部分，通过这个指标测度电话主线使用率，反映信息应用程度	通话总次数/人（总人口）	根据信息产业部、统计局资料统计
4	长途光缆长度	用来测度带宽，是通信基础设施规模最通常使用的指标	芯长公里	根据信息产业部、统计局资料统计

续表

序号	指标名称	指标解释	指标单位	资料来源
5	微波占有信道数	目前微波通信已经呈明显下降趋势,用这个指标反映传统带宽资源	波道公里	根据信息产业部、统计局资料统计
6	卫星站点数	由于我国幅员广阔,卫星通信占有一定地位	卫星站点	根据广电总局、信息产业部、统计局资料统计
7	每百人拥有电话主线数	目前,固定通信网络规模决定了话音业务规模,用这个指标反映主线普及率(含移动电话数)	主线总数/百人(总人口)	根据信息产业部资料统计
8	每千人有线电视台数	有线电视网络可以用作综合信息传输,用这个指标测度有线电视的普及率	有线电视台数/千人(总人口)	根据广电总局、统计局资料统计
9	每百万人互联网用户数	用来测度互联网的使用人数,反映出互联网的发展状况	互联网用户人数/百万人(总人口)	根据CNNIC、统计局资料统计
10	每千人拥有计算机数	反映计算机普及程度,计算机指全社会拥有的全部计算机,包括单位和个人拥有的大型机、中型机、小型机、PC机	计算机拥有数/千人(总人口)	根据统计局住户抽样数据资料统计
11	每百户拥有电视机数	包括彩色电视机和黑白电视机,反映传统信息设施	电视机数/百户(总家庭数)	根据统计局住户抽样资料统计
12	网络资源数据库总容量	各地区网络数据库总量及总记录数、各类内容(学科)网络数据库及总记录数构成,反映信息资源状况	吉(G)	在线填报

续表

序号	指标名称	指标解释	指标单位	资料来源
13	电子商务交易额	指通过计算机网络所进行的所有交易活动（包括企业对企业，企业对个人，企业对政府等交易）的总成交额，反映信息技术应用水平	亿元	抽样调查
14	企业信息技术类固定投资占同期固定资产投资的比重	企业信息技术类投资指企业软件、硬件、网络建设、维护与升级及其他相关投资，反映信息技术应用水平	百分比	抽样调查
15	信息产业增加值占GDP比重	信息产业增加值主要指电子、邮电、广电、信息服务业等产业的增加值，反映信息产业的地位和作用	百分比	根据统计局资料统计
16	信息产业对GDP增长的直接贡献率	该指标的计算为：信息产业增加值中当年新增部分与GDP中当年新增部分之比，反映信息产业对国家整体经济的贡献	百分比	根据统计局资料统计
17	信息产业研究与开发经费支出占全国研究与开发经费支出总额的比重	该指标主要反映国家对信息产业的发展政策。从国家对信息产业研发经费的支持程度反映国家发展信息产业的政策力度	百分比	根据科技部、统计局资料统计
18	信息产业基础设施建设投资占全部基础设施建设投资比重	全国基础设施投资指能源、交通、邮电、水利等国家基础设施的全部投资，从国家对信息产业基础设施建设投资的支持程度反映国家发展信息产业的政策力度	百分比	根据信息产业部、广电总局、统计局资料统计
19	每千人中大学毕业生比重	反映信息主体水平	拥有大专毕业文凭数/千人（总人口）	根据统计局资料统计

续表

序号	指标名称	指标解释	指标单位	资料来源
20	信息指数	指个人消费中除去衣食住外杂费的比率，反映信息消费能力	百分比	根据统计局资料统计

(一) 国家信息化指标体系存在的问题

1. 绝对指标与相对指标问题。国家信息化指标构成方案由20项指标组成，它们分别为：每千人广播电视播出时间、人均带宽拥有量、人均电话通话次数、长途光缆长度、微波占有信道数、卫星站点数、每百人拥有电话主线数、每千人有线电视台数、每百万人互联网用户数、每千人拥有计算机数、每百户拥有电视机数、网络资源数据库总容量、电子商务交易额、企业信息技术类固定投资占同期固定资产投资的比重、信息产业增加值占GDP比重、信息产业对GDP增长的直接贡献率、信息产业研究与开发经费支出占全国研究与开发经费支出总额的比重、信息产业基础设施建设投资占全部基础设施建设投资比重、每千人中大学毕业生比重、信息指数。

从目前的研究及测度结果看，测度我国及地区信息化指数可用于纵向比较和地区间横向比较，所以，国家信息化指标构成方案所用指标大多数是人均指标，这是科学合理的，但也有部分指标采用的是绝对指标。其实，对我国各省区市的信息化指数进行测度是国家信息化指标体系的主要用途之一，如果采用绝对量指标，就不能准确反映信息化水平的差异。正如比较两个省份的网民绝对数没有意义一样，必须采用相对指标，如每万人网民数量。下面对相关指标逐一进行分析。

长途光纤长度：该指标是信息产业的重要基础设施指标，对于互联网的发展具有极其重要的作用。笔者在研究互联网发展时，采用格兰杰因果关系检验研究了该指标与人均互联网发展水平之间的关系，有趣的是，二者之间并没有单项因果关系，采用每平方公里光纤长度指标进行因果关系检验，发现效果也不明显。经过分析发现，根本原因在于我国的地形复杂，东中西部地区地形差异太大，山区每平方公里光纤长度与平原每平方公里光纤长度完全是两码事，根本不可比，因此，应该用每平方公里人均光纤长度进行分析，虽然也不尽科学，但这是最接近科学的方法。

微波占有信道数、卫星站点数：这两个指标仍然是绝对指标，应该转换成相对指标，比如覆盖率，否则也不具有可比性。问题是，对于一些特殊地区，比如西部人烟稀少地区，即使微波和卫星通讯没有覆盖，也不表示这些地区信息化水平低，这个问题较难处理。

网络资源数据库总容量、电子商务交易额：这两个也是绝对指标，应该用人均网络数据库容量（该指标代表性差，后面分析）、人均电子商务交易额（即使用该指标也存在不足，后面分析）代替。

2. 数据采集问题。在 20 个指标中，有两个指标的数据采集是通过抽样调查得到的，分别是企业信息技术类固定投资占同期固定资产投资的比重及电子商务交易额，对于前者，由于企业信息化在我国已经经历了 20 余年的发展，相对成熟，采用抽样调查是可取的和科学的。但是，对于电子商务这个指标而言，由于电子商务是新生事物，近年来一直在高速增长，而且存在着结构变化的可能，国家统计局在进行该项研究时，对电子商务交易额的界定是只要通过互联网做成的生意都计算在内，应该包括 B2B 和 B2C，采用抽样调查势必存在较大误差。考虑到国内电子商务网站已经形成类似垄断的态势，不妨采用大型电子商务网站的调查数据，这样可有效地保证精确度。

3. 指标间的替代问题。作为信息传播的手段，邮政、电话、电视、互联网之间存在着某种程度的替代性；作为信息存储的手段，报刊、电视、互联网之间也存在着一定程度的替代性，这种替代总体上讲是信息化进步引起的结构调整，并不是信息化水平的降低。我们相信，随着我国信息化的发展，邮政、电话、电视、互联网、报刊之间的替代会加剧，极端情况下某些指标会出现负增长，类似电信代替邮政的情况。

由于指标间替代关系的存在，导致采用指标体系衡量信息化水平会存在系统误差，为简化起见，考虑只有两个指标 k、l 的情况，其中基年数据分别为 k_0，l_0，测度年数据分别为 k_1，l_1，p_1、p_2 为权重，由于仅有两个指标，因此有 $p_1 + p_2 = 1$（$0 < p_1 < 1$，$0 < p_2 < 1$），对于测算年度的信息化系数 S_1，有：

$$S_1 = \frac{k_1}{k_0} p_1 + \frac{l_1}{l_0} p_2 \tag{3-5}$$

由于存在着技术进步，以及替代性，测度年度的信息化系数 $S_1 > S_0$，由于 $S_0 = p_1 + p_2 = 1$，因此有

$$\frac{k_1}{k_0} p_1 + \frac{l_1}{l_0} p_2 > p_1 + p_2 = 1 \tag{3-6}$$

在极端情况下，由于存在替代性有 $\frac{k_1}{k_0} < 1$，同时 $\frac{l_1}{l_0} > 1$，因此并不能

保证公式（3-6）成立，即存在信息化指数降低的可能，不符合常识，即使信息化指数没有降低，但由于替代的存在也没有客观反映真实的信息化发展状况，存在低估的可能。

4. 网络资源数据库总容量指标问题。该指标主要内容为各地区网络数据库总量及总记录数、各类（学科）网络数据库及总记录数构成，反映信息资源状况。问题是，这些数据库的使用实际许多是必须先得到许可或收费，一般用户根本无法访问，而且这些数据库的位置并不重要，只要能上网就可以访问这些数据库，导致许多大型数据库集中在北京、上海等大城市，这样在衡量不同省份信息资源状况时，其不具有代表性。因此采用人均网站数量指标更为合理，因为网站虽然地理位置不重要，但网站所有者地理位置很好确定，网站访问一般没有壁垒，代表性好。

（二）国家信息化指标体系的修正

1. 全部采用相对指标。由于绝对指标的比较一般没有太大的意义，因此，应采用相对指标，如每平方公里人均光纤长度、人均网站数量，对于微波和卫星指标，建议采用人口密度超过一定数额地区的微波和卫星覆盖率进行衡量。

2. 改善数据搜集途径，优化指标体系。对于人均电子商务交易额，建议改进调查方法，以国内主要大型电子商务网站数据为主，只要调查全国最大的10家电子商务网站即可，然后分地区进行处理。对于网络资源数据库总容量指标，由于其代表性不够，建议改为"每万人网站拥有量"指标。

3. 解决邮政、电话、互联网、电视可能造成的互相替代问题。对于邮政、电话、互联网、电视四大行业的互相替代问题，最好的方法是增加一个指标"邮电业务营业额"。因为邮电业务营业额包括了邮政、电信、互联网等发展状况，客观反映了信息产业发展所带来的传统信息产业与现代信息产业此消彼长的发展特点，而且，邮电业务额是信息资源最好的反映。这样，很好地解决了邮政、电信、互联网的互相替代问题。至于邮电与电视的互相替代问题，因为邮电是双向信息传输，广电基本上是单向信息传输，目前替代性较弱，可暂不考虑。修改后的国家信息化指标体系如表3-2所示。

表 3-2 修正后的国家信息化指标体系

序号	指标名称	指标类别及说明	指标解释	指标单位	资料来源
1	人均邮电业务额	信息资源/信息应用 **新增指标**	邮政、电信业务营业额	元/人	统计年鉴
2	人均电话通话次数	信息资源	话音业务是信息服务的一部分,通过这个指标测度电话主线使用率,反映信息应用程度	通话总次数/人(总人口)	根据信息产业部、统计局资料统计
3	每千人广播电视播出时间	信息资源	目前,传统声、视信息资源仍占较大比重,用此指标测度传统声、视频信息资源	小时/千人(总人口)	根据广电总局资料统计
4	每千人有线电视台数	信息资源	有线电视网络可以用作综合信息传输,用这个指标测度有线电视的普及率	有线电视台数/千人(总人口)	根据广电总局、统计局资料统计
5	每万人网站数	信息资源 **代替指标**	衡量网络信息资源开发利用水平的一种指标	网站数/万人	CNNIC 统计(可附加抽样调查)
6	人均带宽拥有量	信息网络基础设施	带宽是光缆长度基础上通信基础设施实际通信能力的体现,用此指标测度实际通信能力	千比特/人(总人口)	根据信息产业部资料统计
7	长途光缆密度	信息网络基础设施 **调整指标**	用来测度带宽,是通信基础设施规模最通常使用的指标	芯长公里/人平方公里	根据信息产业部、统计局资料统计
8	微波覆盖率	信息网络基础设施 **调整指标**	目前微波通信已经呈明显下降趋势,用这个指标反映传统带宽资源	覆盖率	根据信息产业部、统计局资料统计
9	卫星覆盖率	信息网络基础设施 **调整指标**	由于我国幅员广阔,卫星通信占有一定地位	覆盖率	根据广电总局、信息产业部、统计局资料统计

续表

序号	指标名称	指标类别及说明	指标解释	指标单位	资料来源
10	每百人拥有电话主线数	信息网络基础设施	目前，固定通信网络规模决定了话音业务规模，用这个指标反映主线普及率（含移动电话数）。	主线总数/百人（总人口）	根据信息产业部资料统计
11	每百万人互联网用户数	应用普及水平	用来测度互联网的使用人数，反映出互联网的发展状况	互联网用户人数/百万人（总人口）	根据 CNNIC、统计局资料统计
12	每千人拥有计算机数	应用普及水平	反映计算机普及程度，计算机指全社会拥有的全部计算机，包括单位和个人拥有的大型机、中型机、小型机、PC 机	计算机拥有数/千人（总人口）	根据统计局住户抽样数据资料统计
13	每百户拥有电视机数	应用普及水平	包括彩色电视机和黑白电视机，反映传统信息设施	电视机数/百户（总家庭数）	根据统计局住户抽样资料统计
14	人均电子商务交易额	信息应用**代替指标**	大型电子商务网站分地区调查数据	元/人	全国最大的10个电子商务网站
15	企业信息技术类固定投资占同期固定资产投资的比重	信息产业水平	企业信息技术类投资指企业软件、硬件、网络建设、维护与升级及其他相关投资，反映信息技术应用水平	百分比	抽样调查
16	信息产业增加值占 GDP 比重	信息产业水平	信息产业增加值主要指电子、邮电、广电、信息服务业等产业的增加值，反映信息产业的地位和作用	百分比	根据统计局资料统计

续表

序号	指标名称	指标类别及说明	指标解释	指标单位	资料来源
17	信息产业对GDP增长的直接贡献率	信息产业水平	该指标的计算为:信息产业增加值中当年新增部分与GDP中当年新增部分之比,反映信息产业对国家整体经济的贡献	百分比	根据统计局资料统计
18	信息产业研究与开发经费支出占全国研究与开发经费支出总额的比重	信息化建设政策	该指标主要反映国家对信息产业的发展政策。从国家对信息产业研发经费的支持程度反映国家发展信息产业的政策力度	百分比	根据科技部、统计局资料统计
19	信息产业基础设施建设投资占全部基础设施建设投资比重	信息化建设政策	全国基础设施投资指能源、交通、邮电、水利等国家基础设施的全部投资,从国家对信息产业基础设施建设投资的支持程度反映国家发展信息产业的政策力度	百分比	根据信息产业部、广电总局、统计局资料统计
20	每千人中大学毕业生比重	信息化人才	反映信息主体水平	拥有大专毕业文凭数/千人(总人口)	根据统计局资料统计
21	信息指数	个人信息综合指数	指个人消费中除去衣食住外杂费的比率,反映信息消费能力	百分比	根据统计局资料统计

三、信息资源的测度——基于中间数据

从国家信息化指标体系看,与信息资源测度有关的指标只有4个,而且极不全面。从信息资源测度的目的看,如果是为了分析地区差距,采用各个指标直接比较可能更好,如果是为了取得中间数据,研究信息资源与经济增长的关系,那么测度工作可以大大简化。

在信息发布前,首先是数据的收集、整理工作,然后形成信息,对其进行测度,是非常困难的,或者说几乎是不可能的。对于信息接收者而言,收到信息后,信息处理应用水平高低的测度也相当复杂,几乎无

法实现。因为不同人的知识水平、信息处理方法、个人偏好不同，即使拥有同样的信息处理设备，其信息处理结果及应用方式也有很大差异，何况不同人对信息的认定也相差很大，同一信息有些人可能无动于衷，而有些人则认为是有用信息。但任何信息都是要进行存储和传播的，我们可以从此入手进行信息资源的间接测度（图3-8）。

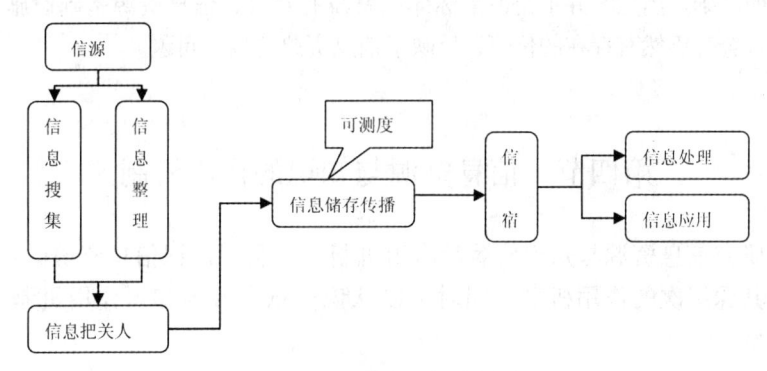

图3-8 信息资源的传播过程

摒弃指标体系，从存储与传播的角度进行测度，最好的方法就是用邮电业务额作为信息资源的替代变量，或者说，邮电业务额是信息资源的影子变量，彻底解决了指标体系测度存在的问题，方法更为科学合理。

（一）邮电业务额是信息资源存储传输的最佳体现

邮电业务额包括了函件、特快专递、报刊发行、固定电话、移动电话、互联网等内容，是典型的信息资源传播与存储，唯一不足的是未包括广播电视数据，但用邮电业务额作为信息资源的代理变量最接近真实结果。

（二）方法更为科学合理

采用邮电业务额作为信息资源的替代变量，将信息资源测度与信息化测度完全分开，将知识与信息资源完全分开，将无形商品与信息资源完全分开。

（三）解决了媒体间的替代问题与指标数量质量统一问题

邮电业务额是价值量，市场机制是一只"看不见的手"，解决了各种媒介之间的替代问题。信息资源获得一般是要付出成本的，没有人愿意为相同的信息多支付费用。市场机制自然也会兼顾各种媒体的特点，优胜劣汰，解决好各种媒体的质量与数量协调问题。

（四）解决了"产品"问题

邮电业务额是最终产品，而不是设施和相关人员，"生产能力"此时进入后台，人们更关心的是产量，而不是生产能力。

(五) 解决了多信息源问题

邮政业务额包括了全部居民的信息消费，每个居民都和其他人沟通，传递和交流信息，几乎每个居民都有信息消费。

采用邮电业务额作为信息资源量的测度指标，方法简捷，数据获取容易，各级统计部门每年都会公布相关数据，为信息资源的进一步计量研究打下了良好的基础。当然，并不是说指标体系就没有意义，信息资源基础设施、人员、资金等仍然有存在的价值，反映了信息资源的相关问题。

第四节 信息资源与知识的作用机制

研究信息资源与知识传播及作用机制，有利于认识信息资源的本质，发现其深层次的作用机理。同时可以认识信息资源与知识作用机制的内在区别。

一、信息资源与知识传播的比较

(一) 信息资源的传播机制

信息源产生信息，它的传播途径有两条，一是直接传播，不需要任何信息传播媒介，如信息来源者与信息接受者的直接交流。这里，我们不把信息来源者和信息接受者之间的语言交流、动作交流等视为媒介。第二是通过传播媒介进行传播，如广播、电视、报刊杂志、互联网等手段，信息资源的传播机制如图3-9所示。

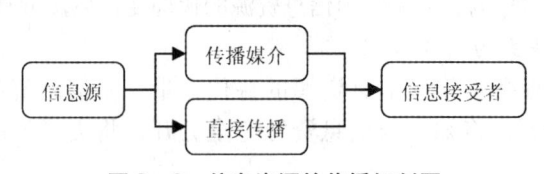

图3-9 信息资源的传播机制图

(二) 知识的传播机制

知识源是知识的来源，典型的知识源是图书馆、学校、科学家、工人技师等。知识源的知识包括两类，一是显性知识，是指可以通过正常的语言方式传播的知识，显性知识是可以表达的，有物质载体的，可确知的。二是隐性知识，往往是个人或组织经过长期积累而拥有的知识，通常不易用言语表达，传播起来非常困难，如中医把脉、画家绘画等。迈克尔·波兰尼（Michael Polanyi）于1958年出版的《个人知识——迈向后批判哲学》和 1966 年出版的《隐性方面》是西方学术界最早对隐性知识及隐性认识与科学研究进行较为系统地探讨和分析的著作。

由于隐性知识的特点，它的传播是无法通过任何媒介的，只能直接传播给知识接受者。当然，知识接受者对隐性知识的学习也比较困难，一般传播和学习效率都不高。而显性知识的传播，既可以不通过任何媒介直接进行传播，也可以通过传播媒介直接进行传播。知识的传播机制见图 3 – 10。

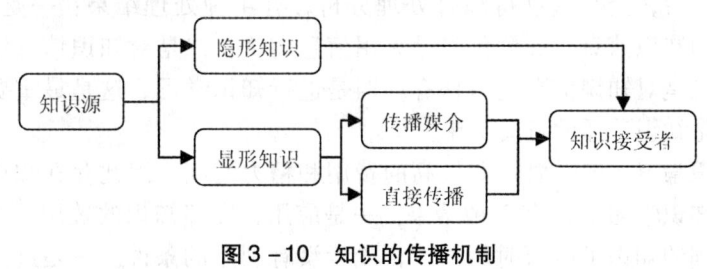

图 3 – 10　知识的传播机制

（三）信息资源与知识传播的比较

通过以上分析可以看出，所有的信息都可以通过媒介进行传播，但并不是所有的知识都是可以通过媒介进行传播，类似地，所有的信息都可以记录和存储，但并不是所有的知识都可以记录和存储。隐性知识是无法通过传播媒介传播的，只有显性知识可以全部通过媒介传播。因此，知识的传播远比信息的传播复杂，需要较大的代价。

信息是有用的消息，在通常情况下，获得和理解相对容易。而知识的获取要难得多，一般要经过学习、教育、培训等多种途径，需要相应的配套设施，花费的时间和精力要超过信息。当然，信息和知识都有可能是有偿的和保密的。

信息在传播中的耗散要超过知识。信息资源更多是主客观世界"截面"的反映，而知识是主客观世界"过程"的反映。在传播过程中，由于对信息的理解不同、信息把关人的主观因素等原因，导致信息在传播中会耗散，出现虚假信息、不完全信息的存在，这种情况相当普遍；而知识由于其系统性和可验证性，在传播过程中一般不容易耗散，即使有所变化，很大程度上是对知识的优化和提高。

二、知识的处理机制

为了说明知识的处理机制，这里引入一个新的概念——知识信息。所谓知识信息，是关于知识的信息，包括知识的简介、效用、拥有者、费用等内容的信息。根据这个定义，OECD 对知识定义中的拥有者知识（Know – Who），就是知识信息，属于信息的范畴而不属于知识的范畴。比如，有一种可以使汽车节油5%的专利技术，这种技术的功能、拥有者、专利转让费等等就是知识信息，属于信息的范畴，而专利技术本身的原理、实现手段等就属于知识的范畴。

知识源的知识，首先以知识信息的方式进行传播和扩散，当然，知识信息也包括虚假信息、无用信息、有用信息等内容。知识接受者收到知识信息后，会对其进行综合处理分析，有4种处理结果：一是废弃，将过时的知识信息、虚假信息、无用信息淘汰。二是对知识信息进行再传播。三是对知识信息进行保存。四是进行知识学习，这是最重要的部分，也是知识传播的意义所在。

知识学习一般需要耗费较高的费用和精力时间，因此存在知识成本问题。知识学习后，有3种结果：一是应用，发挥知识的效用。二是存储，学到的知识可能暂时用不上，或者没有利用的条件。三是进行知识创新，知识接受者在原有积累知识和学习到的新知识的基础上，对知识进行创新，产生新知识。总体上说，知识接受者的三种行为具有直接的重要意义：知识信息的再传播、知识应用、知识创新。知识存储具有间接的重要意义。知识的处理机制如图 3 – 11 所示。

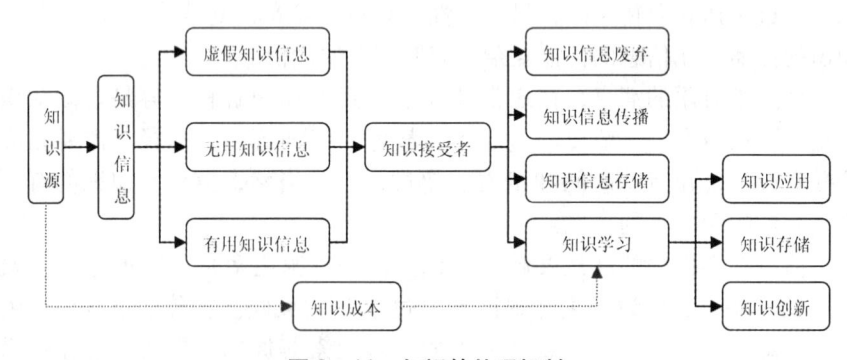

图 3 – 11　知识的处理机制

三、信息资源与知识处理机制的比较

知识的传播和运用首先是信息资源的处理过程，人们总是在对知识信息进行充分评估分析的基础上决定是否学习或引进该知识。因此，对知识信息的加工和准确描述，加速知识信息的传播具有十分重要的意义。

信息资源的成本总体上大大低于知识的成本，通常情况下，具有重要的意义的信息总是先受到人们的关注。知识的获得通常需要较长的时间和较大的投入，但其后劲足，更具有竞争优势。如果说获取信息是短线，那么学习知识是长线，二者不可偏废。

知识与信息资源是相辅相成的，知识的推广和应用总是离不开信息的传播，而信息资源的传播、处理、搜集又离不开信息技术的发展，离不开信息接受者的知识积累。

四、信息资源与知识利用的区别

（一）知识积累的不同影响信息资源的处理能力

不同人的知识积累不同，即使面对同样的信息，有些人将其视为资源，而有些人将其视为数据，对其熟视无睹。当然，如果面对同样的数据，知识素养好的能对其进行处理，得出有用的信息，而其他人也许一无所获。知识积累的水平也会影响信息处理工具的使用、信息处理的方法等。

（二）信息垃圾超过无效知识

知识远比信息可靠。当今世界，信息大爆炸，到处充满了各种各样的信息，这些信息中，相当部分是无用信息和虚假信息等垃圾信息，这些信息的存在，影响了获取有用信息的效率，增加了获取有用信息的难度。而在知识领域，虽然也有可能存在部分错误知识，但其所占比例相当小。此外，由于知识更新换代的原因，知识中存在着部分过时的"落后"知识，不过它的危害要比错误信息小，因为由于信息资源的发展，这部分过时的知识会很快被发现。

（三）信息在传播中的耗散要超过知识

信息资源更多是主客观世界"截面"的反映，而知识是主客观世界"过程"的反映。在传播过程中，由于对信息的理解不同、信息把关人的主观因素等原因、导致信息在传播中会耗散，这种情况相当普遍；而知识由于其系统性和可验证性，在传播过程中一般不容易耗散，即使有所变化，很大程度上是对知识的优化和提高。

（四）知识是信息资源及经济发展的根本动力

首先，现代信息技术就是知识；其次，如果没有知识的发展，没有科技的进步，信息资源利用即使再发达，其利用效果是有边界的，而由于知识进步，其利用效果是没有边界的。由于知识和信息资源都带有部分准公共物品的性质，具有非排他性和非竞争性的特点，通过深化信息资源的利用，可以加快先进技术、先进管理等知识的普及，这就是中国实施以信息化带动工业化战略的根本原因所在。不过，知识并不是完全的公共物品，现在各国都加大了知识产权保护的力度，因此，作为立国之本,发展自主知识产权的科学技术是非常重要的。

(五) 信息资源和知识对有形资源的节约方式不同

目前,在知识和信息资源在一定程度上能够节约资本、劳动力等有形资源上已经形成共识。信息资源节约有形资源更多是浅层次的,这是由信息资源的性质所决定的,而知识对有形资源的节约是深层次和巨大的,其影响更为深远。

(六) 知识的时效性要超过信息资源

信息资源的时效性很差,其价值体现在利用上,信息资源的长期存储很快就会丧失其应有的价值。而知识和技术进步虽然很快,但在新知识、新技术出现前,原有的知识和技术的作用依然很大。知识更多的是存量的概念,人类的生存和发展,社会的进步,必须依赖前人的知识;信息资源更多的是流量的概念,累计的信息虽然不能说是毫无价值,但信息资源如果不很快进行开发利用,其效用必定会大打折扣。

(七) 信息资源与知识的记录方式不同

如前所述,只有显形知识是可以记录的,隐形知识是无法记录的。但信息都是可以记录的,因此信息的传播比知识更为快捷和容易。

(八) 知识与信息资源是相辅相成的

知识的推广和应用总是离不开信息的传播,而信息资源的传播、处理、搜集又离不开信息技术的发展,本质上,这属于知识的范畴。

五、知识与信息资源融合的效率测度模型

(一) 信息技术与知识、信息资源的作用机制

信息技术的迅猛发展产生了信息产业,中外学者对信息产业的界定并没有原则的分歧。美国商务部所下的定义是:信息技术产业包括生产、处理和传输信息产品和服务的产业。信息技术的发展除了对知识的贡献外包括三个方面(图3-12),第一是提高了信息资源传播、处理的效率,深化了信息资源的利用。第二是产生了新的经济形式,姑且称之为"知识创新",如电子商务、网络经济等等。第三是信息技术发展带来的信息产业本身就是国民经济的重要组成部分,除了对经济增长的带动作用外,还提供了新的就业机会。

信息技术对知识的贡献也包括三个方面,首先是增加了除信息技术知识以外的管理知识,如组织结构的扁平化、业务流程的重组等等。其次是加快了新知识、新技术信息的传播进而带动了知识推广,提高了传播的效率和覆盖面。最后,信息技术提高了科学与技术创新的效率,如计算机辅助设计、辅助制造等,带来了新知识的增加。

以上六个方面结合在一起又促进了经济发展。从以上分析可以看出，以信息技术为主导的信息产业通过深化信息资源的应用，加快了知识的传播与创新，二者是相辅相成的。

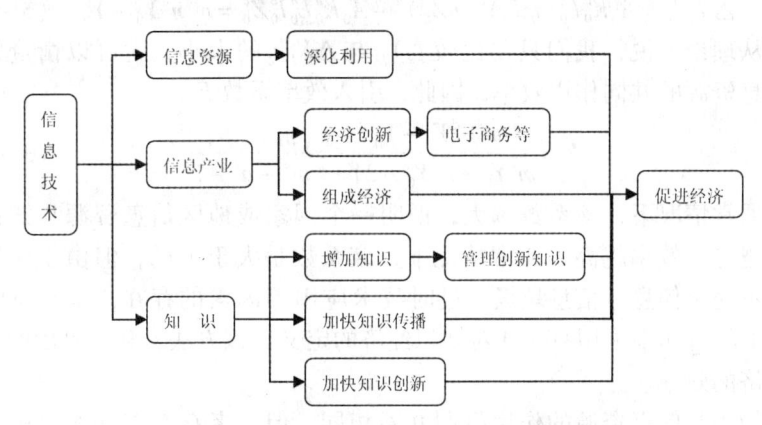

图 3-12 信息技术与知识、信息资源的关系

（二）知识与信息资源贡献效率的测度

信息资源的利用可以加快知识传播的速度和数量，促进技术创新和知识的增加，因此，从理论上讲信息资源与知识对经济增长的贡献应该是 1+1>2 的效果，如何测定这种效果大小呢？本书利用生产函数推导出知识与信息资源共同作用的效率系数，其步骤如下：

在生产函数中，除了资本（K）、劳动力（L）要素外，由于知识与信息资源的作用机制不同，因此，进一步引入知识（Z）与信息资源（I）要素：

$$Y = A_0 K^a L^b I^c Z^d \tag{3-7}$$

Y 为 GDP，A_0 为常数，表示全要素生产率，注意，此时 A_0 不包含技术进步与管理因素，因为该要素已经由知识变量解释了，a、b、c、d 表示要素贡献的弹性系数。基年的产出为：

$$Y_0 = A_0 K_0^a L_0^b I_0^c Z_0^d \tag{3-8}$$

假设次年信息资源投入单独增长，增长为基年的 m 倍，其他要素不变，则，经济总量增加值为：

$$\Delta Y_1 = A_0 K_0^a L_0^b (mI_0)^c Z_0^d - A_0 K_0^a L_0^b I_0^c Z_0^d = m^c Y_0 - Y_0 \tag{3-9}$$

同理，假设知识单独增长，数量为基年的 n 倍，其他要素不变，则经济总量增加值为：

$$\Delta Y_Z = A_0 K_0^a L_0^b I_0^c (nZ_0)^d - A_0 K_0^a L_0^b I_0^c Z_0^d = n^d Y_0 - Y_0 \tag{3-10}$$

在信息资源与知识互相独立的情况下，如果它们分别增长为原来的 m 倍和 n 倍，则经济总量增长为：

$$\Delta Y_{IZ} = \Delta Y_I + \Delta Y_Z = m^c Y_0 + n^d Y_0 - 2Y_0 \qquad (3-11)$$

如果知识与信息资源共同发挥作用,同时考虑它们的互相促进作用,其他要素不变,则经济总量增加值为:

$$\Delta Y_{I+Z} = A_0 K_0^a L_0^b (mI_0)^c (nZ_0)^d - A_0 K_0^a L_0^b I_0^c Z_0^d = m^c n^d Y_0 - Y_0 \qquad (3-12)$$

从理论上说,我们只要比较 ΔY_{IZ} 与 ΔY_{I+Z} 的大小,就可以衡量知识与信息资源的共同作用效率,因此,引入效率系数 E

$$E = \frac{m^c n^d Y_0 - Y_0}{m^c Y_0 + n^d Y_0 - 2Y_0} = \frac{m^c n^d - 1}{m^c + n^d - 2} \qquad (3-13)$$

通常情况下,该系数越大,说明一个国家或地区信息资源与知识结合得越好,效率越高。通常情况下,该系数是大于 1 的,但由于虚假信息、不完全信息、信息垃圾、过时技术应用等因素的存在,也有可能是小于 1 的,如果采用 OECD 对知识经济的定义,该方法实际上测度的是知识经济的效率。

知识与信息资源的作用机制并不相同,但二者存在着互相促进的关系,对知识和信息资源进行深入剖析,可以进一步区分数据、信息、知识、信息产业、信息化、知识经济、信息经济等概念的深刻内涵。

第五节　信息资源对自然资源的节约作用

一、信息资源与自然资源的区别

信息资源与自然资源的主要区别如表 3-3 所示。

表 3-3　信息资源与自然资源的区别

	自然资源	信息资源
数量的测度	较易	很难
储存	有限,可以储存	无限,储存一般没有价值
定价	较易	较难
动态变化	应用中会增值	应用中有可能会贬值
公共物品性质	极少数是	大多数是
产权	产权易界定	产权保护很难,保护成本高
品相	界定容易	界定差异大
可分性	可以	一般不可以
价值认同度	公众都会认同	公众认同度相差较大
资源配置	市场+政府	政府+市场

（一）数量的测度

从数量上看，自然资源的测度相对容易，可能会存在一些技术困难，但储存量和消耗量理论上都是可以测度的。但是信息资源测度非常困难，即使从理论上讲也是如此，一般采用指标体系或替代变量进行估算。

（二）储存与价值

自然资源几乎都是可以储存的，而且随着时间的延长，其价值会出现增值，自然资源数量是有限的，生命周期一般较长。信息资源虽然可以储存，而且随着技术的进步，储存成本很低，但信息资源的价值体现在利用上，储存的信息资源如果不加以利用就会贬值，很快会变成无效的垃圾，因此信息资源的时效性很强，生命周期很短暂。

（三）定价与产权

自然资源除了少部分公共物品（如空气）外，大多数较易定价，产权保护容易。而信息资源大部分是公共物品，难以定价，产权保护非常困难，需要较高的成本。

（四）形态变化与价值的认同性

自然资源的应用可能会改变其形态，遵守物质不灭定律，一般难以回收利用，自然资源是有限的，其价值一般是大家公认的。信息资源是无限的，但在应用和传播中，由于各种原因，会出现信息失真，如虚假信息、不完全信息、垃圾信息的存在，信息资源的价值很难得到公认，同一信息对不同的人而言价值不同，甚至有人认为毫无价值。

（五）地理位置

自然资源的地理位置相对固定，要改变其地理位置需要付出较高的代价，物流是改变自然资源空间位置的主要方式。而信息资源是没有固定位置的，随着信息技术的发展，传播所需费用极低，信息流是信息资源传播的体现。

（六）资源配置

自然资源的配置主要以市场为主，政府为辅；而信息资源的配置必须以政府为主，市场为辅，这是由其公共物品属性所决定的。

（七）品相

自然资源总可以用一定的分析方法来测度其纯度、质量、成分等要素；但信息资源总是充斥了大量的无用信息，要对其"品相"进行定量估算几乎是不可能的。

（八）效用

自然资源主要通过提供物质商品为主的方式带给人们以愉悦和满足。而信息资源可以直接带给人们效用，所谓"烽火连三月，家书抵万金"。这在建立资源节约型社会、和谐社会、可持续发展社会中具有更重要的意义。

（九）可分性

自然资源从物理上讲一般是可分的，而信息资源是不可分的，不完整的信息几乎毫无价值。

（十）需求不同

个体和组织对自然资源的需求总体上是有限的，受处理能力、管理水平、资金等因素的制约；由于信息资源的准公共物品特性和低成本性，对信息资源的需求几乎是无限的，导致两个结果，即个体或组织对信息资源的获取不足或过剩，后一种情况在信息社会更加普遍。谁也不愿放弃获取最新信息的努力，信息资源无限获取与加工处理能力有限总存在着巨大的差距。

二、信息资源对自然资源的节约机制

（一）信息本身传播带来的自然资源节约

如远程医疗使医生不必亲临现场，从而减少了交通及其他相关的自然资源消耗；电子商务的出现减少了中间环节，节省了昂贵的店面费等等，这是一种直接节约。

（二）加快知识和技术传播带来节约

信息资源的深化利用能够加快现有知识和技术的传播，促使资源节约型技术得以快速普及，现代信息技术的应用、互联网的普及加速了这一进程。

（三）信息资源的利用能加快技术创新的步伐

信息资源的深化利用提高了科技创新的效率，如计算机辅助设计、远程研发会议等，带来了新的资源节约型技术的增加。

（四）通过改善管理带来自然资源节约

信息资源的深化利用尤其是现代信息技术在管理中的应用增加了知识，带来了制度的创新和管理水平的提高，如组织结构的扁平化，业务流程的重组等等，管理效能的提高有利于节省资源，降低成本。

（五）产品创新带来节约

信息资源的深化利用带来了产品创新，如汽车全球定位和导航系统的应用有利于选择最佳行车路线，减少能源消耗；智能节能型家电能有效降低能耗，减少浪费。

综上所述，信息资源对自然资源的节约更多是间接的，反过来，自然资源不能节约信息资源，信息资源不畅总是伴随着大量人力、物力、财力的浪费。信息资源对自然资源的节约机制见图 3-13。

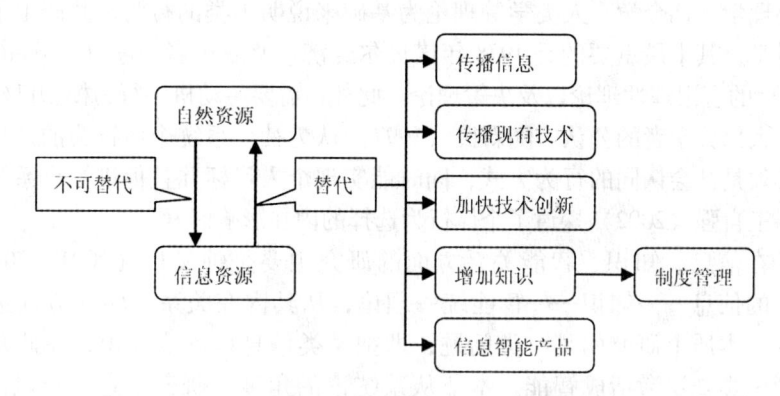

图 3-13 信息资源对自然资源的节约机制

　　信息资源和自然资源同为人类生存和发展的要素，其内涵、功能、作用机制并不相同。信息资源对自然资源的节约主要是通过知识和技术中介实现的，但自然资源并不能节约信息资源。正因为如此，我们很难定量研究信息资源对自然资源的节约作用。深化信息资源的利用可以节约自然资源的消耗，促进经济可持续发展，加快知识和技术创新的步伐，甚至和有形商品一样直接带给居民愉悦，促进和谐社会建设，其意义是深远的。

第六节　信息资源与人类行为的关系

一、人类行为系统概述

　　本质上，人类的一切活动均源于信息，信息资源的利用是通过个体和组织的行为体现的，人类行为的总和导致经济增长和社会进步。分析信息对人类行为的影响机制，有利于了解信息和人类行为的本质，探讨行为控制方法。本节在建立个体信息行为关系模型的基础上，进一步研究组织与行为的关系模型及控制。

　　在复杂的社会系统中，用系统论的视野来审视信息、知识、智能和行为之间的关系，有利于了解人类行为的本质，研究其规律，探讨行为控制方法，为系统论、信息论、控制论在人类行为系统中的融合提供新的分析框架。

　　关于人类行为的研究主要集中于两大领域，一是从生理学和生物学的角度，把人类行为看成是有机体对外界刺激的反射和反映活动；二是力图以心理学、社会学、人类学等理论为基础来说明人类的行为，并产生了行为科学，其中最重要的是 1978 年诺贝尔经济学奖获得者西蒙（Herbert Simon）的有限理性理论以及决策理论。此外，需要→动机→行为模型已经得到了大部分学者的公认。随新民（1997）认为社会系统个体行为的选择标准必须是社会认同的行为方式，同时能实现个人目标并且促进社会系统优化。王自强（2002）探讨了个体行为选择的内在影响因素。

在信息、知识、智能关系方面的研究主要是钟义信（2001，2004）建立的信息——知识——智能统一理论，从其内在关系及转化方面进行研究，本质上研究的是一类问题，即把某类信息提炼成知识，在此基础上把该类知识激活成智能。本节从系统论的角度，研究信息、知识、智能、行为的关系，探索社会系统中行为的一般规律。本质区别在于，客观世界是复杂的，社会系统中不同信息、不同知识、不同的智能有机地结合在一起，完成某个行为。

系统一词，来源于古希腊语，是由部分构成整体的意思。人们公认是美籍奥地利人、理论生物学家 L. V. 贝塔朗菲（L. Von. Bertalanffy, 1968）创立的。通常把系统定义为：由若干要素以一定结构形式联结构成的具有某种功能的有机整体。系统论的基本思想方法，就是把所研究和处理的对象，当作一个系统，分析系统的结构和功能，研究系统、要素、环境三者的相互关系和变动的规律性，并从系统观点看问题。系统论的核心思想是系统的整体观念。贝塔朗菲强调，任何系统都是一个有机的整体，它不是各个部分的机械组合或简单相加，系统的整体功能是各要素在孤立状态下所没有的新性质。

系统的分类方法很多，按学科领域就可分成自然系统、社会系统和思维系统，本节重点研究社会系统中信息、知识、智能与行为关系的一般规律。

人类行为千差万别，从系统论的角度来界定行为有利于研究行为的本质和产生机制，这里对行为系统作如下定义：社会系统中由若干要素以一定联结形式组成的完成某项行为的有机整体。行为系统可以是组织行为系统，也可以是个体行为系统。组织是体现一定社会关系，具有一定结构形式，并且不断从外部汲取资源以实现其目标的集合体。各种各样行为系统的共同作用完成了某个社会系统的功能，所有社会系统的行为构成了人类社会的变迁。在一定的范围内，不同的行为系统是互相相关、互为环境、互为输入输出的。组织行为系统由若干个体行为系统构成，组织行为系统是个体行为系统重要外部环境因素。

行为是人类活动的具体体现，是指人类有目的有意识的活动，不包括单纯精神活动，当然也不包括无意识的活动。人类社会的变化都是人类行为的结果，人是行为系统中最重要的因素。人类的行为大致有两类，一类是经常发生的，相对有规律的行为，称之为经常行为。一类是不经常发生的，甚至是一次性的行为，称之为非经常行为，行为系统的结构见图3-14。

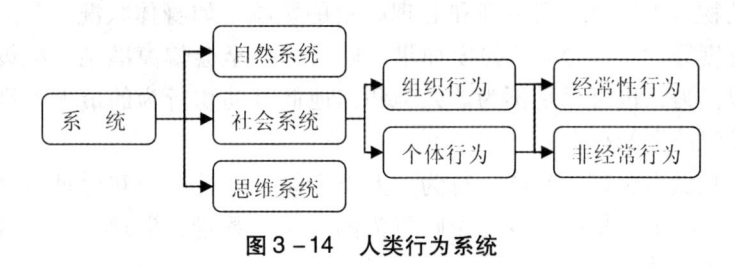

图3-14 人类行为系统

二、个体——信息行为模型

（一）准则与行为的界定

这里将行为做如下定义：行为是个体活动的具体体现，是指个体有目的有意识的活动，不包括个体的单纯精神活动，当然也不包括无意识的活动。人类群体行为是若干个体行为的总和，人类若干个体行为的总和导致整个社会的变化。

为了研究知识和信息与人类行为的关系，这里引入一个新的概念——准则。

准则是个人或组织行为的指导思想和原则。准则是后天的，受一个人成长的环境与知识等多种因素的影响，准则还受到意识形态、社会制度等的制约，准则是理性的。

准则形成的直接源泉就是一个人所接受的所有知识和信息的总和，这里，知识和信息的范畴非常广泛，姑且称其为"泛信息"、"泛知识"。人类个体所看到的、所听到的一切，包括道德、法律、事件等，都是以信息和知识的形式作用于人们的大脑，大脑在对知识和信息储存、分析处理基础上，逐渐形成了准则，对个体而言，准则是动态的，会根据接受到的新知识、新信息不断进行调整，但总体上是相对稳定的。

（二）个体信息行为模型

下面对个体信息行为模型进行分析（图3-15），个体行为开始于信息。这里，信息包括个体的内部信息和外部信息，内部信息是个体身体内部产生的直接作用于大脑的信息，如饥饿信息、疲劳信息等；外部信息是个体通过感觉器官接受到的外部信息在大脑中的反映。个体的生理心理因素会影响信息接受的数量、内容、效率。

个体在接受各类相关信息后，根据心理学的行为模型，会产生需要和动机，动机转化为行为的前提是必须进行决策。个体根据自己所掌握的相关知识进行综合处理分析，再结合准则进行决策。人类个体毕竟是高等动物，决策也受到生理和心理因素的影响，如身体状况、气质、情感、态度等，这些影响的强度如果足够大，甚至会偏离准则。决策的结果可以是为，也可以是不为。人类和其他低等动物行为的最大差别主要是决策时准则的存在。

一旦做出决策，就产生行为，人类个体行为受知识和生理心理因素的影响，知识积累的多少会影响行为的质量和数量，生理心理因素也会影响行为的效果。

行为完成后，产生结果，行为的结果可以用来修正人类个体的准则，也可以用来增加知识，还可以直接作用于人类个体，对其生理心理产生影响，如担忧、愉悦、后悔、感叹等等。

信息是个体行为的起点，知识是决策和行为所必须掌握的技能。生理心理因素影响决策和行为。需要注意的是，人类接收到的信息有时和行为结果一样，直接作用于人类个体，产生诸如悲伤、愉悦、幸福感等各种效用，而不需要任何决策和行为，这不会带来任何物质资源的消耗，其意义是深远的。

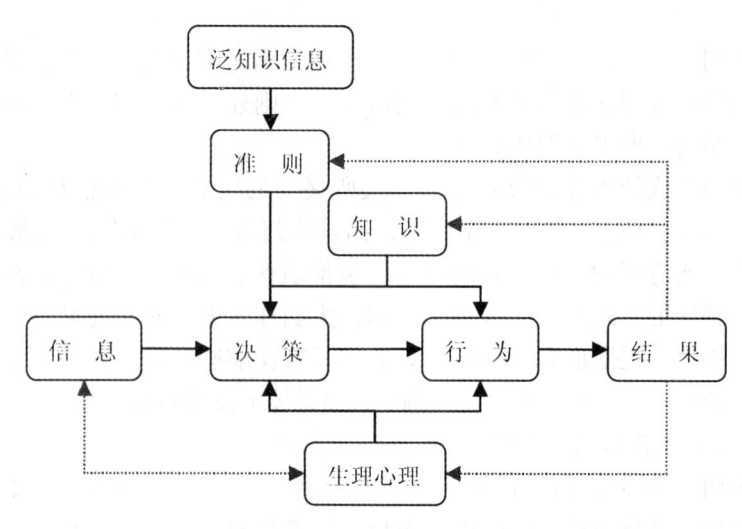

图 3-15　人类个体行为模型

（三）经常行为、非经常行为

人类的行为大致有两类，一类是经常发生的，相对有规律的行为，称之为经常行为。一类是不经常发生的，甚至是一次性的行为，称之为非经常行为。

暂不考虑个体生理心理因素和知识的影响，经常行为总是较多地甚至完全受到个体准则的控制，不一定受信息的影响，如职工每天上班、老人定期体检等等，经常行为总是理性的。非经常行为受信息和准则的共同影响，背离准则的非理性行为总是非经常行为。

（四）人类个体行为的影响因素及其控制

从上面的分析可以看出，要控制和影响个体的行为，有4个因素：信息（通过决策影响）、准则（通过决策影响）、知识、生理心理因素。如果知识和信息存在问题，比如错误知识、不完全信息、虚假信息等的存在，就会出现偏差行为，个体可能在行为过程中或行为完成后才会觉察到这种偏差，个体也可能认为他的行为"完全正确"而根本无法觉察到这种偏差。一般而言，个体的行为偏差会导致社会资源的浪费，因此，保证信息和知识的准确及其传播渠道的畅通，增加知识的积累非常重要。

如果准则出现某种偏差，即使知识和信息完全正确，也会产生不良行为。准则更多地受外部环境、知识、道德、法律规范等众多因素的影响，这些影响以信息和知识的形式作用于个体的大脑。构建和谐社会，首先要力求社会个体准则的无偏性，至少应符合社会道德规范。

此外，生理心理因素对个体行为也产生影响，有时这种影响可能非常大，甚至会背离准则，产生非理性行为。个体必须调整好自己的生理和心理状况，以便更好地进行决策和行为，有时这种调整也许需要外界的其他个体或组织的帮助，比如个体的健康问题、心理问题、精神问题等。

在现实社会中，准则、信息、知识、生理心理因素4个因素都有可能出现偏差甚至同时出现偏差，这就造成了个体行为的复杂性。这4个因素总体上说，准则和知识是相对稳定的，生理心理因素也是有规律可循的，但信息总体上说是相当不稳定的，存在太多不确定性因素，信息的准确处理对个体要求很高。

三、组织——信息行为模型

（一）组织信息行为模型

在个体信息行为模型的基础上，可以构建组织的信息行为模型。组织行为模型见图3-16。

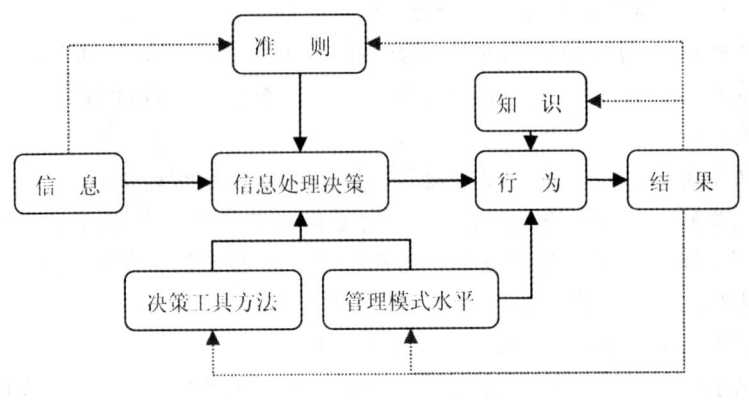

图 3-16 组织行为模型

组织是体现一定社会关系，具有一定结构形式，并且不断从外部汲取资源以实现其目标的集合体。组织的种类和类型很多，大到一个国家，小到一个企业、家庭、班组都是组织。

组织的准则包括组织文化、企业精神、规章制度、组织目标等等，当然也受一定的社会意识形态、道德、法律规范等因素的制约。

组织行为同样开始于信息，包括外部信息和组织内部信息，组织的信息处理和决策远比个体复杂，受准则、决策工具方法、管理模式和水平等因素的制约。决策工具和方法、管理本质上也属于知识的范畴。

一旦做出决策，组织行为受管理模式和水平、知识等因素的制约，这里面，知识主要是技术水平。学习型组织的建立，目的就是提高组织的决策与行为水平。

组织行为完成后产生结果，结果可用来修正组织的准则、改善知识运用、改进决策、优化管理模式、提高管理水平，组织一般有完善的行为结果评价机制。此外，组织接收到的信息也会影响准则，这种影响一般是缓慢的。

那么，组织成员的生理心理因素与组织决策和行为有无关系呢？回答是肯定的。一般而言，组织的集权化程度越高，其决策和行为越容易受到组织领导层个人生理心理因素的影响，这种影响有时对组织也许是有益的。总体上，越是优秀的组织，其组织结构和管理模式越是规范合理，其组织决策和行为越少甚至不会受到成员生理心理因素的影响，具有相对稳定性，一般认为组织的行为是理性的。此外，组织总是通过各种激励措施对成员的生理心理产生正面的影响，以提高决策和行为的效率，我们将此归入到组织的管理水平中去。

（二）组织行为的控制

根据组织的行为模型，要影响组织的行为，可以从两个阶段进行，一是信息处理与决策阶段，二是行为阶段。

信息处理与决策的外因主要是外部信息，而准则、决策工具和方法、管理模式和水平都是组织的内因，轻易不容易改变。由于信息传输和搜集中耗散现象的广泛存在，组织总是力图搜集尽可能详细的信息，以减少决策风险。如果能影响组织的准则，那么对组织决策的影响将是革命性的，其意义非常深远。

组织行为主要受知识与组织管理模式水平的影响，而这两者的改变总是缓慢和不容易的，所以，一旦组织做出决策，试图从行为的角度对其施加影响总是不容易的，收效甚微，而且会导致资源的巨大浪费。对组织行为的控制和影响应主要在决策阶段进行。

人类的心智与组织的能力是有限的，对知识及信息资源的掌握与处理是有限的，导致只掌握和利用那些重要的和有意义的知识和信息，这里经济学中理性人的假设同样适用。一般而言，掌握信息的成本远远低于掌握知识的成本，个体和组织一般根据自己利益最大化原则，选择接受相应的知识和信息。在信息本身的配置问题上，如果单纯依靠市场是不能完全解决问题，会出现整个社会效率的损失，需要政府介入，原因主要有两个方面，一是对信息本身而言经济学的完全信息假设不存在；二是信息的准公共物品特性。政府在信息资源的管理与配置中必须发挥越来越大的作用。

四、系统中的个体行为与组织行为系统

（一）系统行为与行为系统

许国志、顾基发等（2000）认为系统行为是系统相对于它的环境所表现出来的任何变化，或者说，系统可以从外部探知的一切变化。行为属于系统自身的变化，是系统自身特性的表现，但又同环境有关，反映环境对系统的作用或影响。

系统内部包括各种各样的行为系统，这些行为系统的共同作用来完成系统的功能，产生系统的输出。系统中行为系统的作用结果只有部分可以被系统外部所感知，表现为系统行为。因此，仅观察系统行为是无法感知系统内部全部行为系统的状态和变化的。行为系统是系统的子系统，是系统的重要组成部分，包括管理行为系统与工作行为系统，管理行为系统的作用主要是决策和控制，工作行为系统的作用主要是为了完成系统的功能。系统必须对其内部的所有行为子系统进行有效的控制，

从而完成系统的功能。

通常情况下，环境或其他系统仅对系统输出感兴趣，而对系统行为不感兴趣。但这并不是绝对的，以企业系统为例，普通消费者感兴趣的是其产品（输出），其竞争对手感兴趣的往往是该企业的系统行为，更感兴趣的是系统内部的行为系统。不过，正如刚才所述，系统内部的行为系统往往难以从外部观察。系统行为一般表现为信息，而行为系统一般表现为情报。某些系统行为可能演变为系统的输出，如企业形象。系统行为与行为系统的关系见图3-17。

行为系统在一定环境下，接收物质、能量和信息，经系统处理后产生输出，完成系统的功能，行为系统的输出包括物质、能量、信息以及系统行为。社会系统可以进一步分为行为系统与功能系统，这实际上是一个问题的两个方面，通常情况下，人们对功能系统更感兴趣，而本节重点分析行为系统中信息、知识、智能、行为的关系。

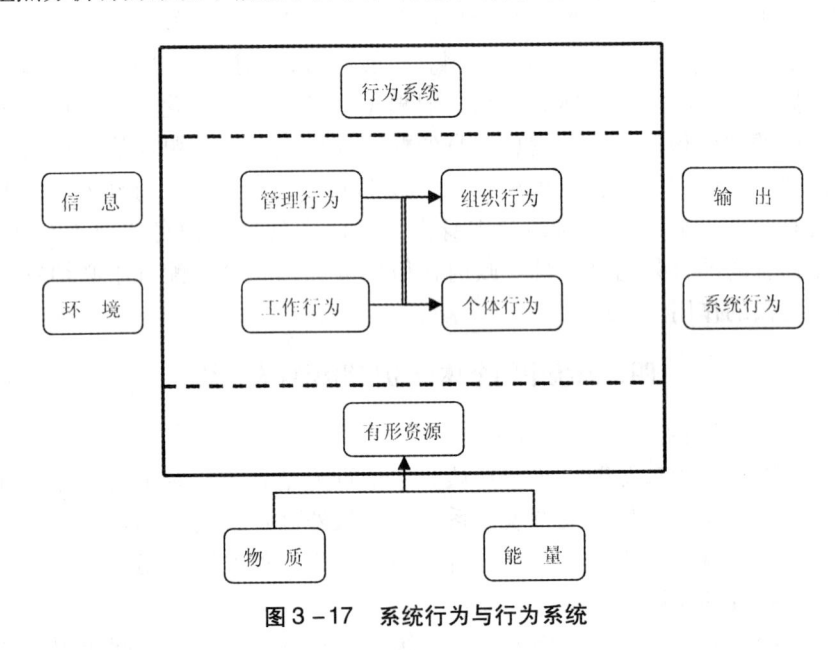

图3-17 系统行为与行为系统

（二）组织行为系统分析

1. 行为产生机制

为了更好地研究行为系统中行为的决定机制，继续引入准则，准则是组织或个人行为的指导思想和原则。组织的准则包括组织文化、企业精神、价值观、规章制度、组织目标等等，当然也受一定的社会意识形态、道德、法律规范等因素的制约。准则是理性的，具有相对稳定性，这并不是说准则是一成不变的，组织会根据接受到的新知识、新信息不断进行缓慢的调整。

人类行为系统是世界上最为复杂的开放系统（图 3-18），行为系统总是存在于一定的外部环境之下。与外界交换物质、能量和信息，物质和能量是人类行为系统的有形资源基础，没有物质和能量，人类行为系统根本就无从产生，或者是无从观测，成为思维系统。物质、能量和信息是行为系统的输入，也是行为系统的输出。

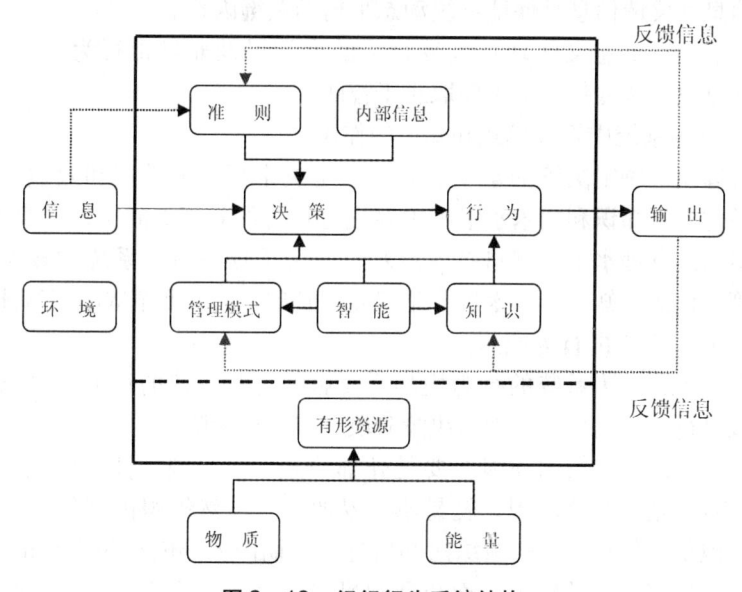

图 3-18　组织行为系统结构

行为总是产生于决策，没有决策也就没有行为。是否要决策实施一项行为，首先取决于系统接收到的各种各样的信息，由于信息传输和搜集中耗散现象的广泛存在，行为系统总是力图搜集尽可能详细的信息，以减少决策风险。在此基础上，决策还受到准则、管理模式、知识、智能的影响。经常性行为决策取决于准则，较少受到信息的影响，如正常的企业生产，学校上课。而非经常性行为的决策则主要取决于信息、组织的知识结构、管理模式、决策方式、智能的影响。

行为系统的行为过程同样受管理模式、智能、知识的影响，由于行为系统总会受到各种各样的干扰，对于经常性行为而言，智能的作用要低一些，而对于非经常行为而言，智能的作用是决定性的。

行为完成后将会产生输出，输出对行为系统具有反馈作用，反馈总是以信息的方式进行。反馈信息会影响行为系统的准则、管理模式、知识。一个优秀高效的组织总是非常重视反馈并不断调整系统。

2. 行为系统中信息与智能的作用

信息是产生和改变行为的最重要的因素。对于非经常行为的决策，信息起着至关重要的作用，可以这样说，如果系统没有接受到外界的最新信息，则不可能产生新的行为。对于经常行为的变更决策，也取决于系统接收到的信息。需要指出的是，由于行为系统的复杂性，信息既有系统外部输入信息，也有系统内部控制信息，还有外部反馈信息。系统内部信息和反馈信息是保证系统动态平衡的关键因素。

智能的重要意义体现在改变行为的决策以及非经常行为上。此外，反馈信息对系统的作用也主要取决于智能。

3. 行为系统中管理模式和知识的作用

管理模式决定决策的水平和效率，也决定行为的效率和效益。而在一定条件下的知识和技术水平则主要决定行为的效率，间接地提高效益。提高组织的管理水平，促进技术进步就是为了提高行为系统的效益和效率。管理模式、知识及技术进步是智能的基础，而其变革取决于智能。

4. 行为系统的行为控制

根据组织行为系统的行为模型，要影响行为系统的行为，可以从两个阶段进行，一是信息处理与决策阶段，二是行为阶段。

信息处理与决策的外因主要是外部信息，而准则、管理模式、知识水平、智能是组织的内因，轻易不容易改变。虽然组织内部信息也影响决策，但从外部很难影响组织内部信息。短期内要影响行为系统的决策，主要通过外部信息的输入，而长期则可以通过影响准则来进行，准则改变对行为系统决策的影响将是革命性的，其意义非常深远。当然，长期来看知识和技术进步也会影响决策。

组织行为主要受知识、管理模式和智能的影响，对于非经常行为的控制，主要通过智能来进行，因为知识和管理模式的变迁相对缓慢和不容易。对于经常行为的控制，没有什么快捷的方式，主要通过知识技术进步和优化管理模式进行。

一旦行为系统做出决策，试图改变行为总是困难的，会导致资源的巨大浪费。因此对行为改变应主要在决策阶段进行。

（三）个体行为子系统分析

在组织行为系统分析的基础上，可以简要分析一下个体行为系统（图 3-19）。应该说二者并没有本质的区别，区别主要在于人是感性动物。个体决策受到生理和心理因素的影响，如身体状况、气质、情感、态度等，这些影响的强度如果足够大，甚至后偏离准则。在行为过程中，个体的生理心理因素也会影响行为的质量和效率。此外，智能对个体生理心理及知识也会产生影响。

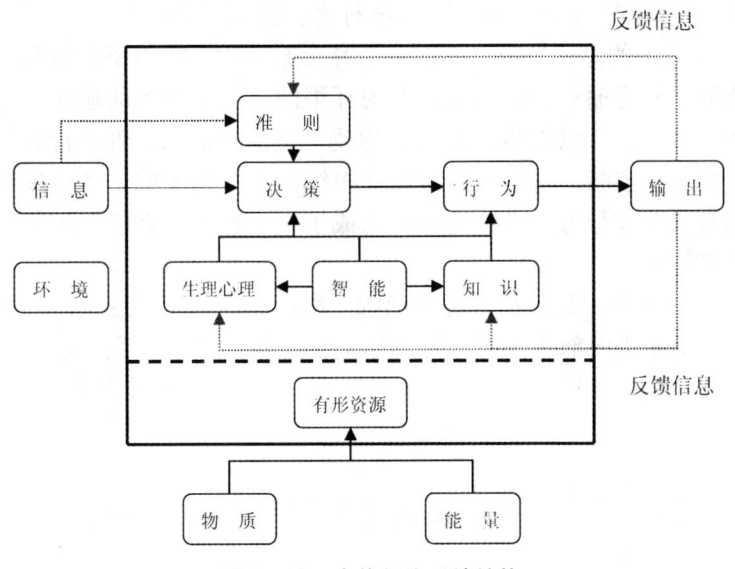

图 3-19 个体行为系统结构

对于个体行为的控制也和组织行为相似，所不同的是要重视个体生理心理因素对行为和决策的影响。

那么，组织成员的生理心理因素与组织决策和行为有无关系呢？回答是肯定的。一般而言，组织的集权化程度越高，其决策和行为越容易受到组织领导层个人生理心理因素的影响，这种影响有时对组织也许是有益的。总体上，越是优秀的组织，其组织结构和管理模式越是规范合理，其组织决策和行为越少甚至不会受到成员生理心理因素的影响，具有相对稳定性，一般认为组织的行为是理性的。此外，组织总是通过各种激励措施对成员的生理心理产生正面的影响，以提高决策和行为的效率，这属于组织的管理模式范畴。

1. 组织行为子系统与个体行为子系统的关系。在一个社会系统中，既包括组织行为，也包括个体行为。组织行为本质上是由若干个体行为有机组成的，对社会系统进行管理和控制，就是使组织和个体的行为服务于系统目标，从而完成系统的功能。

2. 组织行为系统与个体行为系统的环境。组织的环境是该社会系统内部、组织系统外部的各种因素，包括其他组织。

组织是个体的最重要的环境之一。个体行为系统的环境包括两个最重要的组成部分：第一是组织，个体一般总是在某个组织中工作，组织对个体的影响是直接和巨大的。第二是系统内部除组织以外的各种因素，包括其他组织和个体所表现出的系统行为、输入输出等。

3. 子系统的输入与输出。在一个社会系统中，组织子系统与组织子系统之间是互为输入、输出的，互为环境的。一个组织的输入可能是另一组织的输出，组织之间不断交换物质、能量和信息。管理行为的目的是进行决策和控制，向相关的组织或组织内部向相关的个体传递决策和控制信息。个体行为子系统的总和构成了组织行为子系统，组织行为子系统总和构成了一个社会系统。

4. 个体准则受组织和系统的影响。组织的准则主要受系统外部环境的影响，而组织内部个体的准则的影响因素较为复杂，主要包括3个部分：一是系统外部环境；二是个体所处的组织；三是系统内部其他因素。

第七节　信息资源促进经济增长的内在机制

一、信息资源具有促进生产力发展的功能

信息是社会生产力系统中最重要的构成因素，一方面它是一种有形的独立要素，与劳动者、劳动对象、劳动工具一起，共同构成现代生产力的基础；另一方面又是一种无形的、寓于其他要素中的非独立要素，通过优化其他要素的结构与配置、改进生产关系及上层建筑的素质与协调性来实现其对生产力的影响。

（一）信息资源可以直接创造财富

信息资源本身就是一种独立的生产要素，具有直接创造财富，实现经济效益最优化的功能。现代信息经济主要依靠信息、信息技术、信息劳动力的投入。信息资源可以转化为信息产品，实现了信息商品的价值。在高科技发展的今天，信息资源已经成为一种可以加工的生产要素和原材料，从而生产出信息产品，形成信息产业。

（二）信息资源通过对其他生产要素的内化作用推动生产力发展

信息资源要素的投入有助于引发对生产过程、生产工具、操作方法和工艺技术等的革新和创造，减少浪费，提高生产力系统的质量和效率。

二、信息资源具有协调生产要素功能

信息资源有指示生产要素流向，实现资源最佳配置的功能。经济学

的假设之一就是完全信息。在人类社会中，物质和能源不断地由生产者流向使用者，形成物流，伴随物流的便是信息流和资金流。信息流反映物质和能量的运动，社会正是借助信息流来管理物质资源，左右其运动方向，进行合理配置，发挥最大效益。

信息资源是如此地深入组织与个人社会生活的方方面面，信息将整个社会的所有活动联系起来，构成一个完整有序的系统和整体，没有信息，整个社会就会瘫痪。

三、信息资源具有改善管理的功能

在管理活动中，通过各种计算机信息系统的运用，可以提高信息搜集和处理的速度，有效地利用企业内部和外部的人、财、物、市场、环境等资源，从而提高管理效率。

信息资源的系统开发和利用能够使企业在管理理念、管理结构和管理方法上得以创新。如扁平化管理、业务流程重组等，通过企业管理模式的创新，减少了官僚作风，降低业务开支，缩短了企业与客户之间的距离，调动了相关职能部门的积极性，大大改善了管理。

信息资源还具有辅助决策功能。信息资源是决策的根本依据，决策之前，必须掌握充分的信息。信息资源提高决策水平，主要体现在对决策中不确定因素的减少或消除上。此外，信息资源还具有预测功能。

四、信息资源对产业结构调整会发生影响

信息化是信息资源深化利用的重要组成部分。信息化对人类的发展与进步具有重要意义，是生产发展的巨大杠杆，是促进产业结构变化的基本因素，又对产业结构的调整、升级起着积极的推进作用。信息化的效益又是在生产发展及产业结构调整中得以实现。信息化对产业结构第一层次作用是对传统产业的改造，即用知识型技术、工艺、装备调整原有产业，提高其科技含量，改变生产面貌，促进产品的更新换代和质量的提高。在信息经济时代，传统产业并不是被消灭，而是以新的面貌出现于新的产业结构之中，有些还会成为某些产业赖以生存的基础条件。信息化对产业结构的第二层作用是改变各产业结构之间的相互关系，即从量的方面促使产业结构的变化，如信息产业的发展促使信息产业在国民经济中的份额不断提高，从而改变了整个工业产业结构。

信息资源的深化利用不仅使产业的质发生变化，同时产业结构日益复杂多变，各产业之间的联系也变得日益广泛和更加紧密，产业突出了以信息资源利用为主体的特征，并且产业之间的界限也模糊起来，出现

了互相融合的趋势。

五、信息资源建设通过信息化推动了工业化

　　信息资源的发展必然伴随着信息化的进程，工业化与信息化是相互融合，互相促进的，二者具有密切的内在联系。信息化产生于工业化，是工业化发展的产物。工业革命诞生了信息技术的因素，并为信息化的问世奠定了坚实的基础，工业化的高度发展为信息化的产生和发展提供了可靠条件。可以说，信息化是在工业化充分发展基础上产生的，是工业化后的必然产物。但是，信息化主导着新时期工业化的方向，使工业朝着高附加值化发展，是新型工业化道路的必然选择，信息化对于现代工业并不仅仅是一种依赖性关系，而更是一种改造的关系。信息化一旦出现和发展起来，便会反过来改造传统工业领域，使现代工业加速自动化、信息化的过程，最终可能将传统的工业生产改造成信息化工业生产。从国际经验比较，信息化的发展并不必然以工业化完成为前提，相反，根据后发优势和经济赶超战略，发展中国家完全可以在继续完成工业化的同时就着手于信息化工作，通过采取两步并作一步走的并行发展方针，实现工业化、信息化的跨越式发展。

　　信息资源与信息化、信息产业之间是密切联系的。信息产业与经济发展的关系包括三个方面，一是信息产业可以促进经济增长，主要通过提高信息处理水平，促进信息资源的深化和利用，增加知识，改善管理的方式等。需要指出的是，信息技术的应用能加快除了信息技术以外的其他行业的知识创新，带来新的技术进步，从而促进经济发展。二是信息产业本身就是国民经济的重要组成部分，另外它还提供了新的就业机会，仅仅认为信息产业的目的是为了深化信息资源的利用是狭隘的。三是信息产业还带来了经济的创新，如电子商务这种新的经济形式就是在现代信息技术发展的背景下产生的。信息产业与经济增长的关系见图3-20。

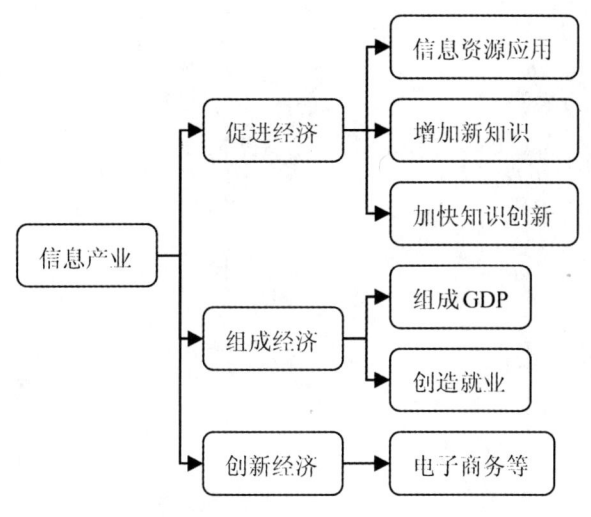

图 3-20 信息产业与经济的关系

本章小结

本章深入剖析了信息资源与知识传播处理机制的区别，从方法论上分析了信息资源测度过程中存在的问题，认为作为中介用途，应该用邮电业务额作为信息资源的替代变量。进一步分析了信息资源与自然资源的关系，认为信息资源可以对自然资源有一定的节约作用，但自然资源不能节约信息资源。人类的社会活动各方面无不源于人类行为，而信息资源在人类的行为与决策中起着至关重要的作用。总结了信息资源对经济增长的作用机制，无论从宏观还是从微观，无论动态还是静态，信息资源的地位和作用都是十分重要的。

第四章 地区信息资源差距

本章选取反映地区信息资源状况的若干指标，利用近年来的数据，通过差距系数和集中度综合反映地区信息资源差距，从动态的角度进行考察，并提出了一种信息资源测度方法，便于在特殊情况下比较信息资源差距。最后选取信息资源相对发达的江苏与信息资源相对薄弱的广西进行案例比较。

第一节 信息资源衡量指标的选取

为了对地区信息资源差距进行实证研究，必须选取若干指标，重点选取信息传输和储存的指标，同时要考虑数据的可得性。表4-1是指标选取及说明（图4-1）。一级指标有电话、邮政、互联网、电视机、信息资源综合5个，二级指标14个。所有三级指标均采用人均水平进行衡量，以反映地区差距水平。由于电视指标没有地区数据，只有城乡数据，因此在案例部分进行分析。

一、电信指标

电信指标包括人均本地电话数、人均移动电话数、人均长途电话次数3个指标，其中，本地电话及移动电话说明的是电话普及水平，某种程度上实际说明的是信息基础设施水平。长途电话次数说明使用水平。由于电话是最基本的通信手段，不同教育水平、文化程度的人都可以使用，因此，该指标反映了大众基本信息的沟通水平，具有十分重要的意义。

电话是一种双向沟通设备，反映了居民个人及组织间的信息沟通情况，由于电话是人和人之间的交流，因此，电话更倾向于人际交流。中国目前电话普及水平较高，电话实际上反映了社会信息资源的传递情况，具有广泛的普适性。

二、邮政指标

邮政指标包括人均函件数量、人均特快专递数量、人均报刊期发数 3 个指标，说明的是信息存储与传输量水平，函件和特快专递传递的一般是组织或个人的私人信息，报刊传递的是公共信息，即准公共物品的信息资源。近年来，由于固定电话和移动电话的普及，私人信函很大程度上被替代，目前信函一般以单位信函为主。

函件由于其寄送费用低，目前仍然以邮政渠道为主。由于大量快递公司的出现，特快专递中有相当一部分被邮政系统以外的公司经营，目前在地市级以上城市，快递公司基本覆盖，在一些经济发达地区，县级以上城市已经覆盖。由于本书地区的界定是指省级行政区域，因此假设各省区市特快专递业务中邮政系统所占比例基本相同，加上这部分营业额所占比例不高，因此不会影响实证结果。人均报刊期发数也存在同样情况，现在报刊发行渠道多样化，但总体上结构大致相同，即不同地区邮政发行比例大致相同。

信息资源指标体系
- 电信指标
  - 人均固定电话装机量
  - 人均移动电话装机量
  - 人均年长途电话次数
- 邮政指标
  - 人均函件数量
  - 人均特快专递量
  - 人均报刊期发数
- 互联网指标
  - 万人网民拥有量
  - 万人网站拥有量
  - 万人域名拥有量
- 电视机指标
  - 百户城镇居民电视机拥有量
  - 百户农村居民电视机拥有量
- 总量指标
  - 邮政营业额
  - 电信营业额
  - 邮电营业额

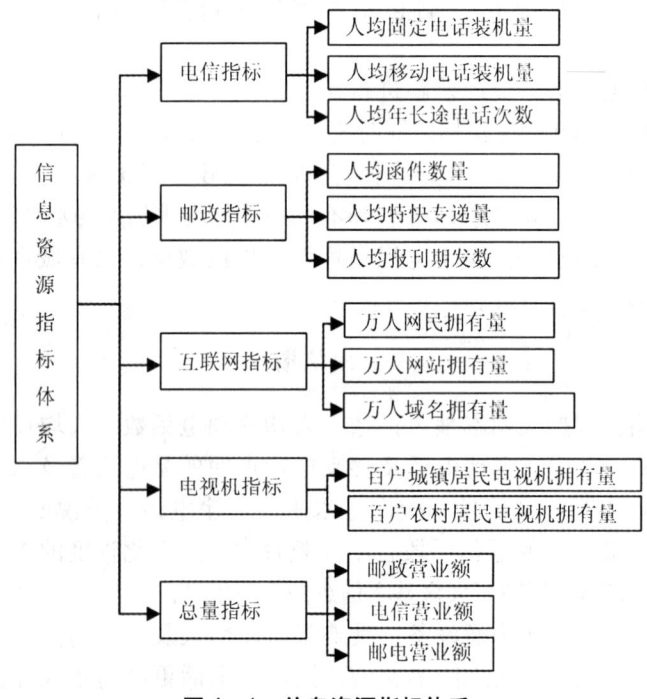

图 4-1　信息资源指标体系

三、互联网指标

互联网是新生事物，近年来在中国取得了长足的发展。互联网指标包括百人网民拥有量、万人网站拥有量和万人域名拥有量。网站表示的信息存储指标，其技术含量最高；域名注册技术含量次之，因为它与网站相关，许多人对其不够了解；网民对个人的技术要求最低，由于现代信息技术的迅猛发展，多媒体技术的普及，电脑使用越来越方便。当然，与电话及邮政通讯手段相比，互联网是技术含量较高的，有一定的门槛。

在互联网发展初期，由于人们认识不足，网民、网站、域名的发展虽然高速增长，但存在相当非理性的成分，网站和域名还存在泡沫现象。近年来，随着互联网普及程度的提高，网民数量在稳步增长，网站及域名增长也非常平稳，互联网发展已经进入成熟阶段。

互联网成为最廉价的信息沟通手段，计算机成为最普及、最方便的信息存储、处理设备，互联网给人们的生活和工作带来了深远的影响，本质上，这些都源于信息沟通的革命性变化。

四、信息综合指标

信息综合指标包括邮政营业额、电信营业额、邮政电信营业额，实际上是两个指标。这三个指标代表的是信息资源量水平，主要反映了信息资源使用的频度和水平。本研究在后续的实证研究中，就是用邮电业务额作为各地区的信息资源替代变量。

表4-1 信息资源测度指标体系

序号	信息媒体	功能	应用数据指标
		电话指标	
1	本地电话	信息传播	本地电话年末用户数（部/百人）
2	移动电话	信息传播	移动电话用户数（部/百人）
3	长途电话	信息传播	长途电话次数（次/百人；分钟/人）
		邮政指标	
4	函件	信息传播、信息储存	函件（件/人）
5	特快专递	信息传播、信息储存	特快专递（件/百人）
6	报刊期发数	信息传播、信息储存	报刊期发数（份/百人）
		互联网指标	
	网民	信息利用	网民数量（人/百人）
7	网站	信息储存	互联网网站数（个/万人）
	域名	准信息存储	域名数量（个/万人）

续表

序号	信息媒体	功能	应用数据指标
	信息资源综合指标		
8	邮电业务量	综合指标	邮电业务总量（元/人）
9	电信业务量	综合指标	电信业务总量（元/人）
10	邮政业务量	综合指标	邮政业务总量（元/人）

第二节 信息资源地区差距的测度方法

一、信息资源差距系数

本研究定义信息资源差距系数，用其衡量地区信息资源差距状况，方法是计算信息资源人均指标，然后进行排序，最后计算人均指标最高的 10 个省区市的平均水平与人均指标最低的 10 个省区市的比值，就是差距系数，该系数越大，说明信息资源的地区差距越大。当然也可以用其来分析经济发展水平的地区差距情况，公式如下：

$$K = \frac{\sum_{i=1}^{10} IH_i \bigg/ \sum_{i=1}^{10} PH_i}{\sum_{j=22}^{31} IL_j \bigg/ \sum_{j=22}^{31} PL_j} \quad (4-1)$$

IH_i：信息资源密度最高的 10 个省区市每个省区市的指标（网民、电话、函件等）

PH_i：信息资源密度最高的 10 个省区市每个省区市的人口数

IL_j：信息资源密度最低的 10 个省区市每个省区市的指标（网民、电话、函件、电视等）

PL_j：信息资源密度最低的 10 个省区市每个省区市的人口数

因此，分子值表示中国信息资源发展较好的 10 个省区市的平均水平，分母值表示中国信息资源发展较差的 10 个省区市的平均水平。二者的比值表示了中国某一信息资源指标差距系数。K 值越大，说明某个指标发展越不均衡。计算时先将某个指标按人均水平进行排序，然后进行相关计算。

二、市场集中度

最常用的市场集中度指标是集中率（Concentration Ratio），表示产业

中前几家厂商在市场中的占有率,这里借用集中率来衡量中国信息资源较丰裕的前几个省区市的比率。市场集中率的公式为:

$$CR_n = \sum_{i=1}^{n} K_i \qquad (4-2)$$

CR_n 表示市场中前 n 家厂商的市场占有率,K_i 表示第 i 家厂商销售额占整个市场销售额的比重,$K_i = S_i/S$,S_i 表示第 i 家厂商的销售额,S 表示市场总销售额,n 原则上可以是任何小于或等于市场厂商的自然数,但是一般习惯上都使用 4 或 8。CR_4 为前 4 家厂商的集中率,CR_8 为前 8 家厂商的集中率。其值介于 0—1 之间,数值越大表示集中率越高。以下列标准衡量产业结构:

(1)极端高度集中的市场(Very Highly Concentrated)
$CR_4 \geqslant 75\%$,$CR_8 \geqslant 90\%$
(2)高度集中的市场(Highly Concentrated)
$65\% \leqslant CR_4 \leqslant 75\%$,$85\% \leqslant CR_8 \leqslant 90\%$
(3)中高度集中的市场(High Concentrated)
$50\% \leqslant CR_4 \leqslant 65\%$,$75\% \leqslant CR_8 \leqslant 85\%$
(4)中度集中的市场(High Montrated)
$35\% \leqslant CR_4 \leqslant 50\%$,$45\% \leqslant CR_8 \leqslant 75\%$
(5)中低度集中的市场(Low Montrated)
$30\% \leqslant CR_4 \leqslant 35\%$,$40\% \leqslant CR_8 \leqslant 45\%$
(6)低度集中市场(Low Grade)
$10\% \leqslant CR_4 \leqslant 30\%$,$CR_8 \leqslant 40\%$
(7)微粒市场(Atomistic)
$CR_4 \leqslant 10\%$

差距系数反映了中国信息资源发达地区与欠发达地区的差距,集中率反映了信息资源发达地区的"垄断"情况,两者能反映信息资源地区差距的全貌。

第三节 信息资源地区差距实证

一、电信指标分析

表 4-2、表 4-3、表 4-4 分别是固定电话、移动电话、长途电话的地区差距及发展速度情况;图 4-2 为 3 个指标差距系数的变化情况。

表4-2　固定电话的地区差距（单位：部/百人）

年度	2001	2002	2003	2004	2005	2006	2007	2008	2009	环比速度
最低10省区市人均	8.95	11.10	13.24	15.53	18.16	19.94	19.57	17.80	19.19	10.00
最高10省区市人均	21.29	24.82	29.89	35.03	38.63	37.06	42.03	38.59	26.52	2.78
差距系数	2.38	2.24	2.26	2.25	2.13	1.86	2.15	2.17	1.38	

数据来源：中国统计年鉴2002—2010。

中国固定电话的地区差距经过若干年的调整，其普及水平呈现较低水平地区增加，较高水平地区减少的态势，主要原因是移动电话对固定电话的替代作用。总体上，固定电话的地区差距缩小，地区差距水平维持在1.38左右。从发展速度看，较高地区的平均增长速度为2.87%，低于较低地区10.00%的平均增长速度，也呈现出差距缩小的趋势，固定电话的普及发展呈现良好态势。

表4-3　移动电话的地区差距（单位：部/百人）

年度	2001	2002	2003	2004	2005	2006	2007	2008	2009	环比速度
最低10省区市人均	6.19	8.92	12.12	15.26	18.98	22.91	27.91	33.64	46.52	28.67
最高10省区市人均	21.49	29.21	36.41	45.49	49.93	55.81	66.83	71.35	59.68	13.62
差距系数	3.47	3.28	3.00	2.98	2.63	2.44	2.39	2.12	1.28	

数据来源：中国统计年鉴2002—2010。

中国移动电话的地区差距近年来逐渐缩小，而且缩小的趋势变化较快。有趣的是，最高10省区市的移动电话普及率出现下降趋势，对比固定电话同样下降的情况，说明一机多号情况有所下降，移动电话已经完全能够满足居民需要。从发展速度看，较低地区的增长速度为28.67%，大大超过较高地区的13.62%，因此，可以预计移动电话的地区差距将会继续缩小。中国移动电话的发展仍然呈高速增长，超过固定电话的增长速度。

表4-4 固定长途电话的地区差距（单位：次/人；分钟/人）

年　度	2001	2002	2003	2004	2005	2006	2007	2008	2009
最低10省区市人均	9.41	8.26	7.47	12.16	10.67	63.97	62.81	58.53	52.41
最高10省区市人均	34.99	29.40	30.43	33.54	37.58	87.47	89.75	79.96	68.86
差距系数	3.72	3.56	4.07	2.76	3.52	1.37	1.43	1.37	1.31

数据来源：中国统计年鉴2002—2010。
注：2006年以后为人均通话时长。

从固定长途电话看，呈现出不稳定的波动状态，总体上是缩小的。有趣的是，无论是最高水平10省区市，还是最低水平10省区市，近年来人均长途时长都在减少，可能是手机长途的替代所致。从2007年开始，中国统计年鉴开始公布固定电话和移动电话长途时长数据，因此，表4-4中自2006年开始的数据为通话分钟数据，地区差距也呈现出不稳定波动的特点，总体在缩小。

电话拥有量反映的是信息工具的基本情况，而长途电话次数实际上反映是的信息资源量。

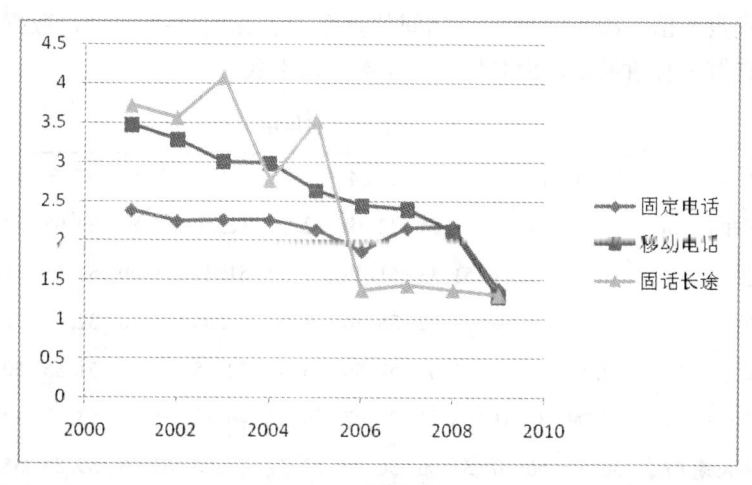

图4-2 电信差距系数

从图4-2可以直观地观察电信指标的地区差距变化情况及水平。总体上，移动电话的地区差距水平总体上超过固定电话，但是有缩小的趋势。近年来电话指标的地区差距总体上是下降的，并且将继续呈现缩小的态势。

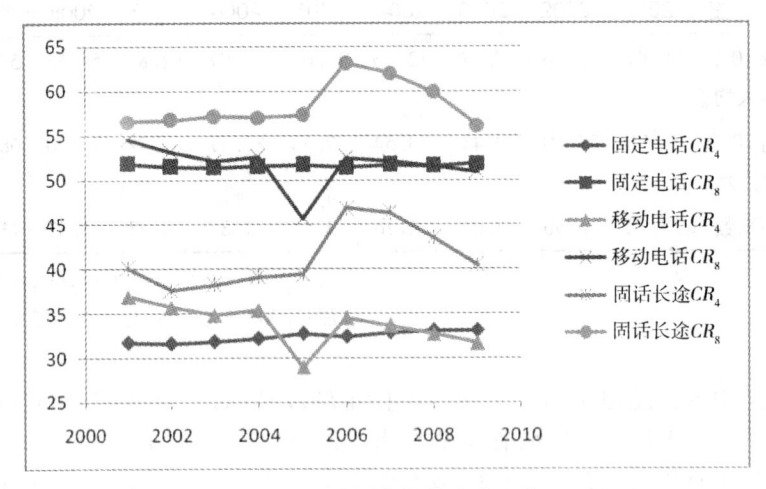

图 4-3 电话指标集中度变化

表 4-5 和图 4-3 是信息资源的地区集中度情况，从固定电话看，CR_4 基本维持在 32% 左右，略有增加，CR_8 基本维持在 51% 左右，属于中度集中。移动电话的集中度经过几年的平稳发展，虽然有所波动，但地区差距总体在缩小。表 4-5 中，2001—2005 年期间的长途电话数据为通话次数数据，2006—2008 年期间的数据为长途电话通话时长数据。两组数据虽然有所波动，但总体差距基本维持不变。

表 4-5 电话指标的集中度

年度	2001	2002	2003	2004	2005	2006	2007	2008	2009
固定电话 CR_4	31.72	31.65	31.85	32.19	32.74	32.42	32.86	33.08	33.08
固定电话 CR_8	51.77	51.44	51.33	51.49	51.69	51.39	51.69	51.55	51.83
移动电话 CR_4	36.91	35.69	34.82	35.36	28.94	34.53	33.66	32.68	31.67
移动电话 CR_8	54.51	53.14	52.06	52.56	45.69	52.45	52.09	51.55	50.92
固话长途 CR_4	40.09	37.61	38.21	39.07	39.39	46.83	46.34	43.47	40.43
固话长途 CR_8	56.51	56.70	57.06	56.99	57.27	63.07	61.98	59.84	56.08

二、邮政指标分析

表 4-6、表 4-7、表 4-8 分别为函件量、特快专递量、报刊期发数

的地区差距，图 4-4 为三个指标差距系数的变化情况。

表 4-6　函件量的地区差距（单位：件/人）

年度	2001	2002	2003	2004	2005	2006	2007	2008	2009	环比速度
最低 10 省区市人均	3.29	3.89	3.38	2.47	2.06	1.74	1.50	1.51	1.63	-8.41
最高 10 省区市人均	12.30	15.14	14.93	12.62	11.81	11.29	10.49	10.66	9.70	-2.93
差距系数	3.74	3.90	4.42	5.11	5.73	6.49	7.01	7.06	5.97	

数据来源：中国统计年鉴 2002—2010。

中国函件量的地区差距最近几年的地区差距呈现缓慢增长的态势，但 2009 年开始缩小。从增长速度看，较低地区的函件出现 -8.41% 的负增长，幅度较大；而较高地区也出现了 -2.93% 的负增长，可以预计，所有地区的函件将会出现负增长，主要原因是其他媒体的替代作用。这种下降趋势在达到一定的阈值后才会稳定。

表 4-7　特快专递的地区差距（单位：件/百人）

年度	2001	2002	2003	2004	2005	2006	2007	2008	2009	环比速度
最低 10 省区市人均	4.88	6.60	7.33	7.56	8.87	10.91	28.93	33.96	39.35	29.81
最高 10 省区市人均	18.22	18.17	22.58	26.59	30.16	35.63	201.77	235.28	235.79	37.72
差距系数	3.73	2.75	3.08	3.52	3.40	3.27	6.97	6.93	5.99	

数据来源：中国统计年鉴 2002—2010。

中国特快专递量的地区差距呈现不稳定的波动状态，总体趋势在拉大，但从 2009 年开始缩小。从增长速度看，较低水平地区增长速度为 29.81%，慢于较好水平地区的 37.72%，地区差距呈现缓慢拉大的趋势，但开始出现缩小的迹象。

表4-8 报刊期发数地区差距（单位：件/百人）

年度	2001	2002	2003	2004	2005	2006	2007	2008	2009	环比速度
最低10省区市人均	8.58	8.99	7.55	7.59	7.45	7.23	6.55	6.99	6.40	-3.60
最高10省区市人均	32.01	22.99	20.61	18.44	17.19	19.88	16.86	20.63	13.06	-10.62
差距系数	3.73	2.56	2.73	2.43	2.31	2.75	2.57	2.95	2.04	

数据来源：中国统计年鉴2002—2010。

报刊期发数的地区差距总体上是缩小的，但存在波动，较高水平地区出现-10.62%的负增长，较低水平地区出现-3.60%的负增长。主要原因是报刊发行的渠道变革所致，由以前以邮政局为主转向多种发行渠道为主。

由于现在邮政投递的主要是商业信函，而电信通讯方式已经成为人们交换信息和沟通的主要方式，因此，邮政地区差距某种程度上是地区经济发展水平差距的一个缩影。

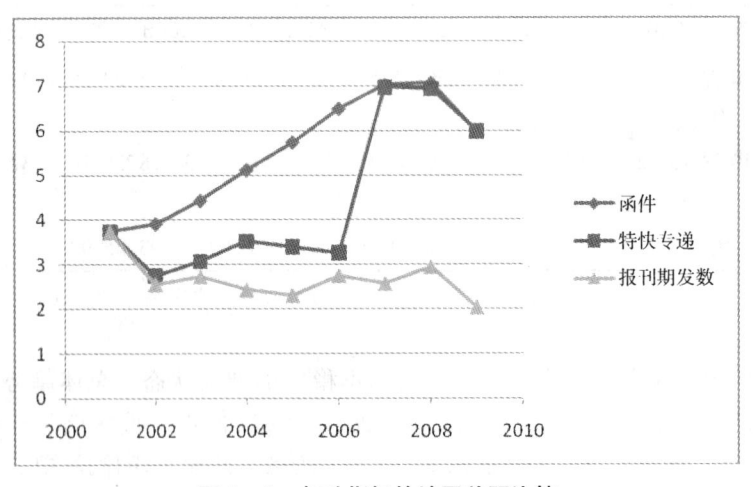

图4-4 邮政指标的地区差距比较

图4-5和表4-9为邮政指标的地区集中度情况，从函件量看，CR_4逐步增加，CR_8同样如此，说明函件量的集中度逐步提高，特快专递的集中度也在快速上升，报刊期发数的集中度在逐渐缩小。

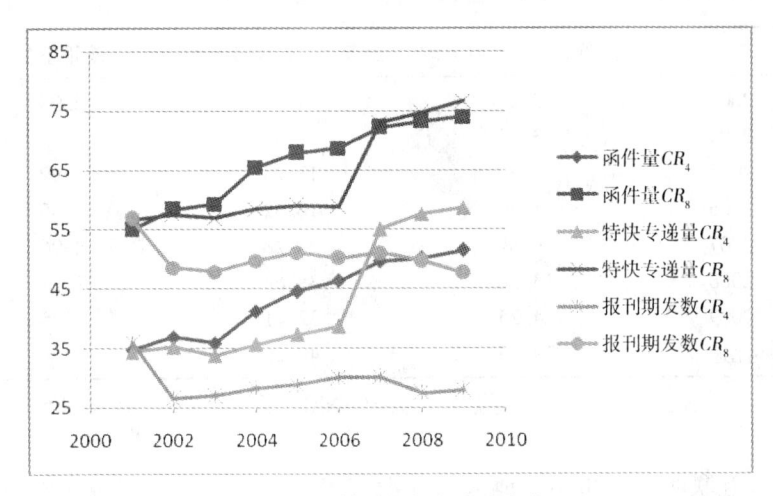

图 4-5 邮政指标集中度变化

表 4-9 邮政指标地区集中度

年度	2001	2002	2003	2004	2005	2006	2007	2008	2009
函件量 CR_4	34.71	36.86	35.87	41.24	44.52	46.34	49.64	50.16	51.50
函件量 CR_8	54.97	58.31	59.28	65.46	67.87	68.59	72.21	73.24	73.98
特快专递量 CR_4	34.38	35.19	33.77	35.61	37.27	38.64	55.05	57.62	58.60
特快专递量 CR_8	56.59	57.51	56.90	58.44	59.03	58.80	72.96	74.59	76.64
报刊期发数 CR_4	36.06	26.48	26.98	28.15	28.89	29.99	30.11	27.40	27.93
报刊期发数 CR_8	56.81	48.59	47.93	49.73	51.11	50.16	51.09	49.70	47.62

三、互联网指标分析

表 4-10、表 4-11、表 4-12 分别为中国网民、域名、网站的地区差距情况，图 4-6 为互联网指标的地区差距情况。

表 4-10 网民的地区差距（单位：人/百人）

年度	最低 10 省区市人均	最高 10 省区市人均	差距系数
1998	0.04	0.43	9.7
1999	0.18	1.78	10.1
2000	0.77	3.92	5.11
2001	1.21	5.01	4.14
2002	2.19	8.12	3.71

续表

年度	最低10省区市人均	最高10省区市人均	差距系数
2003	3.29	9.79	2.98
2004	3.77	11.43	3.03
2005	4.42	13.23	2.99
2006	5.79	16.52	2.85
2007	9.54	28.28	2.96
2008	13.56	38.62	2.85
2009	24.25	32.71	1.35
环比速度	79.05	48.26	

数据来源：CNNIC 中国互联网统计报告 1998—2010。

在互联网发展初期，地区间并没有出现所谓地区差距拉大的情况，网民地区差距快速缩小。从增长速度看，较低水平地区的网民呈现 79.05% 的高速增长，大大高于较高水平地区的 48.26%，总体上，中国网民增长速度较快。

表4-11 域名地区差距（单位：个/万人）

年度	1999	2000	2001	2002	2003	2004	2005	2006	2007	2008	环比速度
最低10省区市	0.07	0.18	0.19	0.26	0.54	0.75	5.03	6.87	22.55	29.27	95.55
最高10省区市	1.00	2.78	2.95	3.62	6.99	8.62	44.65	70.74	193.47	245.99	84.36
差距系数	15.11	15.62	15.30	13.92	13.04	11.50	8.88	10.29	8.58	8.40	

数据来源：CNNIC 中国互联网统计报告 1999—2008。

在互联网发展初期（1999—2001 年），由于人们的认识问题，域名的地区差距维持不变，差距系数维持在 15 左右。近年来，随着互联网的普及和人们认识水平的提高，域名地区差距在快速缩小。域名的环比增长速度最高，较高地区增长率为 84.36%，低于较低地区的 95.55%，预计域名的地区差距将会继续缩小。需要说明的是，由于 CNNIC 没有公布最新的分省域名数据，因此无法进行进一步的跟踪研究。

表4-12 网站地区差距（单位：个/万人）

年度	2000	2001	2002	2003	2004	2005	2006	2007	2008	环比速度
最低10省区市	0.44	0.52	0.61	1.13	1.17	1.36	1.66	2.09	4.82	34.88
最高10省区市	5.02	6.43	7.18	13.37	15.07	14.28	14.35	24.55	36.51	28.15
差距系数	11.53	12.42	11.81	11.87	12.93	10.50	8.62	11.77	7.58	

数据来源：CNNIC中国互联网统计报告2000—2008。

网站地区差距总体上缓慢缩小，但仍然较大，并且不够稳定。从增长速度看，较高水平地区增长率为28.15%，小于较低地区的34.88%。可以预计，网站在高速增长的同时，其地区差距将继续缓慢缩小。需要说明的是，由于CNNIC没有公布最新的分省网站数据，因此无法进行进一步的跟踪研究。

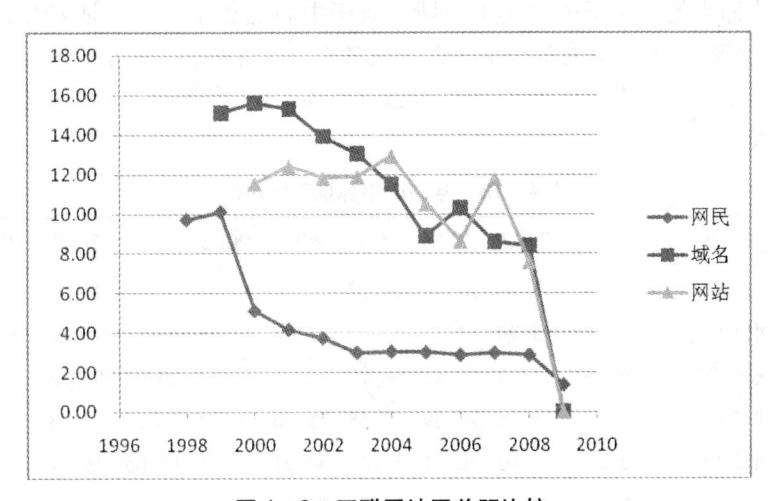

图4-6 互联网地区差距比较

互联网地区差距总体上逐步缩小，域名的地区差距缩小的速度要高于网站。域名和网站的地区差距均超过网民地区差距，主要原因是网站技术含量高，其普及速度存在技术瓶颈，而域名主要是认识上的问题，反映了互联网普及后人们观念的提高。由于现代信息技术的发展，计算机的使用变得越来越容易，其门槛相对较低，一般只要初中文化程度就可以上网，所以，网民的地区差距较低。

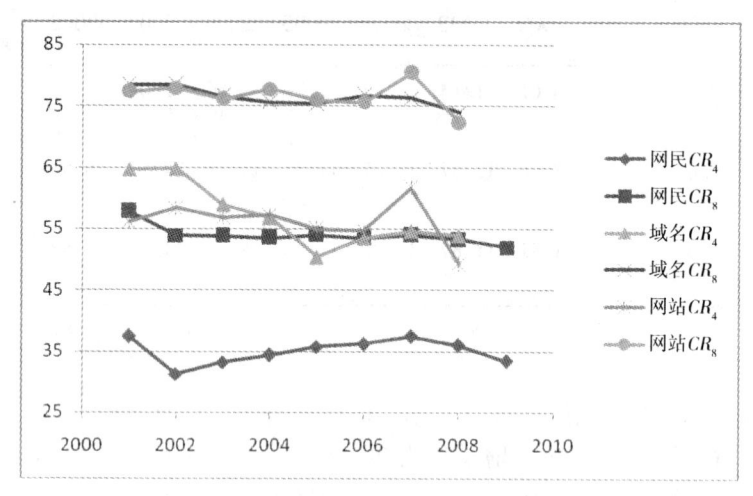

图 4-7 互联网指标集中度变化

图 4-7 和表 4-13 为互联网指标的地区集中度，网民的地区集中度是逐步缩小的，属于中度集中。域名属于中高度集中，尤其是 CR_4 下降较快，CR_8 的下降幅度要小于前者，域名集中度也在逐步缩小。网站也属于中高度集中，集中率处于波动状态，总体趋势下降，但下降的速度非常缓慢。

表 4-13 互联网指标地区集中度

年度	2001	2002	2003	2004	2005	2006	2007	2008	2009
网民 CR_4	37.40	31.30	33.19	34.37	35.77	36.21	37.46	35.98	33.45
网民 CR_8	57.80	53.90	53.76	53.47	53.98	53.51	53.94	53.20	51.96
域名 CR_4	64.63	64.74	58.89	56.75	50.31	53.39	54.61	53.85	
域名 CR_8	78.49	78.48	76.59	75.58	75.36	76.74	76.31	73.93	
网站 CR_4	56.08	58.40	56.81	57.24	54.91	54.71	61.65	49.21	
网站 CR_8	77.33	77.91	76.06	77.79	75.89	75.61	80.39	72.35	

四、信息资源综合指标的分析

表 4-14、表 4-15、表 4-16 分别为邮政业务额、电信业务额、邮电业务额的地区差距情况，图 4-8 为信息资源综合指标的差距系数情况。

表4-14 邮政营业额地区差距（单位：元/人）

年度	2001	2002	2003	2004	2005	2006	2007	2008	2009	环比100%
最低10省区市人均	21.63	22.62	24.77	25.28	29.65	32.90	39.14	43.64	48.51	10.62
最高10省区市人均	60.33	65.29	72.14	74.43	75.56	88.72	184.81	213.58	180.54	14.68
差距系数	2.79	2.89	2.91	2.94	2.55	2.69	4.72	4.89	3.72	

数据来源：中国统计年鉴2002—2010。

邮政业务额的地区差距总体在拉大，但2009年开始，较高水平地区邮政业务额正在下降，呈现缩小的趋势。由于较低水平地区的增长速度为10.62%，低于较高地区14.68%的增长速度，可以预计，邮政业务额的地区差距将会慢慢拉大，这和函件及特快专递地区拉大的原因是一致的。

表4-15 电信营业额地区差距（单位：元/人）

年度	2001	2002	2003	2004	2005	2006	2007	2008	2009	速度100%
最低10省区市	173.79	230.90	281.25	392.58	520.75	670.87	889.57	1097.96	1705.75	33.04
最高10省区市	626.25	810.75	919.08	1409.54	1525.13	1926.06	2321.56	2742.51	2251.26	17.34
差距系数	3.60	3.51	3.27	3.59	2.93	2.87	2.61	2.49	1.32	

数据来源：中国统计年鉴2002—2010。

电信业务营业额的地区差距总体趋势是缩小的。从增长速度看，较低地区增长速度为30.04%，高于较高地区17.34%的增长率，因此电信业务额的地区差距将会缓慢缩小。此外，从2009年开始，较高地区人均电信业务额开始下降，可能与电信资费总体水平下调有关。

表4-16 邮电业务额地区差距（单位：元/人）

年度	2001	2002	2003	2004	2005	2006	2007	2008	2009	速度
最高10省区市人均	686.58	877	990.07	1483.7	1604.14	2015.6	2508.65	2966.18	2503.97	17.56
最低10省区市人均	197.39	255.14	311.29	420.08	550.92	706.65	934.66	1147.84	1775.64	31.59
差距系数	3.48	3.44	3.18	3.53	2.91	2.85	2.68	2.58	1.41	

数据来源：中国统计年鉴2002—2010。

邮电业务额的地区差距总体在缩小。从增长速度看，较低水平地区增长速度为31.59%，高于较高地区17.56%的水平。由于邮电业务额是邮政与电信业务额的总和，虽然邮政业务额地区差距在拉大，但由于邮政业务额所占份额较小，因此，可以预计，邮电业务额的地区差距将会继续缩小。

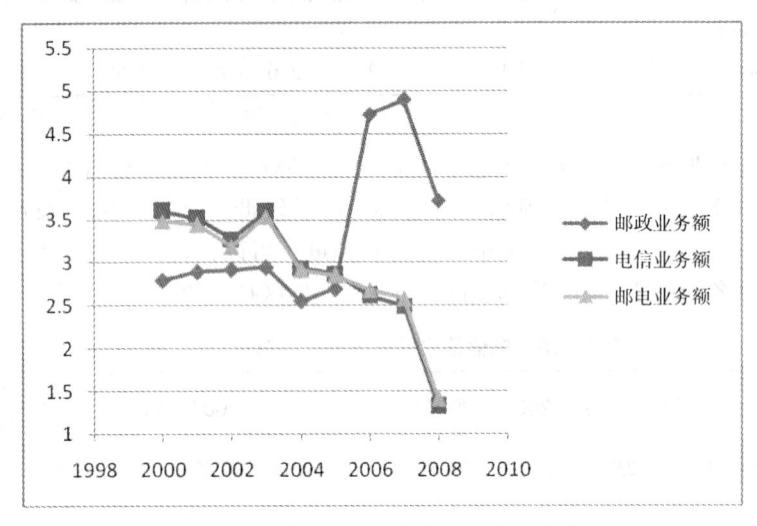

图4-8　信息资源综合指标的差距系数

邮电业务额与电信业务额的差距系数略高于邮政业务额的差距系数，虽然有所波动，但总体趋势是缩小的。

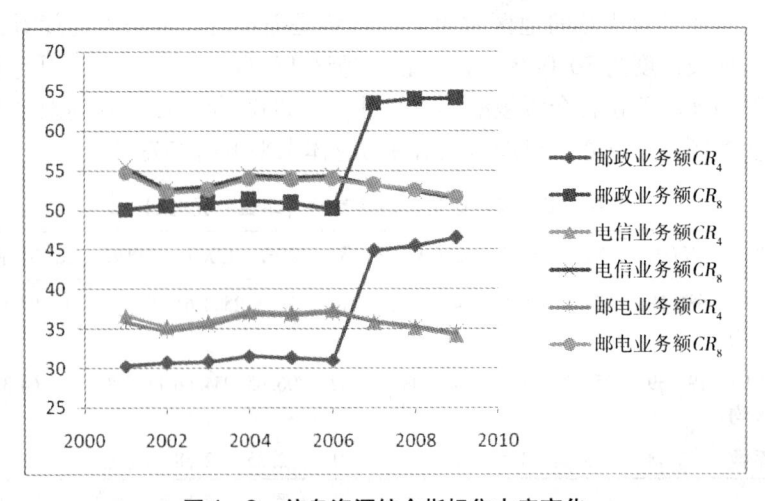

图4-9　信息资源综合指标集中度变化

图4-9和表4-17为信息资源综合指标的集中度。邮政业务额的集中度在逐渐拉大,电信营业额的集中度总体在缩小,邮电业务额的集中度CR_4基本维持稳定,CR_8总体在缩小。

表4-17 信息资源综合指标地区集中度

年度	2001	2002	2003	2004	2005	2006	2007	2008	2009
邮政业务额CR_4	30.28	30.68	30.86	31.52	31.33	31.04	44.84	45.49	46.48
邮政业务额CR_8	50.05	50.55	50.86	51.26	50.89	50.10	63.45	63.97	64.05
电信业务额CR_4	36.66	35.24	35.93	37.18	37.00	37.37	35.81	35.11	34.14
电信业务额CR_8	55.38	52.61	52.97	54.39	54.11	54.25	53.06	52.29	51.47
邮电业务额CR_4	35.85	34.75	35.48	36.77	36.64	37.02	35.89	35.29	34.48
邮电业务额CR_8	54.69	52.25	52.51	53.95	53.74	53.90	53.14	52.59	51.71

五、互联网基础资源指数差距

(一) 基础资源指数计算方法

基础资源是互联网的根基,它的发展水平直接制约着整体互联网的发展质量。中国互联网络信息中心(CNNIC, 2010)在第27次中国互联网络发展状况统计报告中,公布了互联网基础设施指数。选取的指标有4个:每千网民IP地址数、每千网民域名数、每千网民网站数、每千网民国际出口带宽数。

该指数以CNNIC每年两次发布的《中国互联网络发展状况统计报告》数据为基础进行综合测算。从2005年底开始,CNNIC对域名的统计从原来的单纯.CN域名扩展到全部域名类别,该报告对数据基期的设定从2005年开始。考虑到数据稳定性的需要,报告选取2005年底至2007年中两年四次数据的平均值作为基期数据。

指数权重计算:采用专家赋权的方式(表4-18),共有来自互联网技术专家、统计学专家、业界代表、政府代表等14位专家参与打分。

表4-18 专家赋权表

	IP地址数	域名数	网站数	国际出口带宽数
权重	0.3004	0.2435	0.2727	0.1833

计算公式如下:

各基础指标的指数值 = 本期网民人均拥有量/基期网民人均拥有量 * 100。

基础资源指数 = 0.30048 × IP地址指数 + 0.2435 × 域名指数 + 0.2727 × 网站指数 + 0.1833 × 国际出口带宽指数。

（二）互联网基础资源指数计算结果

计算结果如表4-19所示。从2005年到2009年，IP地址指数、域名指数、网站指数、国际出口带宽指数4种基础资源都在快速增长，但是由于同期网民规模也在快速增长，这样稀释了基础资源的增量，使IP地址、域名等基础资源的千人平均拥有量反而下降。

从IP地址指数看，从2007年至今，网民人均IP地址拥有量逐年下降。IP地址是互联网最为基础的资源，如果IP地址资源受限，就会影响互联网的接入，因而，IP地址问题应该引起高度关注。如果未来IP地址指数持续走低，可能制约中国互联网的进一步发展。当然随着IPV6技术的发展和进一步的普及，这个问题也会得到缓解。

从2007年到2010年，国际出口带宽指数持续稳步增长，反映了中国互联网带宽资源的快速发展，而带宽资源的增长，为提高中国互联网的服务打下了坚实的基础，网民也可以不断提升互联网应用体验。但是与世界发达国家相比，中国网民人均互联网带宽速度仍然处于较低水平。

表4-19 互联网基础资源指数

	IP地址指数	域名指数	网站指数	国际出口带宽指数	基础资源指数
基期数	100.0	100.0	100.0	100.0	107.7
2007年底	91.9	169.6	107.5	104.1	124.2
2008年中	89.1	175.2	113.4	115.4	126.4
2008年底	86.8	168.7	144.8	127.2	132.6
2009年中	86.5	143.6	135.8	130.8	124.0
2009年底	86.3	130.7	125.4	133.7	118.0
2010年中	85.0	79.7	98.5	140.8	97.9
2010年底	86.6	56.4	62.7	142.0	82.9

数据来源：2010 CNNIC中国互联网络发展状况报告。

（三）基础资源指数趋势分析

互联网基础资源指数的变化如图4-10所示。2007年年底至2008年年底，基础资源的4个构成指标中，虽然IP地址指数持续下降，但是由于国际出口带宽指数和网站指数保持稳定增长之势，加上域名指数保持高位平稳，从而带动了整体基础资源指数稳定增长。2009年以后，域名指数、网站指数都呈下降之势，国际出口带宽指数的平稳增长无法扭转其他三个指标形成的下降大势。2010年，域名和网站指数迅速下降，同时IP地址资源即将耗尽，基础资源指数明显下滑。

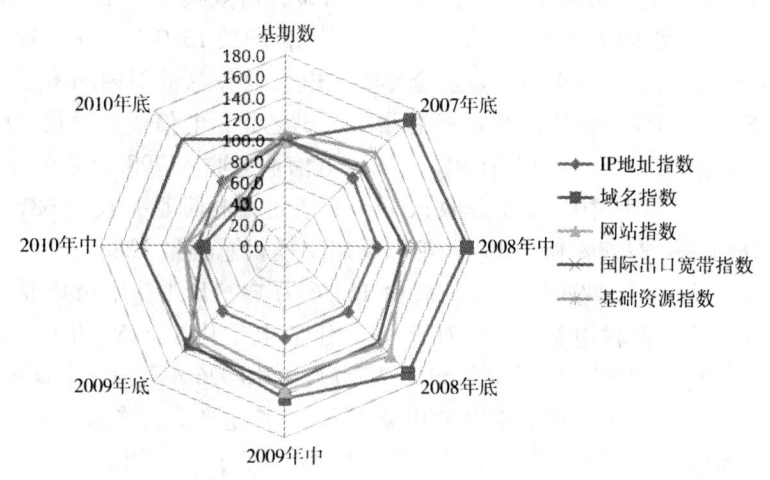

图 4-10 互联网基础资源指数的变化

基础资源是互联网的持续稳定健康发展基础条件，要保证中国互联网的基础资源不会制约整体互联网的发展，需要从几个方面进行改进：推动 Ipv6 地址资源快速应用，扭转人均域名拥有量的持续下滑局面；保障域名基础资源的稳步回升，提升国家域名的保有数量；保持域名资源和网站资源的稳步增长；优化国际出口带宽环境和速度，推进中国互联网从宽带互联网向高速互联网转型。

第四节 案例分析——以江苏与广西为例

一、江苏与广西简介

为了进一步分析信息资源发达地区与欠发达地区信息资源建设的个体差距情况，这里选取江苏和广西为例进行分析。江苏在经济发达地区处于中上水平，之所以没有选择北京和上海，因为北京是首都，上海又几乎没有农村，不具有典型性。广西在经济欠发达地区处于中下水平，西藏、新疆等地由于不具有典型性，也没有选取。

江苏地处长三角经济发达地区，全省面积 10.26 万平方公里，占全国总面积的 1.06%。全省常住人口达 7677 万人，2008 年全省人口密度达 748 人/平方公里，在全国各省、区、市中仍居首位。据江苏省 2010 年国民经济与发展统计公报，江苏全年实现生产总值 40903.30 亿元，其中高新技术产业产值 30354.8 亿元，增长 38.1%，占规模以上工业总产值比重达 33%。实现服务业增加值 16731.4 亿元，增长 13.0%，占 GDP 比重为 40.9%，提高 1.0 个百分点。全年邮政电信业务总量 2194.6 亿元，比上年增长 21.1%。其中邮政业务总量 188.3 亿元，电信业务总量 2006.3 亿元，分别增长 21.5% 和 20.9%。邮政电信业务收入 798.2 亿元，比上年增长 8.3%。其中邮政业务收入 111.1 亿元，电信业务收入 687.1 亿元，分别增长 22.7% 和 7.3%。年末局用交换机总容量 4288.2 万门。年末固定电话用户 2498.8 万户，减少 163.6 万户，其中：城市电话用户 1527.8 万户，乡村电话用户 971 万户。住宅电话用户 1759 万户，减少 116.3 万户。年末移动电话用户 5916.7 万户，净增 976.4 万户。全省电话普及率达 109 部/百人，比上年增加 10 部/百人。长途光缆线路总长度 3.3 万公里，新增 0.1 万公里。年末互联网用户 1081.3 万户，新增 120.4 万户。

广西地处西南边陲，是中国 5 个少数民族自治区之一，2009 年总人口 5092 万，其中壮族占 33%，人口密度为 205 人/平方公里；土地面积 23.67 万平方公里，占全国土地总面积的 2.5%。2010 全年全区生产总值（GDP）9502.39 亿元，按可比价格计算，比上年增长 14.2%，增速比上年提高 0.3 个百分点，比全国快 3.9 个百分点。全年全区规模以上工业增加值 3009.93 亿元，比上年增长 23.7%，增速比上年加快 5.5 个百分点，比全国快 8 个百分点。全社会固定资产投资 7859.07 亿元，比上年增长 37.7%，增速比全国快 13.9 个百分点。其中，城镇固定资产投资 7161.84 亿元，增长 38.8%；农村固定资产投资 697.23 亿元，增长 27.4%。

二、江苏广西信息资源差距比较

由于从 2000 年开始才有较为完备的互联网分省统计数据，因此，本节重点比较近几年来信息资源指标数据。结果如表 4-20、表 4-21、表 4-22、表 4-23、表 4-24 所示。

表 4-20　江苏与广西电信指标的比较

	固定电话（万户）及年环比增长（%）			移动电话（万户）及年环比增长（%）			长途电话（亿次）及年环比增长（%）		
	1998	2009	增长	1998	2009	增长	1998	2005	增长
江苏	749.59	2662.4	12.21	140.10	4940.30	38.25	13.39	19.95	5.86
广西	166.68	787.6	15.16	50.74	1960.10	39.40	4.23	5.11	2.74
江苏/广西	4.50	3.38		2.76	2.52		3.17	3.90	

数据来源：中国统计年鉴 1998、2006、2010。

从电话指标看，江苏与广西在本地电话与移动电话的差距是缩小的，从平均增长速度看也是如此，广西的增长速度略快一些。固定电话的差距大一些，主要原因是广西地处多山地带，尚有部分偏僻地区不通固定电话，移动电话由于不需要架设有线线路，普及相对方便，所以差距较小。长途电话通话次数的差距在拉大，这主要由于经济和社会发展的差距所致。

表4-21 江苏与广西邮政指标的比较

	函件（亿件）及年环比增长（%）			特快专递（万件）及年环比增长（%）			报刊期发数（万份）及年环比增长（%）		
	1998	2009	增长	1998	2009	年增长	1998	2009	年增长
江苏	5.16	9.47	5.68	656.50	17498.20	34.78	1762.00	1138.60	-3.90
广西	1.81	0.73	-7.93	105.00	1689.30	29.41	509.00	380.10	-2.62
江苏/广西	2.85	12.97		6.25	10.36		3.46	2.99	

数据来源：中国统计年鉴1998、2010。

函件和特快专递的地区差距在拉大，从增长速度看，广西函件出现负增长。特快专递的增长速度广西也明显落后于江苏，可以预计函件和特快专递的差距还会继续拉大。报刊期发数广西和江苏的差距在逐渐缩小，并且都出现负增长，但广西下降的速度要慢于江苏，因此报刊期发数的差距会逐渐缩小。本质上，函件和特快专递主要是商业信函，反映了地区经济发展差距。

表4-22 江苏与广西互联网指标比较

	网民（万人）及年环比增长（%）			网站（个）及年环比增长（%）			域名（个）及年环比增长（%）		
	2000	2010	增长	2000	2010	增长	2000	2010	增长
江苏	122.18	2765	41.42	17790	117666	20.79	5471	442540	55.16
广西	45.45	1030	41.45	2152	14341	20.88	835	61865	53.80
江苏/广西	2.69	2.68		8.27	8.20		6.55	7.15	

数据来源：CNNIC中国互联网统计报告2000、2010。

江苏和广西网民和网站指标的差距在缩小，无论从相对差距以及增长速度看结果都相同，增长速度较快，其中网民的增长速度接近50%。域名的地区差距略有拉大，可能的原因是域名资源新增较快，作为一种投资手段的作用下降所致。网站的地区差距远大于网民的差距，主要原因是网站的技术瓶颈所决定的。

表4-23 1998、2008江苏广西电视电脑的比较

	城镇居民百户电脑（台）			城镇居民百户彩电（台）			农村居民百户彩电（台）		
	1998	2009	年增长	1998	2009	年增长	1998	2009	年增长
江苏	3.46	75.72	32.38	105.23	166.75	4.27	38.15	134.74	12.15
广西	3.17	71.85	32.81	104.39	135.46	2.40	13.94	97.88	19.38
江苏/广西	1.09	1.05		1.01	1.23		2.74	1.38	

数据来源：中国统计年鉴1998、2010。

城镇居民电脑拥有量的差距在缩小，城镇居民彩电的地区差距在轻微拉大，考虑到每户家庭已经拥有一台以上的彩电，可能原因是居民家庭结构不同所致。农村居民彩电拥有量的地区差距在缩小。电视、电脑作为重要的信息终端，两省区间的差距在缩小。

表4-24 1998、2008江苏广西信息资源综合指标比较

	邮电业务额（亿元）			邮政业务额（亿元）			电信业务额（亿元）		
	1998	2009	年增长	1998	2009	年增长	1998	2009	年增长
江苏	167.80	1812.88	24.15	14.22	154.34	24.21	153.58	1658.54	24.15
广西	52.66	694.30	26.42	2.94	22.47	20.31	49.72	671.82	26.70
江苏/广西	3.19	2.61		4.84	6.87		3.09	2.47	

数据来源：中国统计年鉴1998、2010。

江苏与广西电信业务额、邮电业务额的地区差距在不断缩小，邮政业务额的地区差距在轻微拉大。从发展趋势看，两省区之间的差距还将继续缩小。

总体上，江苏与广西两省区的信息资源差距所反映的态势与地区间宏观差距的态势基本相似。即除了邮政指标差距在拉大外，其他所有信息资源相关指标的地区差距基本都在缩小。

第五节 信息资源地区差距的综合测度

到目前为止，本章对信息资源差距进行了全面的比较，在某些特殊

情况下，有时需要了解信息资源总体差距情况，此时必须首先对信息资源进行测度，进而进行相应的比较。本节提出了一种信息资源指标体系测度方法，其原理是首先选取若干指标，然后采用 TOPSIS 进行测度，一旦计算出测度后，就可以进行不同地区不同年度的比较。

信息资源测度目的主要有两种，一种是作为中间数据的测度，一般可以采用替代变量，这也是本书的重点；另一种单纯为了测度信息资源，往往采用指标体系进行测度。

一、信息资源间接测度模型

（一）信息资源的产生与影响因素分析

现实生活中存在着大量冗余、错误、无用的信息，对其进行剔除是十分困难的，但从宏观上讲，不同地区这些信息所占的比例大致差不多，为了研究方便，本节假定一个前提条件，即不同地区这些信息的比例是相等的。

信息资源测度虽然非常复杂，但其产生和影响因素是可以观测的，这些因素类似于信息资源的"影子"，信息资源的产生及影响的主要因素有人口（Population）、社会活跃程度（Activity）、信息传播水平（Communication）、教育水平（Education）等。

人类是信息资源产生的最重要因素。人是地球上最为重要的高等动物，自从有了人类社会就有了信息，每个人类个体和组织都是极其重要的信息源，自然界与人类活动无关的环境虽然也会产生大量的信息，但这是没有意义的，信息资源首先必须与人类相关才有意义。一个国家或地区的人口越多，所产生的信息必然越多。

社会活跃程度也是信息资源产生的重要因素。农业社会节奏缓慢，信息资源量相对较少，而工业社会和信息社会人们的工作和生活节奏加快，社会活跃程度高，必然产生大量信息。

教育水平既是信息资源的产生因素、也是影响因素。教育水平影响着人们的信息处理水平和信息敏感性，教育水平越高，对周围事物的敏感性增强，加工处理信息的水平越高，从而带来社会信息资源总量的增加。教育水平越高，拥有和掌握信息传播工具的程度越高，信息传播能力越强。

信息传播水平对信息的影响是至关重要的，如果信息传播水平落后，那么信息一般只能局限在小范围内共享，整个社会信息资源量很少，社会节奏缓慢，信息资源的作用受到限制。只有当信息传播水平高度发达时，信息才能自由地传播到需要它的地方。信息传播并不能产生新的信息（有时会扭曲信息，但本书已经做了有关垃圾信息的假定），但可以使更多的人拥有信息，从而发挥信息资源的作用。当然，如果将信息资源总量界定为所有组织和个人拥有信息的总和的话,由于信息传播会使更多的人了解信息,因此,信息传播也能增加信息资源总量,也是信息资源的产生因素。

(二)基于 TOPSIS 的信息资源测度方法

TOPSIS 法(Technique for Order Preference by Similarity to Ideal Solution)根据各被评估对象与理想解和负理想解之间的距离来排列对象的优劣次序。所谓理想解是设想的最好对象,它的各属性值达到所有被评对象中的最优值;而负理想解则是所设想的最差对象,它的各属性值都是所有被评对象中的最差值,用欧几里得范数作为距离测度,计算各被评对象到理想解及到负理想解的距离,距理想解愈近且距负理想解愈远的对象越优。与简单的加权平均汇总相比,TOPSIS 更加强调评价指标体系的系统性,强调指标体系总体水平的协调,因此本书选用 TOPSIS 法对信息资源进行评价。TOPSIS 的计算过程如下:

1. 建立指标矩阵并将数据标准化。设方案集 A_i($i=1,2,\cdots,m$)在指标 S_j($j=1,2,\cdots,n$)下取值为 a_{ij},得到指标矩阵 $A=(a_{ij})_{m\times n}$。由于方案的指标较多,众多指标之间存在错综复杂的关系,有正向指标(指标值愈高,能力愈强)和逆向指标(指标值愈高,能力愈差)之分,且各指标的量纲不同,为便于比较,对指标矩阵进行标准化处理。

2. 确定方案集的最优点和最劣点。令:

$$x_j^+ = \max\{x_{ij}\} \qquad x_j^- = \min\{x_{ij}\} \qquad (4-3)$$
$$(j=1,2,\cdots,n)$$

则:

最优点集为:$A^+ = (x_1^+, x_2^+, \cdots, x_n^+)$

最劣点集为:$A^- = (x_1^-, x_2^-, \cdots, x_n^-)$

满意方案就是在决策点集中找出离最优点集最近、离最劣点集最远的决策点。

3. 计算各方案的密切值。方案 A_i 的密切值为:

$$C_i = d_i^- / (d^+ + d^-) \qquad (4-4)$$

其中:

$$d_i^+ = \left[\sum_{j=1}^n \omega_j (x_{ij} - x_j^+)^2\right]^{1/2} \qquad (4-5)$$

$$d_i^- = \left[\sum_{j=1}^n \omega_j (x_{ij} - x_j^-)^2\right]^{1/2} \qquad (4-6)$$

$$d^+ = \min\{d_i^+\}, \qquad d^- = \max\{d_i^-\} \qquad (4-7)$$

d_i^+、d_i^- 分别表示方案 A_i 与最优方案 A^+、最劣方案 A^- 之间的欧氏距离，d^+、d^- 分别表示 m 个最优点距的最小值和 m 个最劣点距的最大值。ω_j 表示各指标的权重。

C_i 的大小反映了方案集偏离最劣点靠近最优点的程度，以 C_i 的大小作为决策准则，C_i 最大的方案就是满意方案。

（三）数据

在信息资源的 4 个产生和影响因素中，人的因素可以用一个国家或地区的人口表示。教育水平可以采取平均受教育年限表示。社会活跃程度采用地区国民生产总值（GDP）表示，因为通常情况下，社会活跃程度越高，经济越发达。

信息传播水平主要有电话（固定电话、移动电话）和互联网（网民、网站等）指标，虽然在统计年鉴上可以查到相关数据，但采用电信营业额表示信息传播水平更加合理。因为电话和互联网在某种程度上可以互相替代，在信息传播过程中，不同传播手段之间的替代是非常普遍的现象，比如某人发电子邮件后一般就不需要再电话联系。近年来不少地区信函的投递量是下降的，根本原因就在于电话和互联网对信函的替代，根据经济学中经济人假设，一般人们不会为了同一信息而使用不同的信息传播工具。之所以不选用邮电业务额作为信息传播的反映指标，主要原因是邮政数据中的包裹邮递不属于信息传播，另外许多快递公司的信函数据也无法统计。

本节所有数据均来自于 2009 年中国统计年鉴，实际上所有数据为 2008 年的数据，其中平均受教育年限是根据统计年鉴的数据加权计算而来的。所有数据都进行了标准化，方法是将指标值除以最大值再乘以 100。

指标权重采取专家打分法确定，传播水平的权重最高，为 0.5，因为当代信息社会赖以存在的基石就是传播水平，方便快捷的传播水平彻底改变了人们的工作与生活方式，社会活跃程度的权重为 0.3，人口与教育水平的权重均为 0.1。

（四）测度结果

表 4-25　信息资源评价结果

地区	人口	平均受教育年限	电信营业额	国内生产总值	TOPSIS 得分 ×100	排序
广东	9304	8.44	2587.66	26204.47	93.13	1
山东	9309	8.09	917.36	22077.36	58.10	2
江苏	7550	8.25	934.85	21645.08	56.90	3
浙江	4980	8.06	997.09	15742.51	48.85	4

续表

地区	人口	平均受教育年限	电信营业额	国内生产总值	TOPSIS得分×100	排序
河南	9392	8.05	680.82	12495.97	44.05	5
河北	6898	8.13	608.15	11660.43	38.92	6
四川	8169	7.24	563.51	8637.81	35.76	7
上海	1815	10.44	509.89	10366.37	32.12	8
辽宁	4271	8.92	532.00	9251.15	31.75	9
湖南	6342	8.17	464.48	7568.89	30.86	10
湖北	5693	8.26	429.39	7581.32	29.44	11
福建	3558	7.73	604.02	7614.55	28.67	12
北京	1581	10.95	468.39	7870.28	28.63	13
安徽	6110	7.34	331.98	6148.73	26.41	14
黑龙江	3823	8.53	380.25	6188.90	24.43	15
广西	4719	8.03	372.19	4828.51	23.54	16
陕西	3735	8.30	404.12	4523.74	22.32	17
江西	4339	7.71	296.34	4670.53	21.36	18
山西	3375	8.70	306.83	4752.54	21.27	19
云南	4483	6.66	317.78	4006.72	20.07	20
吉林	2723	8.66	321.16	4275.12	19.94	21
天津	1075	9.73	211.81	4359.15	19.10	22
内蒙古	2397	8.19	244.35	4791.48	18.53	23
重庆	2808	7.57	263.77	3491.57	16.78	24
新疆	2050	8.30	219.39	3045.26	15.91	25
贵州	3757	6.59	215.44	2282.00	15.50	26
甘肃	2606	6.78	159.13	2276.70	12.72	27
海南	836	8.17	93.04	1052.85	11.76	28
宁夏	604	7.63	57.09	710.76	9.96	29
青海	548	6.99	37.94	641.58	8.23	30
西藏	281	4.16	20.39	291.01	0.70	31

评价结果如表4-25所示，信息资源较高的地区有广东、山东、江苏、浙江、河南等省，较低的有西藏、青海、宁夏、海南、甘肃等省区。与人们的印象不太一致的是北京作为首都，其信息资源量仅排在全国的第13位，主要原因是首都作为全国的政治中心，难以用指标来进行反映，将首都与其他普通省区市进行比较，确实存在信息资源低估的可能性，如何进行修正还需要进一步研究，当然如果是进行国家间的比较则肯定没有这个问题。

一些中西部省份如河南、河北、四川信息资源量也较高，主要有两个原因，第一是由本书对信息资源的界定所引起的，本书所指的信息资源主要是与人们生活和工作密切相关的信息资源，大量图书文献信息资源应用范围主要集中在少数专业人员，对大众而言这些信息资源更多的是一种"矿藏"，公共图书馆借阅率较低是普遍现象；第二是这些地区人口较多，经济总量较大，随着国家信息化的发展，数字鸿沟不断缩小，传播水平总体也较高，此外，地区间的教育水平也相差不大。

采用反映信息资源量的直接指标进行测度，由于指标众多，指标选择分歧较大，以互联网为代表的一些新生事物的出现也使长期信息资源的测度存在困难，因为早期并没有互联网。此外数据不易获取，必然增加了评价的成本，而且难以测度大量无法统计和记录的人类活动信息。采用替代变量进行测度虽然简单方便，但失去许多信息，容易导致较大的误差。因此信息资源间接测度法是较好方法，克服了以上两种方法的缺点。

采用本节的测度方法，对作为政治中心首都的测度偏低，需要采取一定的方法加以修正，具体的方法尚需进一步研究，当然，如果是进行国家间的比较则没有这个问题。此外，建议统计部门加强邮电业务额的进一步统计，这样就可以用邮电业务额减去包裹营业额再加上快递公司信函营业额来代替电信营业额，从而可以进一步优化本书的测度模型。

在一些信息化指标体系的相关测度中，不少学者将总量指标与人均指标混用，如国家信息化评测中心选取的指标大部分是人均指标，但也用到长途光纤长度、电子商务交易额等绝对指标，这是不恰当的。如果是采用信息资源间接测度法，选取人均指标进行测度，那么可以选用人均GDP、平均受教育年限、人均电信营业额3个指标进行测度即可。很显然，与总量指标测度相比，北京这3项指标的排名将会靠前，当然最终评价结果排名也将大大靠前，或许可以解释采用信息资源间接测度法北京排名靠后的主要原因，因为我们看到的许多其他测度方法大部分都是采用人均指标。究竟是采用总量指标还是人均指标进行测度关键看研究目的。

本章小结

中国信息资源基础设施水平的地区差距是逐步缩小的，互联网地区差距也逐步缩小，邮政业务的地区差距在逐渐拉大，但中国信息资源总量的地区差距呈逐渐缩小的趋势。

从电信指标看，作为信息资源基础设施的固定电话与移动电话的地区差距都在缩小，移动电话的地区差距水平正急剧缩小，接近固定电话。作为地区间远距离信息资源指标的长途电话次数的地区差距呈不稳定的波动状态，总体上是缩小的。

从邮政指标看，函件量的地区差距正逐渐拉大，并且呈现负增长，主要原因是其他通讯手段的替代所致。特快专递量的地区差距呈现不稳定的波动状态，总体趋势在拉大。报刊期发数的地区差距总体上是缩小的，并且呈现负增长，主要原因是报刊发行的渠道变革所致。报刊期发数的差距水平要小于特快专递和函件。需要说明的是，由于邮政业务多元化经营发展较快，传统的国有邮政份额受到越来越多的挑战，其中相当部分数据没有进入统计年鉴，因此要全面进行分析。

互联网地区差距总体上逐步缩小，域名的地区差距缩小的速度要高于网站。域名和网站的地区差距均超过网民地区差距，主要原因是网站技术含量高，其普及速度存在技术瓶颈，而域名主要是认识上的问题，反映了互联网普及后人们观念的提高。

邮政业务额的地区差距在慢慢变大。电信业务额的地区差距虽然有波动，但总体趋势是缩小的。邮电业务额与电信业务额的地区差距水平略高于邮政业务额，虽然有所波动，但总体趋势是缩小的。地区差距系数与集中度及案例研究的结果基本一致。

作为分析信息资源地区差距的手段，直接对各指标进行分析比较全面，有时也需要对信息资源地区差距进行一个总体判断，本章提出了一种基于 TOPSIS 的信息资源间接测度方法，利用该方法测度各地区信息资源后就可以进行相互比较。

第五章　信息资源对经济增长的理想与实际贡献

本章基于全国时间序列数据，利用生产函数和向量自回归模型、DEA效率分析、状态空间模型等研究信息资源对经济增长的贡献，信息资源与经济增长的互动关系，以及在没有效率损失的前提下，信息资源对经济增长的理想贡献。从而了解中国信息资源与经济增长关系的全貌。

第一节　信息资源对经济增长的实际贡献

一、引　言

改革开放以来，中国信息资源建设取得了长足的进步，从信息资源水平极度贫瘠的国家发展到现在信息资源总量水平最高的国家之一。目前网民数量、移动电话用户数、有线电视用户数等指标都是世界第一。深入研究改革开放以来信息资源与经济增长关系的动态演变，重新审视信息资源的贡献，可以提高国家信息经济管理决策的水平，具有重要的理论意义和实践意义。

在信息资源与经济增长关系、信息化与经济增长关系的理论研究和实证研究都比较丰富，研究结果绝大多数肯定了信息资源、信息化对经济增长的贡献。但是存在以下问题：

第一，关于信息资源的测度，有的学者选取信息资源指数，有的选取信息化投入经费，有的选取邮电业务额。由于变量选取不同，从而导致研究结果存在差异。

第二，关于信息资源、资本、劳动力等对经济增长的贡献，结果相差较大。有的认为信息资源的贡献最大，有的认为中等，也有的认为信息资源的贡献最低，低于资本和劳动力。

第三，绝大多数研究都假定信息资源的回归系数是不变的，对于发展中国家而言，在经济转型时期这种假定并不存在，因而不能真实刻画信息资源与经济增长之间的关系。

第四，几乎未见信息资源对中国经济增长没有贡献的报道，那么中国是否存在生产率悖论？即在某个特定的历史阶段，信息资源对经济增长的实证研究得出结论：信息资源对经济增长的贡献为负。

本节采用改革开放以来 1978—2009 年期间的相关数据，采用状态空间模型（State Space Model）研究信息资源对经济增长的动态贡献，并在建立向量自回归模型（Vector auto regression，VAR）的基础上采用脉冲响应函数和方差分解分析信息资源与经济增长之间的互动效应，从而客观反映信息资源与经济增长动态关系的全貌。

二、研究方法

（一）生产函数

生产函数是经济学的一个重要基础函数。由于资源有限，人们从事生产总是追求最好的经济效果，以较小的生产要素投入获得较大的有效产出。对微观企业而言，就是成本要低，利润要高。对宏观经济而言，就要关心资源配置及其变动对经济增长贡献的大小，寻找最佳的生产技术方式以及最佳的产业发展道路。

生产函数是在一定的时期和技术条件下，生产要素的投入量与其决定的产品或劳务的最大产出量之间的数量关系。Cobb – Douglas 生产函数是应用最广泛的生产函数，是以美国两位经济学家 Chales W. Cobb、Paul H. Dauglas（1928）的名字命名的，简称 C – D 生产函数。由于其具有经济学所需要的良好性质，许多经验数据研究表明，该方程能够很好地拟合投入与产出之间的关系，因此在经济分析中得到广泛的应用。

生产函数数学形式为：

$$Q = AK^{\alpha}L^{\beta} \qquad A > 0, \ 0 < \alpha, \beta < 1 \qquad (5-1)$$

其中 Q 表示产出，K 表示资本，L 表示劳动力，A 为效率系数或综合要素生产率；参数 α 和 β 分别是产出对资本 K 和劳动 L 的弹性。A、α、β 都是待估参数，该函数具有以下特点：

边际产量：

$$MP_K = \frac{dQ}{dK} = \alpha AL^{\alpha-1}K^{\beta} = \frac{\alpha Q}{L} \qquad (5-2)$$

$$MP_L = \frac{dQ}{dL} = \beta AL^{\alpha}K^{\beta-1} = \frac{\beta Q}{K} \qquad (5-3)$$

边际技术替代率：

$$MPTS_{LK} = \frac{MP_L}{MP_K} = \frac{\alpha K}{\beta L} \qquad (5-4)$$

替代弹性：

$$\eta = \frac{d\ln(K/L)}{d(\ln MRTS_{LK})} = 1 \qquad (5-5)$$

在 C-D 生产函数中，当劳动量与资本量增加 λ 倍时，产量增加 $\lambda^{\alpha+\beta}$ 倍，为：

$$A(\lambda L)^\alpha (\lambda K)^\beta = \lambda^{\alpha+\beta} AL^\alpha K^\beta = \lambda^{\alpha+\beta} Q \qquad (5-6)$$

其规模报酬与参数 α、β 的取值有关：当 $\alpha+\beta>1$，规模报酬递增；当 $\alpha+\beta=1$，为线性齐次生产函数；当 $\alpha+\beta<1$，规模报酬递减。

由于信息资源成为经济增长的重要投入要素，在生产函数中增加信息资源要素，将 C-D 生产函数进行扩展，增加信息资源 I，其数学形式为：

$$Q = AL^\alpha K^\beta I^\gamma \qquad (5-7)$$

对公式（5-7）两边同时取对数，进一步整理得：

$$\ln Q = \ln A + \alpha \ln L + \beta \ln K + \gamma \ln I \qquad (5-8)$$

类似地，函数其次性的阶为 $\alpha+\beta+\gamma$，根据其大于 1、等于 1、小于 1 的情况决定规模报酬。

（二）协整与向量自回归模型

资本、劳动力、信息资源与经济增长数据是典型的时间序列数据，若时间序列的均值或自协方差函数随时间而改变，则该序列就是非平稳时间序列。对非平稳的时间序列进行时间序列分析会产生"伪回归"问题，为使回归有意义，可对其进行平稳化，然后对差分序列进行回归。单位根检验就是一种检测时间序列是否平稳的方法，常用的单位根检验方法有 ADF 检验和 PP 检验。只有平稳时间序列才能进行回归。

时间序列虽然是非平稳的，具有各自的长期波动规律，但是它们的某种组合却可能表现出平稳性，反映了它们之间的长期稳定的比例关系，称为协整关系。协整检验既是诊断变量之间是否存在长期依存关系的一种检验方法，同时又是具体建立变量之间长期稳定方程的一种方法。它的另外一个优点是可以避免差分可能导致的两个变量之间长期关系的信息丢失。

检验变量之间是否存在协整关系的方法主要有 EG 两步法和 Johansen (1988) 极大似然法。前一方法主要适用于两个变量之间的协整检验，本书涉及多变量，因此采用 Johansen 检验。

假设 y_t 为 $k \times 1$ 的 I(1) 向量序列，则其滞后 p 期的 VAR 可表示为：

$$y_t = A_1 y_{t-1} + A_2 y_{t-2} + \cdots + A_p y_{t-p} + \varepsilon_t \qquad (5-9)$$

将上述方程改写为差分形式：

$$\Delta y_t = \sum_{i=1}^{p-1} \Gamma_i \Delta y_{t-i} + \Pi y_{t-p} + \varepsilon_t \qquad (5-10)$$

其中，$\Gamma_i = \sum_{j=1}^{i} A_j - I$，$\Pi = \sum_{i=1}^{p} A - I$。公式（5-10）中，$\Pi$ 代表了所有的长期均衡信息，Πy_{t-p} 也正是误差修正项，而 Π 的秩则决定了 Y_t 之间的协整向量，也就是决定变量间到底有多少个长期关系。

VAR 模型将经济系统中每一个内生变量作为系统中所有内生变量的滞后值的函数来构造模型，从而将单变量自回归模型推广到向量自回归模型。VAR 模型是处理多个相关经济指标和预测最常用的模型之一。

脉冲响应分析刻画的是扰动项发生变化，或者模型受到某种冲击以后对各内生变量产生的动态影响。以 VAR 模型所提供的动态结构为媒介，一个变量的冲击，不仅对自身产生影响，而且会影响其他相关变量的变动。由公式（6-9）可以得到向量移动平均模型为：

$$y_{it} = c_{ij}^{(0)}\varepsilon_{jt} + c_{ij}^{(1)}\varepsilon_{jt-1} + c_{ij}^{(2)}\varepsilon_{jt-2} + \cdots + c_{ij}^{(p)}\varepsilon_{jt-p} + \cdots, t=1,2,\cdots,T \qquad (5-11)$$

假定在基期（$t=0$）给 y_1 一个单位的脉冲，即 $\varepsilon_{1t}=1$，那么，$c_{ij}^{(0)}$，$c_{ij}^{(1)}$，$c_{ij}^{(2)}$，$\cdots$，$c_{ij}^{(p)}$，$\cdots$，就表示由 y_j 的脉冲引起的 y_i 的响应函数。

与脉冲响应分析不同，方差分解分析提供了另一种描述系统动态的方法。方差分解是通过将系统的均方误差（Mean Square Error）进行分解，分析每一个结构冲击对内生变量变化的贡献度，从而了解各变量冲击对模型内生变量的相对重要性。方差贡献率（RVC）为：

$$RVC_{j \to i}(s) = \frac{\sum_{q=0}^{s-1}(c_{ij}^{(q)})^2 \sigma_{jj}}{\text{var}(y_{it})} = \frac{\sum_{q=0}^{s-1}(c_{ij}^{(q)})^2 \sigma_{jj}}{\sum_{j=1}^{k}\left\{\sum_{q=0}^{s-1}(c_{ij}^{(q)})^2 \sigma_{jj}\right\}} \quad i,j=1,2,\cdots,k \quad (5-12)$$

其中：c_{ij}^q 是脉冲响应函数，σ_{jj} 是第 j 个变量的标准差，y_{it} 是自回归向量的第 i 个变量。$RVC_{j \to i}(s)$ 是根据第 j 个变量基于冲击的方差对 y_i 的相对贡献度来反映第 j 个变量对第 i 个变量的影响程度。$RVC_{j \to i}(s)$ 的值越大，意味着第 j 个变量对第 i 个变量的影响越大。

（三）状态空间模型概述

20 世纪 80 年代，状态空间模型成为研究经济系统的一种有效的建模工具，广泛应用到控制、导航、图像处理、机器人、经济管理等领域。Hamilton（1994）和 Harvey（1989）对状态空间模型在经济系统中的应用做出了较大的贡献。

一般的回归模型假定变量的弹性系数在某个时间内保持不变，估计的是平均值。然而对于处在转型期的中国而言，制度的变迁和产业结构的调整等都会改变各种变量间的相关系数。基于状态空间的可变参数模型恰好能反映变量间相关系数的这种动态变化，从而使计量分析更好地反映经济发展的实际状况。

状态空间模型主要用于多变量时间序列，它包含量测方程（Measurement Equation）和状态方程（State Equation）。设 y_t 是包含 k 个经济变量的 $k \times l$ 维可观测向量，而这些变量与 $m \times l$ 维向量 α_t 有关，α_t 也称为状态向量，假定其服从一阶向量自回归过程。量测方程和状态方程如下：

$$\begin{cases} y_t = X_t \alpha_t + d_t + \mu_t \\ a_t = T_t a_{t-1} + c_t + R_t \varepsilon_t \end{cases} \quad t = 1, 2, \cdots, T \quad (5-13)$$

公式（5-13）中，T 表示样本的长度，X_t 为 $k \times m$ 阶量测矩阵，T_t 是 $m \times m$ 阶状态转移矩阵，d_t 为 $k \times 1$ 维向量，c_t 为 $m \times 1$ 阶向量，R_t 为 $m \times g$ 阶向量；μ_t 为 $k \times 1$ 维向量，其均值为 0，协方差为 H_t 的不相关扰动项；ε_t 为 $g \times 1$ 阶向量，其均值为 0，协方差矩阵为 Q_t 的不相关扰动项，并且 μ_t 和 ε_t 相互独立，且服从均值为 0，标准差为 δ 和协方差矩阵为 Q 的正态分布。随机扰动向量 μ_t、ε_t 同一时刻的协方差矩阵为：

$$\text{var}\begin{bmatrix} \mu_t \\ \varepsilon_t \end{bmatrix} = \begin{bmatrix} H_t & G_t \\ G_t & Q_t \end{bmatrix} \quad (5-14)$$

X_t，T_t，R_t，H_t，Q_t，G_t 和 d_t，c_t 被称为系统向量。系统矩阵 X_t，T_t，R_t，H_t，Q_t，G_t 可以依赖于一个未知参数的集合。状态空间模型的一个主要的任务就是估计这些参数。假定系统矩阵全为非随机矩阵，那么即使它们随时间的变化而改变，但都可以预先确定。对于任一时刻 t，把转移方程及其滞后方程依次代入，y_t 可以表示为当前的和过去的 μ_t、ε_t 及初始状态 α_0 的线性组合，即模型是线性的。

卡尔曼（Kalman，1960）滤波是在时刻 t 基于所有可得到的信息，计算状态向量的最理想的核心求解算法。在随机扰动项和初始状态向量服从正态分布的情况下，卡尔曼滤波能够通过预测误差分解计算似然函数，对模型中的所有未知参数进行估计，并且当新的观测值得到时，还可以连续地修正状态向量的估计。

三、数　据

经济发展水平数据一般用地区生产总值 GDP 表示，本书 GDP 数据和劳动力数据来自历年的中国统计年鉴，时间范围为 1978—2009 年，也就是改革开放以后的数据。单豪杰等（2008）采用永续盘存法对 1978—2006 年期间的资本存量进行了估算，本书采用该数据并继续计算至 2009 年。

关于信息资源水平的测度，改革开放迄今已经30余年，由于信息化的飞速发展，出现了大量的新生事物，比如20世纪90年代开始出现的互联网，有线电视及移动电话的大量普及，电子商务的发展等等。如果采用指标体系难以综合对30多年我国的信息资源水平加以测度，因此本节采用邮电业务额作为信息资源水平的替代变量，邮电业务额包括了函件、特快专递、报刊发行、固定电话、移动电话、互联网等内容，基本上综合反映了中国的信息资源水平。所有数据的描述统计量如表5-1所示。

表5-1 数据描述统计量

	Y（亿元）	K（亿元）	L（万人）	I（亿元）
均值	79191.42	41093.73	62608.88	4447.16
极大值	335353.00	154246.70	77995.00	27313.00
极小值	3645.20	5641.07	40152.00	34.09
标准差	91476.83	40423.00	12693.14	7378.77
n		32		

四、实证结果

（一）平稳性检验与协整——静态估计

采用Eviews6.0软件，对国内生产总值（Y）、资本存量（K）、劳动力（L）、信息资源（I）进行ADF单位根检验，结果如表5-2所示。经过2阶差分，发现4个变量已经没有单位根，是平稳时间序列。

表5-2 单位根检验

变量	ADF检验值	各显著性水平下的临界值			检验结果
		1%	5%	10%	
log（K）	2.543	-3.689	-2.972	-2.625	非平稳
log（L）	-2.316	-3.670	-2.964	-2.621	非平稳
log（I）	0.428	-3.679	-2.968	-2.623	非平稳
log（Y）	-0.286	-3.689	-2.972	-2.625	非平稳
△log（K）	-2.602	-3.689	-2.972	-2.625	非平稳
△log（L）	-4.904	-3.679	-2.968	-2.623	平稳***
△log（I）	-2.888	-3.679	-2.968	-2.623	平稳*
△log（Y）	-3.226	-3.711	-2.981	-2.629	平稳**
△²log（K）	-3.581	-3.689	-2.972	-2.625	平稳**
△²log（L）	-9.212	-3.689	-2.972	-2.625	平稳***
△²log（I）	-8.161	-3.689	-2.972	-2.625	平稳***
△²log（Y）	-3.429	-3.724	-2.986	-2.633	平稳**

注：*表示在10%的水平下统计检验显著；**表示在5%的水平下统计检验显著；***表示在1%的水平下统计检验显著。

下面进行 Johenson 协整检验，首先需要对最优滞后阶数进行确定，由于协整检验是对无约束的 VAR 模型施以向量协整约束后的 VAR 模型，因此协整检验的滞后阶数应该等于无约束的 VAR 模型的最优滞后阶数减 1。采用 SC 和 AIC 准则确定最佳滞后阶数为 2，因此协整检验滞后阶数选 1，同时允许模型有截距常数项，但不存在时间趋势。结果如表 5-3 所示，说明经济发展水平、资本、劳动力、信息资源 4 个变量之间至少存在 2 个协整关系。

表5-3 协整检验

假设的协整关系数	特征值	迹统计量	5%的临界值	概率
没有 e*	0.846	88.626	47.856	0.000
至多 1 个*	0.504	34.428	29.797	0.014
至多 2 个	0.347	14.068	15.495	0.081
至多 3 个	0.058	1.731	3.841	0.188

写成协整方程就是：

$$\log(Y) = -18.162 + 0.589(K) + 1.940\log(L) + 0.1941\log(I)$$
$$(-8.673^{***})(4.101^{***})(8.647^{***}) \quad (3.450^{***}) \quad R^2 = 0.996$$
$$(5-15)$$

回归结果发现，资本、劳动力、信息资源对经济增长的贡献都是显著的，在 1% 的水平上都通过了统计检验，R^2 很高，为 0.996，说明生产函数较好地解释了中国的经济增长。对残差继续进行单位根检验，发现其是平稳的，说明协整方程是可靠的。劳动力的弹性系数最高，每增加 1%，会带来经济增长 1.940%；资本的弹性系数次之，每增加 1%，经济增长 0.589%；信息资源弹性系数最低，每增加 1%，经济增长 0.194%。这是静态估计的结果，即回归系数是不变的。

（二）状态空间模型——动态估计

由于普通回归分析假设回归系数是固定的，这种假设在经济社会结构相对不变的情况下也许是可以的。改革开放以来，中国的经济和社会发生着巨大的变化，信息资源水平也提高很快，在这种情况下，如果假定回归系数不变，必然导致定量研究结果的偏误。因此，在平稳性检验的基础上建立如下状态空间模型方程：

$$\log(Y) = c(1) + sv1 \times \log(K) + sv2 \times \log(L) + sv3 \times \log(I) + \mu_t$$
$$sv1 = sv1(-1) + \varepsilon_{1,t}$$
$$sv2 = sv2(-1) + \varepsilon_{2,t}$$
$$sv3 = sv3(-1) + \varepsilon_{3,t}$$
$$(5-16)$$

154　信息资源与经济增长

采用 Eviews6.0 进行估计，资本、劳动力、信息资源的弹性系数 sv1、sv2 和 sv3 在 1% 的水平上通过了 Z 检验，sv1、sv2、sv3 终值分别为 0.589、1.940、0.194。sv1 的值在 -0.500—1.810 之间，sv2 的值在 1.256—2.462 之间，sv3 的值在 -0.786—1.299 之间，各年度回归系数值如表 5-4 所示。

表 5-4　变系数回归结果

时间	sv1	sv2	sv3	时间	sv1	sv2	sv3
1978	0.000	0.000	0.000	1994	0.925	1.714	0.036
1979	1.142	1.401	0.466	1995	0.803	1.783	0.124
1980	0.869	1.784	-0.015	1996	0.743	1.816	0.173
1981	-0.500	2.462	1.299	1997	0.724	1.824	0.192
1982	1.078	1.764	-0.464	1998	0.722	1.825	0.196
1983	0.984	1.813	-0.382	1999	0.727	1.823	0.189
1984	1.011	1.793	-0.389	2000	0.739	1.819	0.175
1985	1.355	1.562	-0.540	2001	0.764	1.805	0.158
1986	1.767	1.303	-0.776	2002	0.733	1.829	0.162
1987	1.785	1.292	-0.786	2003	0.693	1.861	0.169
1988	1.750	1.314	-0.765	2004	0.644	1.898	0.181
1989	1.810	1.256	-0.744	2005	0.612	1.923	0.189
1990	1.011	1.660	-0.010	2006	0.581	1.946	0.197
1991	1.287	1.509	-0.231	2007	0.558	1.963	0.204
1992	1.210	1.551	-0.172	2008	0.553	1.966	0.205
1993	1.075	1.628	-0.071	2009	0.578	1.948	0.197

图 5-1 可以更加清晰地反映资本、劳动力、信息资源的弹性系数变化规律。除了 1981 年资本的弹性系数出现短暂且较小的负数外，其他年度资本的弹性系数均为正，可以将其解释为异常点。劳动力的弹性系数一直为正，在 1985 年之前，劳动力的弹性系数超过资本的弹性系数，这可以解释为改革开放之初，由于制度的变革带来的劳动者积极性的提高。1985—1989 年期间，资本的弹性系数短暂超过劳动力的弹性系数，原因是在该阶段城市改革迅猛发展，资本作用开始显现。1990 年以后，资本的弹性系数又开始小于劳动力的弹性系数，并且，劳动力的弹性系数逐渐提高，资本的弹性系数逐渐降低，两者对经济增长贡献的差距开始逐渐拉大。我国的经济增长虽然是高投资的经济增长，但是由于科技进步总体水平较低，经济增长总体上属于低水平的扩张，劳动密集型产业较多，因此劳动力的弹性超过了资本的弹性。

信息资源除了1979、1981年短暂的正值外，1979—1993年期间都是负数，对经济增长起着负面的影响，那么为什么会出现这种情况呢？这和生产率悖论有关。早期我国信息化处于引进学习阶段，设备昂贵，软件缺乏，应用深度较低，缺乏使用经验，普遍出现信息化投入没有效益的情况，相应地，信息资源的开发利用也较低，跟不上经济发展的需要。后来随着互联网的产生，技术的成熟，电脑应用水平的提高，20世纪90年代以后这些情况得到了根本的改善，因此从1994年开始，信息资源才真正对经济增长产生了正面的影响。总体上，改革开放开始的10多年，信息资源对经济增长的贡献被高估了。

图5-1 投入要素弹性的动态变化

（三）脉冲响应函数与方差分解——互动关系模拟

由于时间序列是平稳的，因此可以建立向量自回归模型，最佳滞后阶数采取前文的方法确定为2。采用Eviews 6.0进行估计，模型的整体拟合度R^2为0.999，且所有单位根位于单位圆内，模型结构稳定，模型拟合效果较好。

由于VAR模型是一种非理论性的模型，它的系数难以解释，在分析VAR模型时，我们往往不分析一个变量的变化对另一个变量的影响，而是用脉冲响应函数分析随机扰动项一个标准差新息冲击对内生变量的影响。

图5-2为来自经济增长、资本、劳动力、信息资源的冲击对经济增长的影响。由于经济增长的惯性，冲击对自身的影响最为显著。除此之外，来自资本、劳动力、信息资源的冲击对经济增长的影响当期均为0，然后快速升高。来自资本的冲击对经济增长影响最大，并且在第3期达

到最大，然后快速衰减。来自劳动力的冲击对经济增长作用时间较长，并且持续升高，来自信息资源的冲击对经济增长的影响略小，到第 4 期达到最大，随后缓慢衰减。

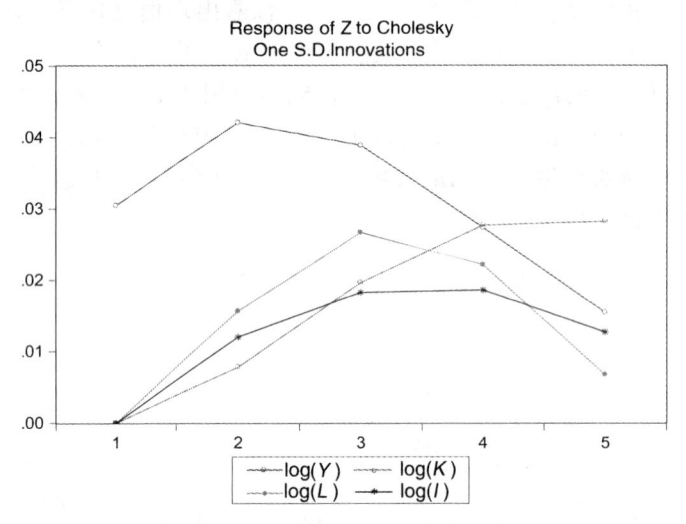

图 5-2　经济增长（Z）的脉冲响应函数

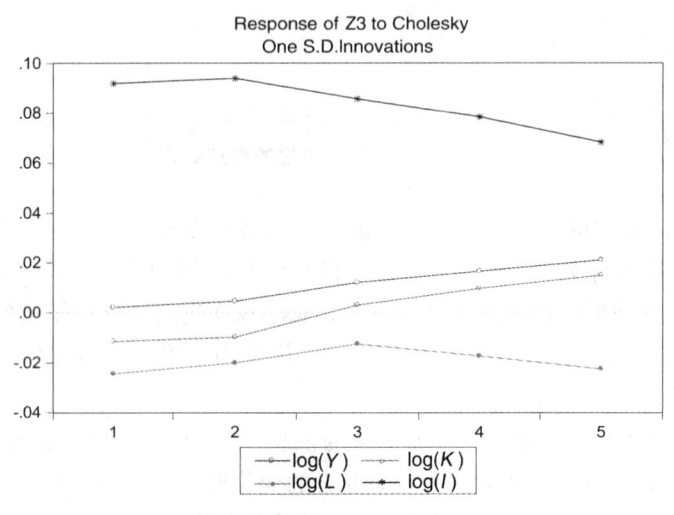

图 5-3　信息资源（Z3）的脉冲响应函数

图 5-3 是信息资源的脉冲响应函数。来自信息资源自身冲击的影响最大，当期就很高，在第 2 期达到最大，随后缓慢衰减。来自经济增长的冲击对信息资源的影响当期就发生作用，随后缓慢提高，总体比较平

稳，作用时间较长，说明经济增长对信息资源的作用是持久和长期的。来自劳动力的冲击初期对信息资源的影响为负，到第3期才变成正值并且缓慢增加，说明由于我国信息资源发展态势相对较好，劳动力的短期冲击对信息资源不构成需求，这也是由信息资源的共享性所决定的，但长期是有影响的，这也是由于不同劳动力个体对信息资源需求不一样所决定的。来自资本的冲击对信息资源的影响均为负值，说明资本投入中可能只有少量份额投入到信息资源基础设施中，所以对信息资源的影响极为有限。

表5-5 经济增长的方差分解

时期	log（Y）	log（K）	log（L）	log（I）
1	100.00	0.00	0.00	0.00
2	85.72	7.76	1.93	4.58
3	69.12	15.69	7.35	7.85
4	58.72	17.13	14.39	9.76
5	53.65	15.40	20.77	10.17

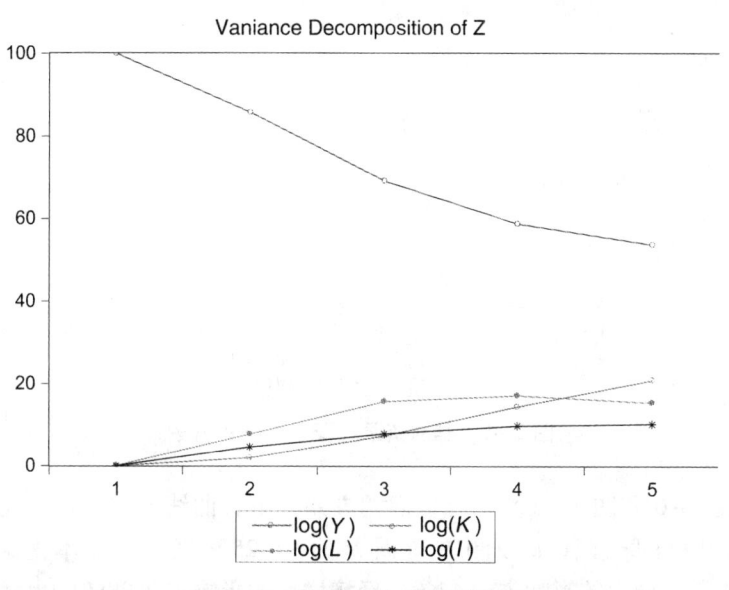

图5-4 GDP（Z）的方差分解

方差分解通过求解扰动项对向量自回归模型预测均方误差的贡献度，了解各类因素对某个变量的冲击作用。时间序列预测的误差方差是其自身扰动及系统扰动共同作用的结果。表5-5和图5-4是经济增长的方差分解，在第 1 期，经济增长的全部预测误差来自自身，随后缓慢下降，5 年后经济增长自身的影响占 53.65%，劳动力、资本、信息资源的影响分别为 20.77%、15.40%、10.17%。刚开始资本超过劳动力，后来劳动力超过资本，这和状态空间模型及脉冲响应函数的结果基本一致。

表 5-6 信息资源的方差分解

时期	log（Y）	log（K）	log（L）	log（I）
1	0.05	6.49	1.42	92.05
2	0.14	5.38	1.21	93.27
3	0.66	4.40	0.89	94.05
4	1.36	4.40	0.99	93.26
5	2.29	5.04	1.42	91.25

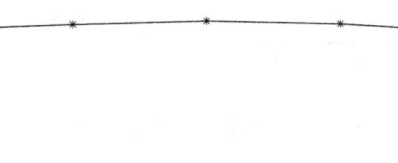

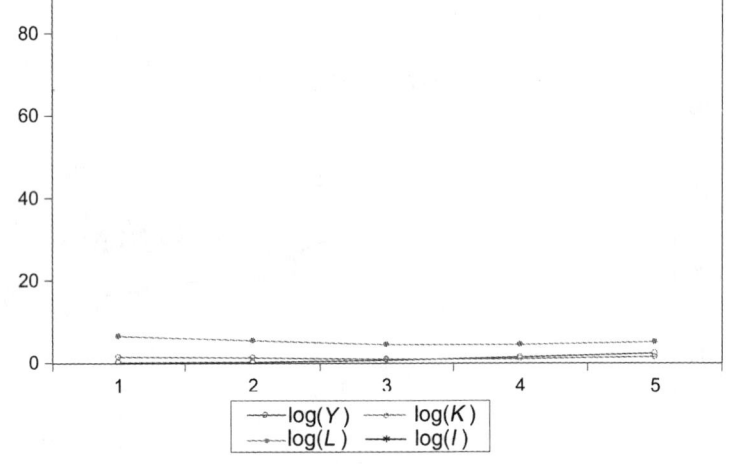

图 5-5 信息资源（Z3）的方差分解

表 5-6 和图 5-5 为信息资源的方差分解，曲线比较平行，在末期，信息资源自身解释了预测方差误差的 91.25% 以上，资本的影响占 5.04%，劳动力的影响占 1.42%，经济增长的影响占 2.29%。也就是说，信息资源和经济增长、劳动力、资本的动态互动关系低而稳定。

五、本节结论

由于改革开放以来我国经济社会结构的巨大变化，利用普通回归对信息资源对经济增长的贡献进行静态估计是有偏的。采用状态空间模型进行信息资源对经济增长的动态变系数估计以及脉冲响应函数和方差分解的研究结果表明，在改革开放初期的 10 多年当中，由于生产率悖论，信息资源对经济增长的贡献为负，随着信息技术的普及和发展，我国生产率悖论消失。信息资源对经济增长的贡献总体上小于劳动力和资本，而经济增长对信息资源的带动作用比较显著。信息资源对经济增长的贡献包括两个部分，首先信息资源通过改善传统产业、提高效率等来促进经济增长。其次信息资源的开发利用派生出一个新兴产业——信息产业，吸引了大量的从业人员，创造了巨大的财富。状态空间模型主要反映前者的贡献，而脉冲响应函数和方差分解则反映了两者的综合贡献。地位首先是作为一个产业存在的，其次才是对经济的带动作用，单纯信息资源对经济增长的贡献可能被高估了。

第二节　信息资源对经济增长的理想贡献

一、引　言

作为经济增长的投入要素，资本、劳动力、信息资源等的投入效率如何至关重要。在资源稀缺的情况下，如何节省有限的投入获取更大的产出是各个国家地区都重点关心的问题。自 Charnes 等（1978）提出规模报酬不变的 DEA 模型以来，DEA 已经发展成为非常庞大的效率测度的理论。DEA 不仅能计算出各决策单元的投入产出效率，而且能计算出各种投入要素的节约程度，即对某国家地区而言，存在理想的投入要素数量，从而使该国家或地区的效率最优。对中国而言，在维持现有经济规模下，假设没有效率损失，采用最合理的投入要素，那么信息资源对经济增长的贡献究竟如何？它的弹性系数动态变化有何规律？研究无效率损失下信息资源对经济增长的动态理想贡献，可以在改进投入产出效率的同时，对投入要素和产业结构进行调整，使经济增长良性发展，无疑具有重要的意义。

关于宏观信息资源效率问题的研究总体不多。俞立平（2008）利用信息资源基础设施指数和劳动力作为投入变量，邮电业务额作为信息资源产出替代变量，运用 DEA 方法结合 Malmquist 指数分析中国 2002—2005 年的信息资源生产效率。张晓瑞等（2007）研究了信息化背景下科技资源的配置效率，并提出了相关政策建议。何伟（2010）运用生产函数和岭回归测度了中国不同行业信息化贡献的弹性系数，并且认为弹性系数是一种效率测度。

迄今为止的研究，测度的都是信息化、信息资源对经济增长的实际贡献。那么，在无效率损失情况下，信息资源对经济增长的理想贡献究竟怎样？和有效率损失下信息资源的贡献有什么区别？

本节采用改革开放以来1978—2009年期间的相关数据，首先采用基于投入最小的可变规模DEA（Data Envelopment Analysis）模型测度经济增长的投入产出效率，并计算出理想的资本、劳动力、信息资源投入量，然后采用状态空间模型（State Space Model）分析信息资源对经济增长的理想动态弹性系数，并和信息资源对经济增长的实际贡献进行比较，从而客观反映信息资源与经济增长动态关系的全貌。

二、方法与数据

本节所用方法仍然是生产函数、状态空间模型、向量自回归模型等，这样更有利于比较信息资源的理想贡献与实际贡献。由于要计算资本、劳动力、信息资源的理想贡献，需要首先采用DEA计算投入要素的理想投入，下面重点介绍一下规模报酬可变的BCC模型。

规模报酬不变模型是Charnes，Cooper和Rhodes所提出的最基本DEA模型，因此也称为CCR模型。为了对决策单元的有效性进行较简单的判别，Charnes和Cooper引入了非阿基米德无穷小量的概念，以便用单纯形方法求解模型。用CCR模型进行效率测度时，必须假定各决策单元是位于最佳生产规模，否则所测的效率值中，就包含规模效应的影响，为此Banker等（1984）提出了可变规模报酬（BCC）模型。

在可变规模报酬的假设下，生产可能集 T_v 为：

$$T_v = \left\{ (X,Y): X \geqslant \sum_{i=1}^{n} \lambda_i X_i, Y \leqslant \sum_{i=1}^{n} \lambda_i Y_i, \sum_{i=1}^{n} \lambda_i = 1, \lambda_i \geqslant 0, 1 \leqslant i \leqslant n \right\} \quad (5-17)$$

在加入松弛变量 SA、SB 及摄动量 ε 后，建立在 T_v 上的纯技术效率模型为：

$$(D_\varepsilon^v) \begin{cases} \min \left[\theta_v - \varepsilon(e_1^T SA + e_2^T SB) \right] \\ s.t. \sum_{i=1}^{n} \lambda_i X_i + SA = \theta_c X_0 \\ \sum_{i=1}^{n} \lambda_i Y_i - SB = Y_0 \\ \sum_{i=1}^{n} \lambda_i = 1 \\ \lambda_i \geqslant 0, i = 0,1,2,\cdots,n. \ SA \geqslant 0, SB \geqslant 0 \end{cases} \quad (5-18)$$

当该问题的解为 θ_v^*，λ^*，SA^*，SB^* 时，有如下结论：

(1) 若 $\theta_v^* = 1$，且 $SA = SB = 0$，则决策单元有效。
(2) 若 $\theta_v^* = 1$，则决策单元弱有效，
(3) 若 $\theta_v^* < 1$，则决策单元非有效。

技术效率 θ_c、纯技术效率 θ_v 和规模效率 θ_s 的关系为：

$$\theta_c = \theta_v \times \theta_s \tag{5-19}$$

通过分别运行 CCR、BCC 的 DEA 模型得到 θ_c 和 θ_v，然后就可以推算 θ_s 的水平。当 $\theta_c = \theta_v$ 时，生产单元的规模效率为 1，即生产处于最佳规模；否则决策单元的规模效率有所损失。原因是规模过大和规模过小造成的。当 $\theta_s < 1$ 时，无法判定生产是处于规模报酬递增还是规模报酬递减阶段。为此 Tim（1996）提出了非增规模报酬 NIRS（Non-increase Returns to Scale）模型，即将 VRS 模型约束条件 $\sum_{i=1}^{n} \lambda_i = 1$ 改为 $\sum_{i=1}^{n} \lambda_i \leq 1$ 就变成 NIRS 模型。

当生产单元处于规模无效（$\theta_s < 1$）时，通过比较 θ_s 和 θ_n 就可判别生产所处的规模报酬阶段。当 $\theta_s = \theta_n$ 时，生产处于规模报酬递减阶段；当 $\theta_s \neq \theta_n$ 时，生产处于规模报酬递增阶段。

BCC 模型又可以进一步分为投入最小的 BCC 和产出最大的 BCC，在投入最小的 BCC 模型下（此时最佳产出就是实际产出），可以计算出各种投入要素的理想投入值，比如资本、劳动力、信息资源的最佳投入量。从而为进一步计算信息资源弹性的动态理想值做好数据准备。

本节所用数据与本章第一节所用数据相同，这样便于比较理想投入与实际投入下信息资源弹性的差异。

三、实证结果

（一）效率及最佳投入测度

利用 DEA 分析测度 1978—2009 年期间历年的效率，在此基础上计算出每年资本、劳动力、信息资源水平的最佳投入水平，进一步计算出可节约度（节约程度/实际投入），结果如图 5-6 所示。

在改革开放之初的 1978—1987 年，总体上技术效率不高，但是处于缓慢上升阶段。从 1988 年开始，中国经济的投入产出效率趋于平稳，期间除了 2000 年略低外，总体上处于较高水平，说明在中国现有的管理和技术条件下，经过了改革开放初期的适应阶段，技术效率总体较好。

同样，1978—1980 期间，资本、劳动力、信息资源的可节约程度也提高很快，其中劳动力的可节约程度最大，其次是资本，最后是信息资源。在 1978—2009 年期间，劳动力的平均节约率为 13.06%，资本的平

均节约率为 3.61%，信息资源的平均节约率为 1.75%。

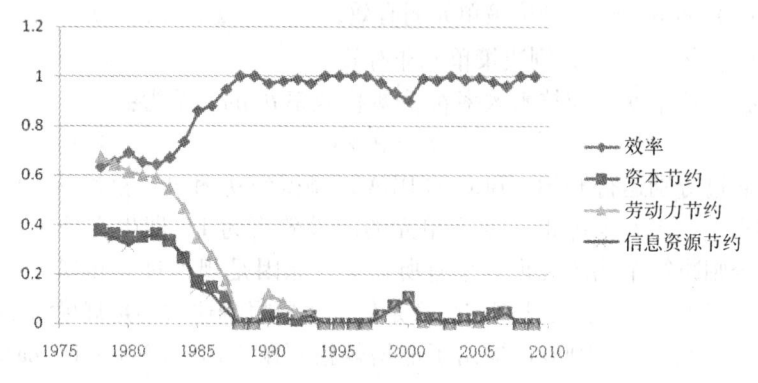

图 5-6　效率及投入要素的可节约程度

(二) 平稳性检验：实际投入和理想投入

资本、劳动力、信息资源与经济增长数据是典型的时间序列数据，若时间序列的均值或自协方差函数随时间而改变，则该序列就是非平稳时间序列。对非平稳的时间序列进行时间序列分析会产生"伪回归"问题，为使回归有意义，可对其进行平稳化，然后对差分序列进行回归。单位根检验就是一种检测时间序列是否平稳的方法，常用的单位根检验方法有 ADF 检验和 PP 检验。只有平稳时间序列才能进行回归，时间序列的平稳性检验是状态空间模型应用的前提条件。

采用 Eviews6.0 软件，对国内生产总值（Y）、资本存量理想投入（K）、劳动力理想投入（L）、信息资源理想投入（I）进行 ADF 单位根检验，结果如表 2 所示。经过 2 阶差分，发现 4 个变量已经没有单位根，是平稳时间序列。当然实际投入也必须进行单位根检验，见表 5-7。

表 5-7　理想投入产出的单位根检验

变量	ADF 检验值	各显著性水平下的临界值			检验结果
		1%	5%	10%	
$\log(K)$	0.104	-3.662	-2.960	-2.619	非平稳
$\log(L)$	-4.533	-3.670	-2.964	-2.621	平稳**
$\log(I)$	0.125	-3.670	-2.964	-2.621	非平稳
$\log(Y)$	-0.681	-3.679	-2.968	-2.623	非平稳
$\Delta\log(K)$	-3.655	-3.670	-2.964	-2.621	平稳**
$\Delta\log(L)$	-1.299	-3.689	-2.972	-2.625	非平稳
$\Delta\log(I)$	-2.609	-3.670	-2.964	-2.621	非平稳

续表

变量	ADF 检验值	各显著性水平下的临界值			检验结果
		1%	5%	10%	
$\triangle \log(Y)$	-3.226	-3.711	-2.981	-2.629	平稳**
$\triangle^2 \log(K)$	-6.319	-3.679	-2.968	-2.623	平稳***
$\triangle^2 \log(L)$	-5.634	-3.689	-2.972	-2.625	平稳***
$\triangle^2 \log(I)$	-7.605	-3.679	-2.968	-2.623	平稳***
$\triangle^2 \log(Y)$	-4.633	-3.689	-2.972	-2.625	平稳***

注：*表示在10%的水平下统计检验显著；**表示在5%的水平下统计检验显著；***表示在1%的水平下统计检验显著。

（三）状态空间模型——动态估计

由于普通回归分析假设回归系数是固定的，这种假设在经济社会结构相对不变的情况下也许是可以的。改革开放以来，中国的经济和社会发生着巨大的变化，信息资源水平也提高很快，在这种情况下，如果假定回归系数不变，必然导致结果的偏误。因此，在平稳性检验的基础上建立如下状态空间模型方程：

$$\log(Y) = c(1) + sv1 \times \log(K) + sv2 \times \log(L) + sv3 \times \log(I) + \mu_t$$
$$sv1 = sv1(-1) + \varepsilon_{1,t}$$
$$sv2 = sv2(-1) + \varepsilon_{2,t} \quad (5-20)$$
$$sv3 = sv3(-1) + \varepsilon_{3,t}$$

采用 Eviews6.0 进行估计，首先对实际投入产出数据进行估计。资本、劳动力、信息资源的弹性系数 sv1、sv2 和 sv3 在 1% 的水平上通过了 Z 检验。sv1、sv2、sv3 终值分别为 0.589、1.940、0.194。sv1 的值在 -0.50—1.81 之间，sv2 的值在 1.26—2.46 之间，sv3 的值在 -0.79—1.30 之间。

然后对 DEA 计算的理想投入产出数据进行估计，资本的弹性系数 sv1 在 5% 的水平上通过了 Z 检验，劳动力、信息资源的弹性系数 sv2 和 sv3 在 1% 的水平上通过了 Z 检验。sv1、sv2、sv3 终值分别为 0.155、0.416、0.436。sv1 的值在 -0.79—1.30 之间，sv2 的值在 -0.65—0.68 之间，sv3 的值在 0.12—0.52 之间。实际数据和理想数据资本、劳动力、信息资源的动态弹性系数如表 5-8 所示。从平均值看，理想投入下资本的平均弹性系数（0.614）要低于实际投入下资本的弹性系数（0.927），理想投入下劳动力的平均弹性系数（0.053）要远远低于实际投入下劳动力的弹性系数（1.737），理想投入下信息资源的平均弹性系数（0.336）要高于实际投入下信息资源的弹性系数（-0.027）。

表 5-8　实际投入与理想投入的弹性系数

	资本弹性系数 sv1		劳动力弹性系数 sv2		信息资源弹性系数 sv3	
	实际值	理想值	实际值	理想值	实际值	理想值
1979	1.142	0.323	1.401	0.375	0.467	0.121
1980	0.869	0.315	1.784	0.295	-0.016	0.390
1981	-0.501	0.317	2.463	0.293	1.299	0.390
1982	1.078	1.177	1.764	-0.390	-0.464	0.213
1983	0.984	1.122	1.813	-0.346	-0.382	0.224
1984	1.011	1.116	1.793	-0.342	-0.389	0.225
1985	1.355	1.120	1.562	-0.345	-0.540	0.224
1986	1.767	1.136	1.304	-0.357	-0.776	0.221
1987	1.785	1.138	1.293	-0.359	-0.786	0.221
1988	1.750	1.139	1.314	-0.360	-0.765	0.221
1989	1.810	1.139	1.256	-0.360	-0.744	0.221
1990	1.011	1.488	1.660	-0.635	-0.010	0.145
1991	1.287	0.891	1.509	-0.161	-0.231	0.267
1992	1.210	0.705	1.552	-0.013	-0.172	0.304
1993	1.075	0.519	1.628	0.134	-0.071	0.344
1994	0.925	0.697	1.714	-0.016	0.036	0.330
1995	0.803	1.483	1.783	-0.655	0.124	0.208
1996	0.742	1.423	1.816	-0.606	0.173	0.218
1997	0.724	1.078	1.824	-0.329	0.192	0.279
1998	0.721	0.739	1.825	-0.056	0.196	0.341
1999	0.726	0.430	1.824	0.191	0.189	0.399
2000	0.738	0.197	1.819	0.377	0.175	0.444
2001	0.763	0.033	1.805	0.508	0.158	0.475
2002	0.733	-0.092	1.829	0.606	0.162	0.501
2003	0.693	-0.160	1.861	0.660	0.169	0.517
2004	0.644	-0.180	1.898	0.676	0.181	0.521
2005	0.611	-0.164	1.923	0.663	0.189	0.518
2006	0.581	-0.125	1.946	0.633	0.197	0.508
2007	0.558	-0.064	1.963	0.586	0.204	0.493
2008	0.553	0.014	1.967	0.525	0.205	0.474
2009	0.578	0.089	1.948	0.467	0.197	0.454
平均值	0.927	0.614	1.737	0.053	-0.027	0.336

图 5-7 是实际资本投入与理想资本投入的弹性系数比较。在 1979—1998 年期间，两者的弹性系数互相交错，总体贡献较大，之后理想资本投入的弹性系数急剧减小，远远小于实际资本投入的弹性系数，甚至在 2002—2007 年期间出现负值，随后又转为正值。尤其是最近 10 年，理想资本的弹性系数很小。也就是说，在资本投入没有浪费的情况下，资本对经济增长的贡献急剧减弱，说明我国以投资拉动经济增长是有限度的。

之所以会出现资本投入对经济增长贡献显著的情况，是由于普通回归导致的偏差以及没有考虑理想资本投入引起的。

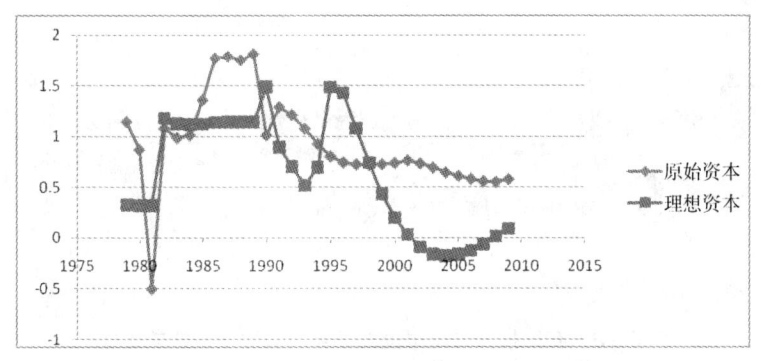

图 5-7 实际投入与理想投入的弹性系数比较

图 5-8 是实际劳动力投入与理想劳动力投入的弹性系数比较。非常明显，理想投入下的劳动力弹性系数要远远低于实际投入劳动力的弹性系数，1982—1998 年期间，理想劳动力的弹性系数基本都是负数。从 1999 年开始，理想劳动力投入的弹性系数才开始转为正值，其平均值为 0.536。

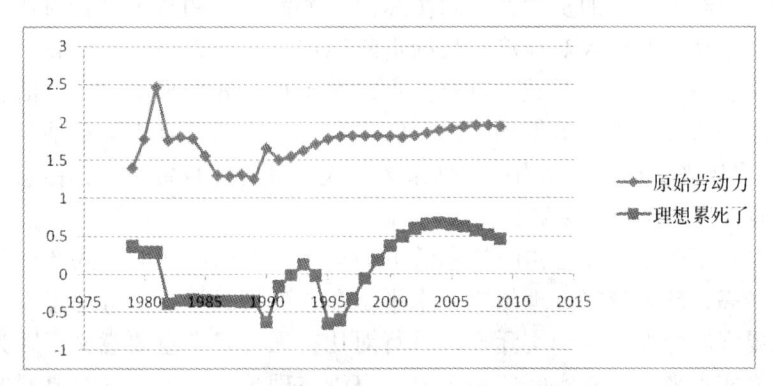

图 5-8 实际投入与理想投入劳动力弹性系数比较

图 5-9 是实际信息资源投入与理想信息资源投入的弹性系数比较，理想信息资源的弹性系数总体上高于实际信息资源投入的弹性系数，而且曲线比较稳定。1980—1993 年期间，实际信息资源的弹性系数基本为负数，这就是典型的生产率悖论。早期我国信息资源处于引进学习阶段，设备昂贵，软件缺乏，应用深度较低，缺乏使用经验，普遍出现信息资源投入没有效益的情况。后来随着互联网的产生，技术的成熟，电脑应用水平的提高，20 世纪 90 年代以后这些情况得到了根本的改善，因此从

1994年开始，信息资源才真正对经济增长产生了正面的影响。

图 5-9　实际投入与理想投入下劳动力弹性系数的比较

四、本节结论

由于改革开放以来我国社会经济结构的巨大变化，利用普通回归对信息资源对经济增长的贡献进行静态估计是有偏的。在效率分析的基础上，得到投入要素的理想投入，然后采用状态空间模型分析信息资源理想投入对经济增长的贡献，并和实际信息资源投入的贡献进行对比，发现理想信息资源投入对经济增长的贡献稳定有效，其弹性系数高于实际信息资源投入的弹性系数，也就是说，由于存在效率损失，导致信息资源对经济增长的贡献被低估了。而资本和劳动力的贡献则被高估了。最近10多年来，理想劳动力的弹性系数最大，理想信息资源的弹性系数次之，理想资本的弹性系数最低。

经过了改革开放之初的效率低下的波动，中国经济的投入产出效率总体较高，越来越接近理想投入水平。在这种情况下，分析理想投入下不同要素的弹性，并和实际投入进行对比，无疑具有重要意义，因为这接近真实水平，具有实际应用价值。由于在理想投入下，资本要素的贡献极低，因此继续靠大规模投资拉动经济增长是需要重新审视的。

本节重点研究的是信息资源通过提高生产效率，促进资源优化配置，进而对经济增长的贡献，不包括信息资源带来的信息产业对经济增长的贡献。如果两者结合考虑，那么信息资源的贡献无疑更大。

本章小结

　　信息资源对经济增长的贡献被高估了。由于生产率悖论，改革开放初期信息资源对经济增长的贡献为负，信息资源对经济增长的贡献被高估了。随着信息技术的普及和发展，我国生产率悖论消失。信息资源对经济增长的贡献总体上小于劳动力和资本，而经济增长对信息资源的带动作用比较显著。总体上，其他学者对信息资源的贡献高估了。

　　信息资源的理想贡献大于实际贡献。在信息资源利用效率没有损失的情况下，理想信息资源投入对经济增长的贡献比较稳定，其弹性系数高于实际信息资源投入的弹性系数。而资本和劳动力的理想贡献要小于实际贡献。最近10多年来，理想劳动力的弹性系数最大，理想信息资源的弹性系数次之，理想资本的弹性系数最低。

第六章 区域信息资源与经济增长

第5章分析了改革开放以来中国宏观信息资源与经济增长之间的关系，本章利用面板数据和生产函数研究近几年来地区信息资源与经济增长的关系，分析地区信息资源差距对经济增长的影响，并且研究地区投入要素的差距与经济发展的关系。

第一节 区域信息资源与经济增长关系的实证

一、引 言

长期以来，人们更加重视信息化与经济增长关系的研究，信息化无疑能够提高信息资源水平，对经济增长具有重要的推动作用，信息化所形成的信息产业自身也是国民经济的重要组成部分之一。然而，信息化与信息资源对经济增长的作用机制是不同的，信息化对经济增长的促进作用包括信息产业的发展，就业人员的增加，当然也包括信息资源建设的贡献等诸多方面。在信息化高度发达的今天，信息化发达并不意味着信息资源发达，一旦信息化的发展达到一定的阈值，信息化水平的进一步提高并不意味着信息资源的等比例提高，因为人们需要的信息是有限的，处理信息的水平也是有限的。正如生产能力并不代表产量一样，一辆汽车制造厂年生产能力假如是 100 万辆，但实际只生产销售了 70 万辆，如果研究汽车对交通和环境造成的影响，应该用生产销售的 70 万辆来进行研究，用生产能力 100 万辆来进行研究没有意义。

正因为如此，研究信息资源与经济增长的关系更加本源和基础，也具有更加重要的意义，可以了解我国信息资源与经济增长互动关系的现状，从基础层面分析信息资源对经济增长的贡献，从而有利于政府加强信息资源管理，优化信息资源配置，缩小地区经济发展差距。

从现有的研究看，关于信息化、信息产业与经济增长关系的理论研究与实证研究均比较丰富。但关于信息资源与经济增长关系的研究相对较少。从研究方法看，涉及普通回归、岭回归、面板数据、向量自回归模型、灰色理论、格兰杰因果检验等。总体上，还存在以下问题：

第一，现有的研究往往侧重研究信息化、信息产业、信息资源等对经济增长单方向的贡献，然而信息资源与经济增长的关系是双向的，经济增长的发展也会促进信息资源的发展。

第二，从研究方法看，由于资本、劳动力、信息资源变量之间往往存在高度相关，容易产生多重共线性问题，因此采用普通回归法容易产生偏误。采用面板数据虽然可以大大改进这个问题，但现有方法与模型都不能很好地研究信息资源与经济增长之间的互动关系。此外，由于时间序列数据和面板数据都存在平稳性问题，很多研究并没有进行数据平稳性检验，容易产生伪回归问题。

第三，随着互联网在我国的快速普及，网络背景下信息资源与经济增长的关系呈现出新的特点，而现有的研究对这方面研究不足。

本节基于省际面板数据，利用格兰杰因果检验、面板数据、面板向量自回归模型全面研究信息资源与经济增长之间的互动关系，从而对21世纪以来，互联网背景下信息资源与经济增长之间的关系有一个全面的了解。

二、研究框架与方法

（一）研究框架

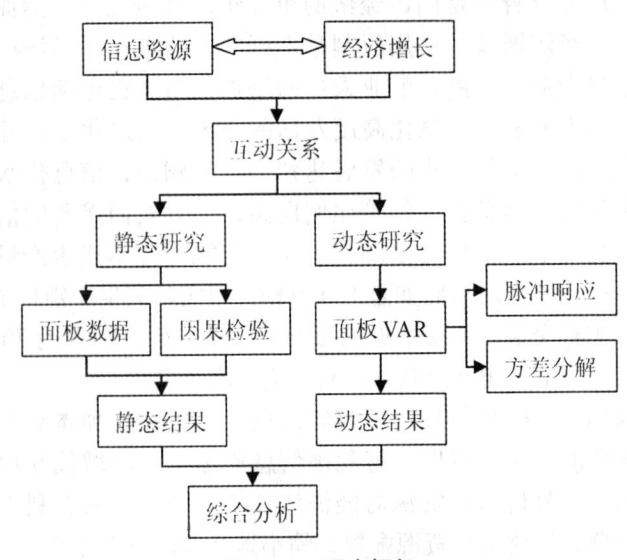

图6-1 研究框架

本文的研究框架如图 6-1 所示，研究信息资源与经济增长的关系主要包括静态研究与动态研究，静态研究采用面板数据进行估计，主要分析信息资源对经济增长贡献的弹性系数；采用格兰杰因果检验分析信息资源与经济增长之间的因果关系。

动态研究采用面板向量自回归模型研究信息资源与经济增长的互动关系，涉及面板单位根检验、面板协整、面板向量自回归模型、脉冲响应函数、方差分解，从而了解两者关系的全貌。

(二) 面板数据简介

面板数据 (Panel Data) 也称时间序列截面数据 (Time Series and Cross Section Data) 或混合数据 (Pool Data)。面板数据最早是 Mundlak (1961) 引入到经济计量中，也被翻译为"平行数据"、"嵌入数据"、"综列数据"，指在时间序列上取多个截面，在这些截面上同时选取样本观测值所构成的样本数据。面板数据示意图见图 6-2。面板数据从横截面 (Cross Section) 上看，是由若干个体 (Entity Unit Individual) 在某一时刻构成的截面观测值，从纵剖面 (Longitudinal Section) 上看是一个时间序列。

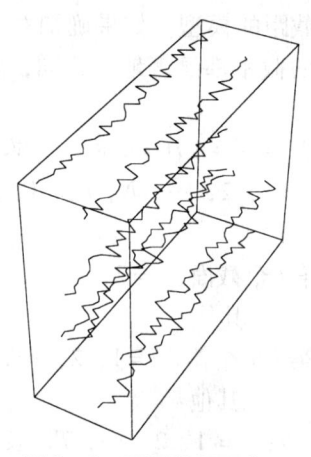

图 6-2　面板数据示意图

对于面板数据 Y_{it}, $i = 1, 2, \cdots, N$; $t = 1, 2, \cdots, T$ 来说，如果从横截面上看，每个变量都有观测值，从纵剖面上看，每一期都有观测值，则称此面板数据为平衡面板数据 (Balanced Panel Data)。若在面板数据中丢失若干个观测值，则称此面板数据为非平衡面板数据 (Unbalanced Panel Data)。

单方程面板数据模型的一般形式为：

$$y_{it} = a_i + x_{it}\beta_i + \mu_{it} \quad = 1, \cdots, n, \quad t = 1, \cdots, T \qquad (6-1)$$

其中 X_{it} 为 $1 \times K$ 向量，β_i 为 $K \times 1$ 向量，K 为解释变量的数目。该模型常用的有以下三种情形：

情况一：$\alpha_i = \alpha_j$，$\beta_i = \beta_j$
情况二：$\alpha_i \neq \alpha_j$，$\beta_i = \beta_j$
情况三：$\alpha_i \neq \alpha_j$，$\beta_i \neq \beta_j$

对于第一种情况，在横截面上无个体影响、无结构变化，则普通最小二乘估计给出了 α 和 β 的一致有效估计。相当于将多个时期的截面数据放在一起作为样本数据。对于第二种情况，称为变截距模型，在界面上个体影响不同，个体影响表现为模型中被忽略的反映个体差异的变量的影响，可分为固定影响和随机影响。对于第三种情况，称为变系数模型，除了存在个体影响外，在横截面上还存在变化的结构，因而结构参数在不同的横截面单位上是不同的。典型的面板数据模型是截面单位较多而时期较少的数据。

（三）混合估计与时刻个体固定效应模型的检验

时刻个体固定效应模型就是对于不同的截面（时刻点）、不同的时间序列（个体）都有不同截距的模型。如果确知对于不同的截面、不同的时间序列（个体）模型的截距都显著地不相同，那么应该建立时刻个体效应模型，表示如下：

$$Y_{it} = \beta_1 X_{it} + \alpha_1 D_1 + \alpha_2 D_2 + \cdots + \alpha_t D_t + \gamma_1 W_1 + \gamma_2 W_2 + \cdots \gamma_n W_n + \varepsilon_{it} \qquad (6-2)$$
$$i = 1, 2, \cdots, N, \quad t = 1, 2, \cdots, T$$

其中虚拟变量

$$D_t = \begin{cases} 1, & \text{如果属于第 } t \text{ 个截面}, t = 2, \cdots, T \\ 0, & \text{其他} \end{cases} \text{（注意不是从 1 开始）}$$

$$W_i = \begin{cases} 1, & \text{如果属于第 } i \text{ 个个体}, i = 1, 2, \cdots, N \\ 0, & \text{其他} \end{cases} \text{（注意是从 1 开始）}$$

ε_{it}，$i = 1, 2, \cdots, N; t = 1, 2, \cdots, T$，表示随机误差项。$y_{it}$，$x_{it}$，$(i = 1, 2, \cdots, N; t = 1, 2, \cdots, T)$ 分别表示被解释变量和解释变量。

相对于混合估计模型来说，是否有必要建立时刻个体固定效应模型可以通过 F 检验来完成。

H_0：对于不同横截面，不同序列，模型截距项都相同（建立混合估计模型）。

H_1：不同横截面，不同序列，模型截距项各不相同（建立时刻个体固定效应模型）。

F 统计量定义为：

$$F = \frac{(SSE_r - SSE_u)/[(NT-2)-(NT-N-T)]}{SSE_u/(NT-N-T)}$$

$$= \frac{(SSE_r - SSE_u)/(N+T-2)}{SSE_u/(NT-N-T)} \quad (6-3)$$

其中 SSE_r，SSE_u 分别表示约束模型（混合估计模型的）和非约束模型（时刻个体固定效应模型的）的残差平方和。非约束模型比约束模型多了 $N+T$ 个被估参数。

（四）固定效应模型

在面板数据中，如果对于不同的截面或不同的时间序列，模型的截距是不同的，则可以采用在模型中加虚拟变量的方法估计回归参数，此时模型为固定效应模型。

固定效应（FE，Fixed Effect）模型：$y_i = \alpha_i + X_i\beta + \mu_i$，$i=1,\cdots,n$，也可以写为：

$$\begin{pmatrix} y_1 \\ y_2 \\ \vdots \\ y_n \end{pmatrix} = \begin{pmatrix} i & 0 & \cdots & 0 \\ 0 & i & \cdots & 0 \\ & & \vdots & \\ 0 & 0 & \cdots & i \end{pmatrix} \begin{pmatrix} \alpha_1 \\ \alpha_2 \\ \vdots \\ \alpha_n \end{pmatrix} + \begin{pmatrix} X_1 \\ X_2 \\ \vdots \\ X_n \end{pmatrix}\beta + \begin{pmatrix} \mu_1 \\ \mu_2 \\ \vdots \\ \mu_n \end{pmatrix}$$

或者

$$y = \begin{bmatrix} d_1 & d_2 & \cdots & d_n & X \end{bmatrix} \begin{bmatrix} \alpha \\ \beta \end{bmatrix} + u \quad (6-4)$$

（五）随机效应模型

在固定效应模型中采用虚拟变量的原因是用于解释被解释变量的信息不够完整。也可以通过对误差项的分解来描述这种信息的缺失，此时模型称为随机效应模型。

$$y_{it} = \alpha + \beta_i x_{it} + \varepsilon_{it} \quad (6-5)$$

其中误差项在时间上和截面上都是相关的，用3个分量表示如下：

$$\varepsilon_{it} = u_i + v_t + w_{it} \quad (6-6)$$

其中 $u_i \sim N(0, \sigma_u^2)$ 表示截面随机误差分量；$v_t \sim N(0, \sigma_v^2)$ 表示时间随机误差分量；$w_{it} \sim N(0, \sigma_w^2)$ 表示混合随机误差分量。同时还假定 u_i，v_t，w_{it} 之间互不相关，各自分别不存在时间自相关、截面自相关和混合自相关。

随机效应模型和固定效应模型比较，相当于把固定效应模型中的截距项看成两个随机变量。一个是截面随机误差项（u_i），一个是时间随机误差项（v_t）。如果这两个随机误差项都服从正态分布，对模型估计时就能够节省自由度,因为此条件下只需要估计两个随机误差项的均值和方差,可以对随机效应模型进行广义最小二乘估计。

(六) Hausman 检验

Hausman 检验的零假设为 H_0: $\text{Cov}(x_{it}, \alpha_i) = 0$,即 α_i 与 X 不相关,在该假设不能被拒绝时,随机效应(RE)是一致有效的估计方法,而固定效应(FE)是一致但非有效的。反之,该假设被拒绝时,固定效应(FE)是一致有效的,而随机效应(RE)是非一致的。

因此,在该零假设下,$\hat{\beta}_{FE}$ 与 $\hat{\beta}_{RE}$ 之间应当不存在系统性差异,即该零假设可以修正为 H_0: $(\hat{\beta}_{FE} - \hat{\beta}_{RE}) = 0$。

该方差为:
$$\text{var}(\hat{\beta}_{FE} - \hat{\beta}_{RE}) = \text{var}(\hat{\beta}_{FE}) + \text{var}(\hat{\beta}_{RE}) - \text{cov}(\hat{\beta}_{FE}, \hat{\beta}_{RE}) - \text{cov}(\hat{\beta}_{FE}, \hat{\beta}_{RE})' \quad (6-7)$$

再根据 Hausman (1978)
$$\text{cov}[(\hat{\beta}_{FE}, \hat{\beta}_{RE}), \hat{\beta}_{RE}] = \text{cov}(\hat{\beta}_{FE}, \hat{\beta}_{RE}) - \text{var}(\hat{\beta}_{FE}) = 0$$

即
$$\text{cov}(\hat{\beta}_{FE}, \hat{\beta}_{RE}) = \text{var}(\hat{\beta}_{FE})$$

将上式代入方程(6-7),可得:
$$\text{var}(\hat{\beta}_{FE} - \hat{\beta}_{RE}) = \text{var}(\hat{\beta}_{FE}) - \text{var}(\hat{\beta}_{RE}) = S \quad (6-8)$$

Hausman 统计量即为
$$HT = (\hat{\beta}_{FE} - \hat{\beta}_{RE})' \hat{S}^{-1} (\hat{\beta}_{FE} - \hat{\beta}_{RE}) \sim \chi_K^2 \quad (6-9)$$

(七) 面板向量自回归模型

面板向量自回归模型(Panel VAR 模型)最早由 Holtz-Eakin 等(1988)提出,并由 Lütkepohl(2005)、Love 等(2006)不断发展,目前已经成为一种较为成熟的面板分析工具。

由于 VAR 回避了结构模型设定,在经济学理论不足以指出变量之间的动态关系、估计模型及做外推可能遇到内生解释变量问题时,VAR 模型便大有用武之地。然而,随着模型中变量数的增加,VAR 模型中待估参数也会成倍增加,因此只有在具有较大样本观测值时才能有效地估计模型参数。在这种情况下,引入面板数据就具有很大优势,可以获得更多样本观测值。因此,PVAR 作为面板数据与 VAR 的结合,在相关问题的分析中得到了广泛应用。

面板 VAR 方法能够分解出资本、劳动力、信息资源和经济增长各个变量的冲击对某个变量的影响,该模型综合了面板分析和 VAR 模型的优点,既能够控制不可观测的个体异质性(包括个体效应和时间效应),也可以分析面对冲击时经济的动态反应,从而可以得到排除其他因素干扰的影响因子,即只有一个变量冲击对另一个变量的冲击反应。PVAR 为我们提供了一个相当灵活的分析框架。首先,沿袭 VAR 的优点,不再需要区分内生变量和外生变量,而是把所有变量均视作内生,从而避免了变量的内生性和外生性的争论,可以真实反映出各变量之间的互动关系;正交化脉冲响应函数能够分离出一个内生变量的冲击给其他内生变量所带来的影响,因此可以用来分析一个变量对其他变量的影响程度。其次,个体效应允许了不可观察的个体差异,时间效应则捕捉到个体在横截面上可能受到的共同冲击。

PVAR 继承了 VAR 的许多优点,不同的是在 PVAR 中,只要 $T \geq m + 3$(T 为时间序列的长度,m 为滞后期)便可以对方程的参数进行估计。而且当 $T \geq 2m + 2$ 时,便可在稳态下估计滞后项的参数。

三、变量与数据

经济增长、资本和劳动力变量的选取并没有争议,一般采用 GDP、资本存量和劳动力流量表示。由于没有现成的资本存量数据,单豪杰等(2008)采用永续盘存法对 1978—2006 年期间的资本存量进行了估算,本文采用该方法估算省际资本存量数据。劳动力数据采用分省的就业人员数据。

关于信息资源变量的选取,目前基本有两种方法,一种是采用指标体系对信息资源进行测度,一种是采用其他替代变量。由于本文基于面板数据进行研究,如果采用指标体系测度信息资源,必然需要指标体系的面板数据,这往往难以做到,一旦某个重要指标数据不全,会影响整个模型结果。此外,很多采用指标体系测度信息资源的指标往往是信息基础设施、信息人员等,其实测度的往往是信息化,并不是信息资源本身。本文采用邮电业务额作为信息资源的替代变量来进行研究,原因如下:

第一,邮电业务额反映了信息资源的传播的量,是真正的信息产出。它包括了函件、特快专递、报刊发行、固定电话、移动电话、互联网等内容。目前尚没有哪个变量像邮电业务额这样比较全面地反映信息传播水平。

第二,邮电业务额较好地体现了不同信息传播手段之间的互相替代,最大幅度减少了信息重叠问题。简单用电话、网络、报刊指标相加,必然会导致重复计算,而一般单位和居民作为理性人不会重复花钱用于信息消费。

本文重点研究网络背景下信息资源与经济增长之间的互动关系,考虑到 20 世纪 90 年代中期互联网才传入我国,大规模普及是进入 21 世纪的事情,因此本文数据选取 2002—2010 年期间的中国统计年鉴,实际为 2001—

2009 年大陆 31 个省区市的数据,所有数据的描述统计量如表 6-1 所示。

需要说明的是,由于微观信息资源难以计量,加上其他数据难以获得,因此基于微观层面研究信息资源与产出的关系较为困难,相对而言,从宏观视角进行研究比较成熟。

表 6-1 数据描述统计量

	经济增长 Y(亿元)	资本存量 K(亿元)	劳动力 L(万人)	信息资源 I(亿元)
均值	6926.13	3573.53	2204.25	446.99
极大值	39482.56	19757.71	5948.80	4149.11
极小值	146.04	76.81	125.00	6.80
标准差	6790.20	3837.52	1525.30	520.89
n		$31 \times 9 = 279$		

四、实证结果

(一) 面板数据的平稳性检验

面板数据是包含截面数据与时间序列数据的混合数据,对时间序列数据而言,如果数据不平稳,会导致伪回归问题,因此对于面板数据也要进行平稳性检验。常见的面板数据单位根检验方法有 Levin 检验、ADF 检验、PP 检验等,由于检验原理不同,这 3 种方法检验结果不尽相同,本文采用这 3 种方法同时进行检验,以 3 种方法结果一致为准。经过 1 阶差分,所有变量都是平稳的,结果如表 6-2 所示。

表 6-2 面板数据单位根检验

变量	Levin 检验值	ADF 检验值	PP 检验值	结果
$\log(Y)$	0.72	20.918	18.803	不平稳
$\log(K)$	4.575	40.104	37.018	不平稳
$\log(L)$	3.199	44.349	54.120	不平稳
$\log(I)$	-7.515***	45.531	129.186***	不平稳
$\Delta\log(Y)$	-11.671***	117.767***	142.242***	平稳
$\Delta\log(K)$	-11.871***	91.003***	92.249***	平稳
$\Delta\log(L)$	-12.414***	129.795***	172.672***	平稳
$\Delta\log(I)$	-9.259***	104.690***	148.493***	平稳

注:*** 表示在 1% 的水平下统计检验显著。

(二) 面板数据格兰杰因果检验

为了检验信息资源与经济增长之间从数据上是否存在因果关系,采用格兰杰因果检验进行检验。根据经验估计,考虑到信息资源与经济增长之间发挥作用的滞后期一般以 1—4 期为主,因此选择 1—4 期滞后进行格兰杰因果检验,结果如表 6-3 所示。信息资源与经济增长之间存在明显的因果关系,在滞后 1—4 期的情况下,信息资源是经济增长的格兰杰原因,经济增长也是信息资源的格兰杰原因。

表6-3 格兰杰因果检验结果

滞后期	检验与结论	F 检验	概率	结论
1 年	信息化不是经济增长的原因	4.861	0.028	拒绝**
1 年	经济增长不是信息化的原因	8.234	0.005	拒绝***
2 年	信息化不是经济增长的原因	4.332	0.014	拒绝**
2 年	经济增长不是信息化的原因	4.734	0.009	拒绝***
3 年	信息化不是经济增长的原因	2.763	0.044	拒绝**
3 年	经济增长不是信息化的原因	12.114	0.000	拒绝***
4 年	信息化不是经济增长的原因	2.227	0.069	拒绝*
4 年	经济增长不是信息化的原因	9.361	0.000	拒绝***

注:*表示在 10% 的水平下统计检验显著;**表示在 5% 的水平下统计检验显著;***表示在 1% 的水平下统计检验显著。

(三) 面板数据估计

下面采用面板数据回归分析信息资源对经济增长的贡献,首先采用 F 检验分析是采用混合回归还是面板数据,结果发现应该采用面板数据模型。然后进行 Hauseman 检验,其检验值为 35.634,相伴概率为 0.000,拒绝随机效应模型的原假设,应该采用固定效应进行回归分析。为了减少截面数据的异方差,采用截面加权,结果如表 6-4 所示,为了比较,表 6-4 中同时还给出了混合回归的结果。

无论是混合回归还是固定效应,所有变量都通过了统计检验,R^2 均很高,在 0.95 以上,说明资本、劳动力、信息资源对经济增长具有很高的解释度。从固定效应回归结果看:资本每增加 1%,经济增长 0.471%;劳动力每增加 1%,会导致经济增长 0.371%;信息资源每增加 1%,导致经济增长 0.333%。信息资源对经济增长具有较大的促进作用,其弹性系数和劳动力已经比较接近。

对比固定效应和混合回归估计结果,发现混合回归低估了资本和劳动力的贡献,高估了信息资源对经济增长的贡献。混合回归中,信息资源对经济增长的贡献最大,其弹性系数高达 0.599,而资本和劳动力的弹性系数分别只有 0.221 和 0.239。中国尚处于工业化中期,在投资拉动的经济背景下,信息资源的贡献不可能超过资本和劳动力,总体上混合回归是有偏的。

表 6-4 面板数据回归结果

变量	含义	混合回归	固定效应
C	常数	1.588***	0.198
		(14.218)	(0.703)
$\log(K)$	资本	0.221***	0.471***
		(12.123)	(19.824)
$\log(L)$	劳动力	0.239***	0.371***
		(12.339)	(9.587)
$\log(I)$	信息资源	0.599***	0.333***
		(26.358)	(20.969)
Hauseman		—	35.634
p		—	0.000
R^2		0.966	0.998

注:*** 表示在 1% 的水平下统计检验显著。

(四) 面板向量自回归模型估计

由于面板数据是平稳的,因此可以继续进行协整检验,最佳滞后阶数根据 Schwarz 信息准则和 Hannan-Quinn 信息准则确定为 2。协整检验方法采用 Johansen 面板协整检验,发现至少存在 1 个协整关系,结果如表 6-5 所示。接着建立 VAR 模型,模型的整体拟合度 R^2 为 0.999,且 VAR 模型所有特征根都位于单位圆内,模型结构稳定。

表 6-5 Johansen 面板协整检验

0 假设	Eigenvalue	Trace Statistic	Critical Value	Prob
None*	0.270	71.163	47.856	0.000
At most 1	0.041	12.512	29.797	0.913
At most 2	0.021	4.731	15.495	0.837
At most 3	0.004	0.749	3.841	0.387

注:* 表示在 10% 的水平下统计检验显著。

由于 VAR 模型是一种非理论性的模型,它的系数经济学意义不大,因此在分析 VAR 模型时,往往不分析一个变量的变化对另一个变量影响的弹性系数,而采用脉冲响应函数和方差分解进行进一步分析,信息资源与经济增长的脉冲响应函数如图6-3所示。

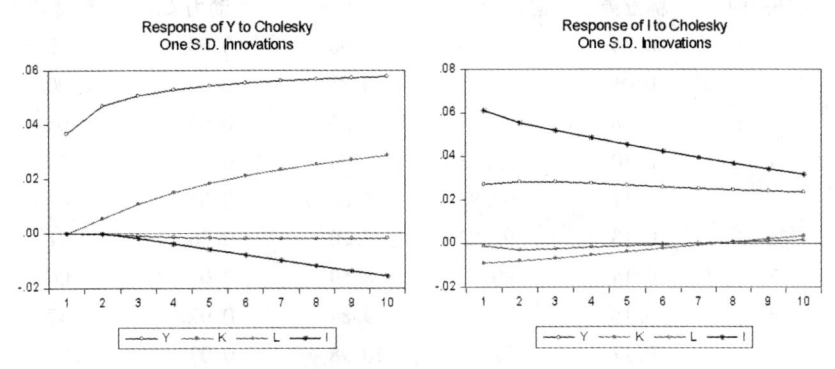

图6-3 经济增长与信息资源的脉冲响应函数

先看经济增长的脉冲响应函数，来自经济增长自身一个标准差的正向冲击，对经济增长的影响最大，当期就发挥作用，然后持续升高，一直到末期，说明经济增长有较强的惯性。来自资本的正向冲击对经济增长的作用明显，当期为0，然后快速升高，一直持续到末期，这与我国投资拉动的经济增长方式是一致的。来自劳动力一个标准差的正向冲击，对经济增长的影响是微弱负值的，比较平稳。由于我国劳动力资源相对丰富，面临较大的就业压力，出现这种情况应该是正常的。来自信息资源一个标准差的正向冲击，当期和第二期对经济增长的影响均为0，随后开始为负，说明信息资源已经相对丰富。在这种情况下，短暂的冲击对经济增长已经没有影响，我国在追求信息资源量的增长前提下，必须要注意信息资源质量以及信息资源利用水平的提高。

再看信息资源的脉冲响应函数，与经济增长类似，来自信息资源自身一个标准差的正向冲击，对信息资源的影响当期为最大，随后缓慢衰减。来自经济增长的冲击对信息资源的影响比较恒定，当期就发挥作用，而且影响较大，远远超过资本和劳动力。来自资本的冲击对信息资源的影响总体是微弱的负值，这和信息资源基础设施建设已经相对完善有关。来自劳动力的冲击对信息资源的影响也是微弱的负值，这和信息资源水平相对发达、获取信息的途径较多有关。

表 6-6 经济增长的方差分解

预测时间	标准差	经济增长 Y	资本 K	劳动力 L	信息资源 I
1	0.04	100.00	0.00	0.00	0.00
2	0.06	99.15	0.85	0.00	0.00
3	0.08	97.57	2.36	0.02	0.05
4	0.10	95.73	4.04	0.03	0.19
5	0.11	93.86	5.68	0.05	0.41
6	0.13	92.03	7.20	0.06	0.71
7	0.14	90.28	8.59	0.07	1.06
8	0.16	88.62	9.84	0.07	1.47
9	0.17	87.02	10.98	0.07	1.92
10	0.18	85.50	12.02	0.07	2.41

方差分解通过对某个变量预测均方误差分解为自身和其他变量所占比例来进一步分析变量之间的关系。经济增长的方差分解如表 6-6 所示，从末期看，经济增长的预测均方误差主要由自身解释，占 85.50%，其次是资本，占 12.02%，再次是信息资源，占 2.41%，最后是劳动力，占 0.07%，总体上信息资源的影响较小。

表 6-7 信息资源的方差分解

预测时间	标准差	经济增长 Y	资本 K	劳动力 L	信息资源 I
1	0.07	16.21	1.82	0.04	81.93
2	0.09	18.15	1.74	0.13	79.98
3	0.11	19.48	1.62	0.14	78.75
4	0.12	20.46	1.48	0.14	77.93
5	0.13	21.26	1.33	0.12	77.29
6	0.14	21.98	1.20	0.11	76.71
7	0.15	22.66	1.08	0.10	76.16
8	0.16	23.32	1.00	0.09	75.59
9	0.16	23.97	0.95	0.09	74.99
10	0.17	24.61	0.94	0.09	74.36

信息资源的方差分解如表 6-7 所示。从末期看，信息资源的预测均方误差主要受其自身的影响，占 74.36%，其次是经济增长，占 24.61%，资本和劳动力对信息资源的预测均方误差几乎没有影响，所占比例均小于 1%。综合脉冲响应函数和方差分解，可以发现，从动态的角度看，经

济增长对信息资源作用已经大于信息资源对经济增长的作用,深层次反映了信息资源已经相对饱和。

(五) 结论与讨论

信息资源与经济增长互动关系明显。从格兰杰因果检验看,在滞后1—4期的情况下,信息资源与经济增长之间均互为因果关系;从面板数据静态估计结果看,信息资源对经济增长贡献的弹性系数为 0.333,和劳动力 0.371 的水平基本相等,略低于资本 0.471 的水平。

经济增长对信息资源的作用更大。通过建立面板向量自回归模型,采用脉冲响应函数和方差分解的动态研究表明,来自信息资源一个标准差的正向冲击,对经济增长几乎没有影响,甚至为负值;而来自经济增长的冲击对信息资源的作用显著。经济增长的方差分解中,信息资源所占比例极低,而信息资源的方差分解中,经济增长所占比例很高。也就是说,经济增长对信息资源的作用已经大于信息资源对经济增长的作用。

信息资源对经济增长贡献是有极限的。那么是什么原因导致信息资源对经济增长的贡献小于经济增长对信息资源的影响呢？第一,在网络背景下,信息资源基础设施比较完善,信息媒体丰富,信息资源建设比较发达甚至接近饱和,完全能够满足现有的经济发展水平,在这种情况下,信息资源对经济增长的影响较小。第二,经济增长需要一定规模的信息资源与之配套,而我国现有的信息资源基础设施和媒体完全能够满足这种需要,在这种情况下,信息资源的要素贡献下降,配套地位增强。

在信息资源建设尚不完善的情况下,它对经济增长的贡献比较显著。一旦信息资源建设相对完善,在信息大爆炸时代,信息资源对经济增长的贡献是有极限的。在这种情况下,提高信息处理和应用能力,防止垃圾信息泛滥就尤为重要。

第二节 不同地区信息资源贡献的变参数估计

为了比较不同地区信息资源的贡献,采用资本、劳动力固定参数,信息资源参数不固定的面板数据变系数模型进行估计,结果如表 6-8 所示。

表6-8 不同地区信息资源贡献的弹性系数

地区	投入要素	弹性系数	T检验值	概率
	C	-1.253	-2.328	0.0210
	log(K)	0.674	22.871	0.0000
	log(L)	0.456	5.522	0.0000
北京	log(I)	0.211	5.620	0.0000
天津	log(I)	0.288	11.473	0.0000
河北	log(I)	0.247	13.232	0.0000
山西	log(I)	0.237	10.636	0.0000
内蒙古	log(I)	0.131	4.596	0.0000
辽宁	log(I)	0.124	4.571	0.0000
吉林	log(I)	0.102	4.114	0.0001
黑龙江	log(I)	0.266	10.837	0.0000
上海	log(I)	0.245	9.683	0.0000
江苏	log(I)	0.226	12.072	0.0000
浙江	log(I)	0.200	10.187	0.0000
安徽	log(I)	0.225	10.129	0.0000
福建	log(I)	0.111	4.894	0.0000
江西	log(I)	0.152	6.755	0.0000
山东	log(I)	0.263	13.602	0.0000
河南	log(I)	0.222	9.916	0.0000
湖北	log(I)	0.239	9.383	0.0000
湖南	log(I)	0.249	9.820	0.0000
广东	log(I)	0.184	8.327	0.0000
广西	log(I)	0.201	8.859	0.0000
海南	log(I)	0.227	3.961	0.0001
重庆	log(I)	0.172	7.460	0.0000
四川	log(I)	0.215	10.089	0.0000
贵州	log(I)	0.206	6.607	0.0000
云南	log(I)	0.176	8.231	0.0000
西藏	log(I)	0.046	2.065	0.0403
陕西	log(I)	0.247	9.356	0.0000
甘肃	log(I)	0.193	6.657	0.0000
青海	log(I)	0.258	8.636	0.0000
宁夏	log(I)	0.205	6.319	0.0000
新疆	log(I)	0.220	7.530	0.0000
平均值		0.203		

所有回归系数都通过了统计检验，R^2 为 0.999，具有极高的拟合优度。31 个省区市信息资源弹性系数最高的为 0.288，最低的 0.046，平均值为 0.203，标准差为 0.055，离差率为 27.01%，总体上不同地区信息资源弹性系数相差不大。信息资源弹性系数最高的 10 个省区市依次是天津、黑龙江、山东、青海、湖南、陕西、河北、上海、湖北、山西，东部地区有 3 个，中部地区 5 个，西部地区 2 个；信息资源弹性系数最低的 10 个省区市依次是西藏、吉林、福建、辽宁、内蒙古、江西、重庆、广东、甘肃，东部地区 2 个，中部地区 4 个，西部地区 4 个。总体上，东、中、西部地区差距不大。

第三节 不同经济发展水平下信息资源弹性系数的变化

一、引　言

上一节讨论了不同地区信息资源对经济增长的贡献，那么对于不同经济发展水平地区而言，信息资源对经济增长的贡献有什么特点呢？也就是说，对经济发达地区而言，信息资源贡献的弹性系数如何？它和经济中等发达地区及欠发达地区信息资源贡献的弹性有什么区别？本节采用分位数回归（Quantile Regression）来进行分析。

分位数回归和面板数据变系数研究的角度是不同的，面板数据反映的信息资源的弹性是某个地区相对固定的弹性，而分位数回归可以反映随着经济水平变化，信息资源弹性系数的动态变化。比如一个地区当经济发展水平较低时，其弹性是多少，当经济发展水平中等时，其弹性是多少，当经济发展水平较高时，其弹性是多少。

二、分位数回归模型

分位数回归是一种基于被解释变量 Y 的条件分布来拟合解释变量 X 的回归模型，是在均值回归上的拓展，最早由 Koenker、Gilbert（1978）提出。它依据因变量的条件分位数对自变量 X 进行回归，这样得到了所有分位数下的回归模型。与普通最小二乘回归相比，分位数回归更能精确地描述自变量 X 对于因变量 Y 的变化范围以及条件分布形状的影响。

Koenker、Hallock（2001）和 Bernd、Peter（2007）的研究认为，从理论上说，经典线性回归是拟合被解释变量 Y 的条件均值与解释变量 X

之间的线性关系,而分位数回归是通过估计被解释变量取不同分位数时,对特定分布的数据进行估计。最小二乘法估计的是解释变量对被解释变量的平均边际效果,而分位数回归估计的则是解释变量对被解释变量的某个特定分位数的边际效果。最小二乘法只能提供一个平均数,而分位数回归却能提供许多不同分位数的估计结果。

分位数回归具有很多优点:首先分位数回归不需要总体分布服从正态分布,从而减弱了随机误差项的正态性要求,使回归系数估计更稳健;其次,分位数回归由于是对所有分位数进行回归,因此对于数据中出现的异常点具有耐抗性;第三,不同于普通的最小二乘回归,分位数回归对于因变量具有单调变换性;第四,分位数回归本身没有使用一个连接函数来描述因变量的均值和方差的相互关系,因此分位数回归有着比较好的弹性性质;最后,分位数回归具有大样本理论下的渐进优良性质。

中位数线性回归是分位数线性回归的一个特例($\tau=0.5$),它在分位数线性回归中占有相当重要的地位,对于随机变量 Y 的一个随机样本 $\{y_1, y_2, y_3, \cdots, y_n\}$,它的中位数线性回归就是求解使下面的绝对值偏差和为最小值:

$$\min_{\zeta} \sum |y_i - \zeta| \qquad (6-10)$$

τ 分位数的样本分位数线性回归则是求满足 $\min_{\beta \in R^k} \sum_i \rho \tau(y_i - x_i' \beta(\tau))$ 的解 $\beta(\tau)$,它的展开式为:

$$\min_{\beta(\tau) \in R^k} \left[\sum_{(i:y_i \geq x_i \beta(\tau))} \tau |y_i - x_i' \beta(\tau)| + \sum_{(i:y_i < x_i \beta(\tau))} (1-\tau) |y_i - x_i' \beta(\tau)| \right] \quad \tau \epsilon(0,1)$$
$$(6-11)$$

在线性条件下,给定 x 后,Y 的 τ 分位数函数为:

$$Q_y(\tau|x) = x'\beta(\tau) \qquad \tau \epsilon(0,1) \qquad (6-12)$$

在不同的 τ 下,就能得到不同的分位数函数。随着 τ 的值由 0 至 1,就能得到所有 y 在 x 上的条件分布轨迹,即一簇曲线,而不是像线性回归只能得到一条曲线。

分位数回归的参数估计十分复杂,主要有单纯形法、平滑算法、内点算法以及预处理后内点法等方法,本书采用比较成熟的单纯形法进行估计。

三、分位数回归结果

本节所采用数据仍然是 2001—2009 年期间的投入产出面板数据,这样可以了解最近 9 年来不同经济发达地区信息资源对经济增长贡献的全貌。这里根据经济发展水平将9年279个省区市的经济发展水平分为10档（即 τ = 0.1—0.9），采用STATA 11.0进行估计，结果如表6-9所示。

表6-9 分位数回归结果

	C	log (K)	log (L)	log (I)	拟 R^2
τ = 0.1	1.648***	0.145**	0.210***	0.685***	0.842
	(10.245)	(2.231)	(3.319)	(18.822)	
τ = 0.2	1.470***	0.196**	0.260***	0.599***	0.826
	(8.617)	(2.019)	(4.371)	(12.248)	
τ = 0.3	1.412***	0.248***	0.251***	0.565***	0.820
	(8.406)	(4.126)	(8.660)	(10.292)	
τ = 0.4	1.352***	0.264***	0.263***	0.549***	0.816
	(8.449)	(5.497)	(11.106)	(11.284)	
τ = 0.5	1.368***	0.245***	0.281***	0.554***	0.813
	(9.056)	(7.090)	(11.355)	(15.031)	
τ = 0.6	1.345***	0.235***	0.300***	0.553***	0.808
	(9.167)	(9.769)	(11.477)	(18.176)	
τ = 0.7	1.317***	0.240***	0.303***	0.555***	0.803
	(9.754)	(12.610)	(11.718)	(19.994)	
τ = 0.8	1.498***	0.246***	0.281***	0.554***	0.794
	(8.534)	(15.663)	(8.596)	(17.925)	
τ = 0.9	2.099***	0.202***	0.189***	0.651***	0.794
	(6.646)	(11.456)	(6.946)	(13.335)	

注：*表示10%水平显著，**表示5%水平显著，***表示1%水平显著。

所有回归系数都在5%的水平下通过了统计检验，拟 R^2 为0.8左右，即有中等程度的相关，随着 τ 的提高，资本、劳动力的弹性系数都是先提高，然后再缓慢降低，资本、劳动力弹性系数的变化呈现倒U形曲线。信息资源的弹性系数先降低然后再升高，也就是说，对于经济欠发达地区和发达地区，信息资源的贡献要大于经济中等发达地区，信息资源弹性系数的变化呈U形曲线，如图6-4所示。根据分位数回归的结果，信息资源的弹性系数最高，超过了资本和劳动力，而资本和劳动力的弹性系数总体相当。

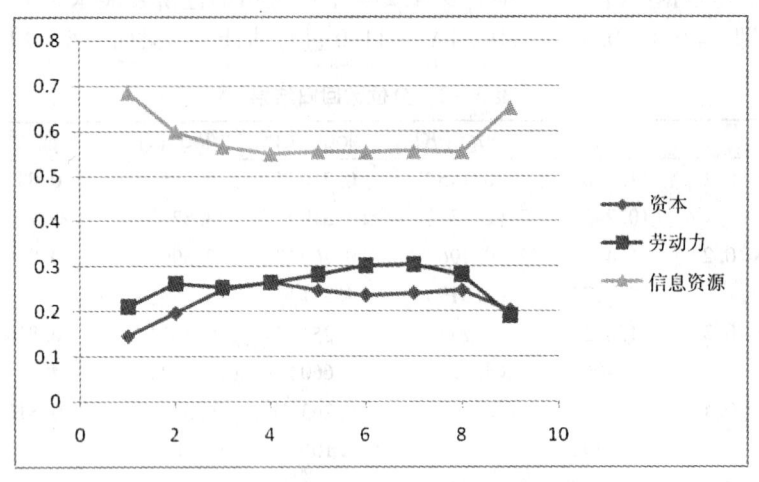

图6-4 投入要素弹性系数的变化

第四节 信息资源地区差距与经济发展水平差距

一、要素投入差距与经济发展水平差距的关系

假设一个国家只有两个地区，初始投入资本、劳动力、信息资源三个要素，分别用 K、L、I 表示，产出为地区生产总值，用 Y 表示。其生产函数为：

$$Y = AL^\alpha K^\beta I^\gamma \qquad A>0, \; 0<\alpha, \beta, \gamma <1 \qquad (6-13)$$

为了研究方便，假定地区1是经济发达地区，投入要素分别为 L_1、K_1、I_1，地区2是经济欠发达地区，投入要素分别为 xL_1、yK_1、zI_1，这里假设 $0<x, y, z<1$。

则地区1的经济总量为：

$$Y_1 = AL_1^\alpha K_1^\beta I_1^\gamma \qquad (6-14)$$

地区2的经济总量为：

$$Y_2 = A(xL_1)^\alpha (yK_1)^\beta (zI_1)^\gamma = x^\alpha y^\beta z^\gamma AL_1^\alpha K_1^\beta I_1^\gamma \qquad (6-15)$$

设定地区差距系数为 m，则地区差距为（为了研究方便，用 Y_2 比 Y_1）：

$$m = \frac{Y_1}{Y_2} = x^\alpha y^\beta z^\gamma \qquad (6-16)$$

显然，$0<m<1$，因为地区2经济没有地区1发达，m 越大，说明地

区经济差距越小。

现在考虑要素投入地区差距缩小的情况，先假定地区2一种投入要素地区差距变小，如劳动力 L，原来投入为 xL_1，现在投入为 $x'L_1$。这里，$x'>x_1$，则地区2的经济总量为：

$$Y'_2 = A(x'L_1)^{\alpha}(yK_1)^{\beta}(zI_1)^{\gamma} = x'^{\alpha}y^{\beta}z^{\gamma}AL_1^{\alpha}K_1^{\beta}I_1^{\gamma} \quad (6-17)$$

则新的地区差距为：

$$m' = \frac{Y'_2}{Y_1} = x'^{\alpha}y^{\beta}z^{\gamma} \quad (6-18)$$

显然，$m'>m$，说明，劳动力 L 投入要素地区差距变小导致经济发展水平地区差距变小。

类似地，假定资本 K、信息资源 I 投入差距也进行相应调整，则地区差距为：

$$m^{all} = \frac{Y_2^{all}}{Y_1} = x'^{\alpha}y'^{\beta}z'^{\gamma} \quad (6-19)$$

由于投入要素的地区差距有可能增大，也有可能缩小，因此，差距系数 m^{all} 有可能大于 m，当然也有可能小于等于 m，关键看综合作用效果。

二、实证结果

根据地区信息资源差距的原理，计算出资本、劳动力、信息资源、经济发展水平的地区差距系数，表6-10、表6-11、表6-12、表6-13为计算结果，图6-5为差距系数的比较。

表6-10 资本投入的地区差距（单位：元/人）

年度	最高10省市	最低10省市	差距系数
2001	9199.61	1677.20	5.49
2002	10313.09	1886.69	5.47
2003	11732.39	2192.82	5.35
2004	13303.00	2399.52	5.54
2005	14988.44	2994.65	5.01
2006	17158.30	3456.58	4.96
2007	19502.99	3855.74	5.06
2008	21744.58	4519.11	4.81
速度	15.21	13.07	

资本投入的地区差距总体上呈现缓慢缩小的趋势，从增长速度看，人均资本投入较低地区的增长速度为15.21%，略超过人均资本投入较高

地区 13.07%的水平。随着地区资本投资结构的优化，中国资本投入的地区差距将继续缩小。

表6-11 劳动力投入的地区差距（单位：人/百人）

年度	最高10省市	最低10省市	差距系数
2001	53.93	41.75	1.29
2002	54.64	42.02	1.3
2003	55.07	42.33	1.3
2004	55.82	43.24	1.29
2005	58.78	44.23	1.33
2006	59.88	44.67	1.34
2007	61.05	45.1	1.35
2008	61.65	45.06	1.37
速度	1.93	1.09	

数据来源：中国统计年鉴2002—2009。

劳动力投入的地区差距总体较小，但呈现轻微拉大的趋势。从增长速度看，劳动力的增长维持较低水平的增长，较高水平地区略高于较低水平地区。

表6-12 信息资源投入的地区差距（单位：元/人）

年度	最高10省市	最低10省市	差距系数
2001	686.58	197.39	3.48
2002	877	255.14	3.44
2003	990.07	311.29	3.18
2004	1483.7	420.08	3.53
2005	1604.14	550.92	2.91
2006	2015.6	706.65	2.85
2007	2508.65	934.66	2.68
2008	2966.18	1147.84	2.58
速度	23.26	28.62	

数据来源：中国统计年鉴2002—2009。

信息资源的地区差距虽然有所波动，但总体趋势缩小。从增长速度看，较低水平地区增长速度为28.62%，略高于较高地区23.26%的水平。可以预计，信息资源的地区差距将会继续缩小。

表6-13 经济发展水平的地区差距（单位：元/人）

年度	最高10省市	最低10省市	差距系数
2001	13772.16	4880.72	2.82
2002	15317.84	5415.24	2.83
2003	17703.39	6063.01	2.92
2004	21191.43	7290.04	2.91
2005	24459.03	8480.43	2.88
2006	28323.85	9669.28	2.93
2007	33309.95	11642.35	2.86
2008	38666.69	13848.18	2.79
速度	15.89	16.07	

数据来源：中国统计年鉴2002—2009。

经济发展水平的地区差距呈现倒 U 形，先略有增加，然后缩小。从增长速度看，较低水平地区年环比增长速度为 16.07%，略高于较高水平地区 15.89% 的增长速度。

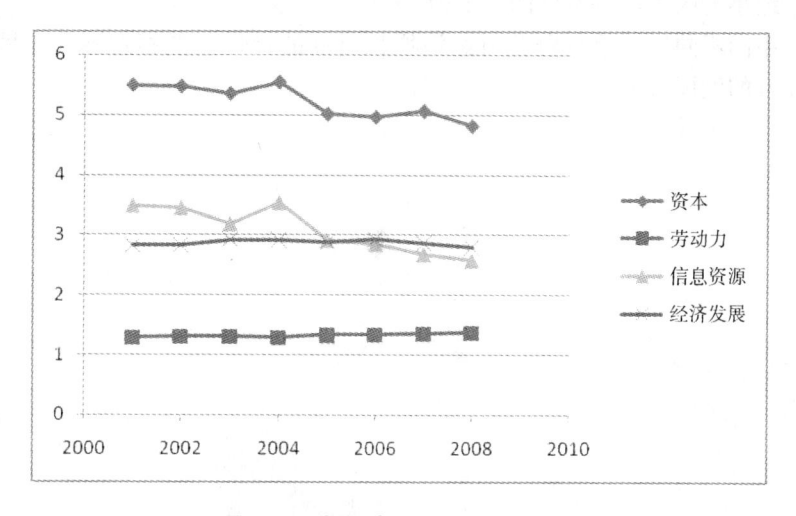

图6-5 投入产出要素的地区差距

从差距系数看，劳动力的地区差距最小，其次是经济水平差距，资本的地区差距最大。投入要素中，资本和信息资源的地区差距逐渐缩小，劳动力地区差距呈缓慢拉大的趋势，基本维持不变。经济发展水平的地区差距处于轻微波动状态，基本维持不变。

只要投入要素的地区差距缩小，必然会带来经济发展水平地区差距的缩小。由于信息资源是无形资源,其传播方便,相当部分的信息资源是公共物品。因此,促进信息资源欠发达地区信息资源建设,缩小信息资源差距,是缩小地区经济差距的有效手段。

本章小结

资本、劳动力、信息资源作为三大投入要素,对经济增长有显著的贡献,资本的弹性系数最大,劳动力次之,信息资源最小,但总体相差不大,东部、中部、西部信息资源的弹性系数并没有显著差异。对于经济欠发达地区和较发达地区,信息资源的贡献要大于经济中等发达地区,信息资源弹性系数的变化呈 U 型曲线。从投入要素的差距看,劳动力的地区差距最小,资本的地区差距最大。投入要素中,资本和信息资源的地区差距逐渐缩小,劳动力基本维持不变,并且呈现出一定的波动,反映经济增长过程中要素的配置和经济结构的调整,有效控制这种调整有助于缩小地区间经济发展的不平衡。

中国不同地区信息资源对经济增长贡献的弹性系数相差不大,呈现出良好的发展态势。

第七章 信息资源的影响因素及信息经济效率

研究信息资源的影响因素，有利于寻找导致地区信息资源差距的深层次原因，寻求缩小地区信息资源差距的措施。研究信息资源的投入产出效率，可以分析各地区信息资源建设效率情况，减少浪费，改进管理，从而节省资源，进一步提高信息资源建设的效率。本章对这两个问题进行实证分析。

第一节 信息资源的影响因素分析

一、研究意义

研究信息资源的影响因素，有利于优化信息资源布局，加强信息资源建设。缩小地区差距，增进居民信息福利，从而进一步缩小地区经济发展差距。

与自然资源、人力资源等有形资源不同，信息资源由于其无形性，其影响因素的研究往往局限于理论，缺乏实证。本节继续利用面板数据进行分析。

二、信息资源的影响因素分析

（一）居民收入水平

随着人民生活水平的提高，收入的增长，居民在满足最基本生活需要的同时，对文化生活提出了较高的要求。马斯洛理论把需求分成生理需求、安全需求、社交需求、尊重需求和自我实现需求五类，依次由较低层次到较高层次，需求层次与收入水平是成正比的。马斯洛需求层次理论假定，人们被激励起来去满足一项或多项在他们一生中很重要的需求。更进一步地说，任何一种特定需求的强烈程度取决于它在需求层次中的地位，以及它和所有其他更低层次需求的满足程度。马斯洛的理论认为，激励的过程是动态的、逐步的、有因果关系的。在这一过程中，一套不断变化的"重要"的需求控制着人们的行为，这种等级关系并非对所有的人都是一样的。社交需求和尊重需求这样的中层需求尤其如此，其排列顺序因人而异。不过马斯洛也明确指出，人们总是优先满足生理需求，而自我实现的需求则是最难以满足的。

人是社会人，对信息的需求伴随着人类不同层次的需求。在物质生活贫乏的年代，人们对信息的需求满足于生理需求；随着收入水平的提高，人类开始需要安全、社交、尊重和自我实现，而这必然伴随着信息需求的大量增加。

（二）科技水平

科技水平越发达，信息技术水平越高，对信息的搜集处理传播水平越高，会带来信息量的增加。同时，科技水平发达地区信息与知识也相对丰裕，科技水平总是建立在一定的信息资源与知识利用基础上的。因此，一个国家或地区科技水平越发达，信息资源水平越丰富。但是，从另一方面讲，由于信息和知识的本质区别，掌握信息相对容易，掌握知识相对复杂，也有可能导致科技水平对信息资源影响较小甚至没有影响。

（三）教育水平

首先，教育离不开信息资源，显性知识与信息资源的传播、存储途径几乎相同，知识学习过程本质上也是信息传播的过程。其次，教育水平越高，其信息处理能力与信息需求量越高。再者，教育水平越高，信息资源应用水平也越高，从而产生良好成果，反过来又进一步刺激信息需求，形成良性循环。

（四）经济发展水平

根据第6章的实证研究，信息资源与经济发展水平是互相促进关系，信息资源可以促进经济增长，而良好的经济基础又给信息资源的发展提供了良好的发展条件。

三、变量与数据

（一）变量的选取与说明

选取信息资源作为因变量，居民收入水平、科技水平、教育水平作为自变量，由于本书重点进行区域信息资源的宏观研究，因此，没有选取年龄、文化背景等变量数据。变量如表7-1所示。

表 7-1 变量说明

变量名称	变量含义	备注（代理变量）	变量属性
I	信息资源	邮电业务额（亿元）	因变量
SR	居民收入水平	城镇居民人均家庭可支配收入（元/人）	自变量
KJ	科技水平	科研经费投入（亿元）	自变量
JY	教育水平	教育经费投入（亿元）	自变量
JJ	经济发展水平	地区生产总值（亿元）	自变量

1. 信息资源变量的选取。根据第 5 章的分析，本节继续采用邮电业务额作为信息资源的替代变量。

2. 居民人均收入。由于城市是信息资源的主要集中地区，农村信息资源量相对较小，因此选取城镇居民的家庭人均收入作为居民收入水平的替代变量。

3. 科技水平。采用各地区科研经费投入作为科技水平的替代变量，包括政府投入、企业投入以及金融机构贷款。

4. 教育水平。由于地区教育水平越高，对教育产业的投入相应也会增加，因此选用教育经费投入作为教育水平的替代变量。

（二）数据

本书数据全部来源于 2002—2010 年的中华人民共和国统计年鉴，表 7-2 为摘要统计量。由于西藏地区部分年度数据不全，加上统计年鉴中教育经费数据滞后 2 年，实际上选取 2001—2008 年 30 个省区市的数据。所有变量都通过了正态分布的统计检验。

表 7-2 摘要统计量

变量	I	JJ	JY	KJ	SR
均值	405.70	6521.19	267.26	162.14	10219.19
极大值	3688.66	35696.46	1166.16	1134.16	26674.90
极小值	13.21	300.13	16.46	2.60	5267.42
标准差	460.07	6085.08	196.94	194.08	3945.64
截面数			30		
观测数			30×8=240		

数据来源：中国统计年鉴 2002—2010。

四、面板数据实证结果

表7–3　实证结果

自变量	混合回归 栏目（1）	固定效应 栏目（2）	固定效应 栏目（3）
C	-12.575*** (-30.301)	-8.662*** (-18.037)	-8.685*** (-24.044)
log（JJ）	0.527*** (10.982)	1.231*** (12.993)	1.219*** (20.122)
log（KJ）	-0.207*** (-9.729)	0.093*** (2.619)	0.095** (2.737)
log（JY）	0.651*** (12.125)	0.191*** (3.421)	0.187*** (3.436)
log（SR）	0.772*** (22.081)	-0.016 (-0.125)	—
R^2	0.983	0.997	0.997
Hausman		80.488	311.459
P	—	0.0000	0.0000

注：* 表示10%水平显著，** 表示5%水平显著，*** 表示1%水平显著。

首先对面板数据进行平稳性检验，经过两阶差分，所有变量已经是平稳时间序列，因此可以继续进行回归。

同样采用 Eviews6.0 软件进行数据处理，结果如表7–3所示。首先进行混合回归，所有变量在1%的水平上都通过了统计检验，R^2 为0.983，但是科技水平的回归系数为负数，估计是多重共线性所致，继续进行面板数据和混合回归检验，发现应该采用面板数据进行估计。

采用面板数据估计时，首先要采用 Hauseman 检验判定是采用固定效应还是随机效应，根据 Hausman 检验结果，在5%的水平上拒绝零假设，因此采用固定效应模型。但居民收入变量没有通过统计检验，将该变量删除后重新进行估计，继续检验固定效应还是随机效应，最后得到表7–3第三栏的结果。

从最终结果看，R^2 达到了0.997，具有很高的拟合精度，所有变量在1%的水平下都通过了统计检验。从影响信息资源因素的弹性系数看，经济水平的弹性系数最高，每增加1%，会带来信息资源增加1.219%；其次是教育水平，每增加1%，会带来信息资源增加0.187%，最后是科技水平，每增加1%，会带来信息资源增加0.095%。总体上，影响信息资源的还是经济发展水平，教育和科技水平总体较小。

居民收入对信息资源之所以没有影响，主要由于经过了改革开放30多年来的发展，已经建成了实力比较雄厚的信息基础设施体系，互联网、电话、手机、电视、报纸等信息传播工具已经普及，信息资源利用正从信息获得向深化利用方向发展。

第二节 信息经济的效率分析

一、信息经济效率测度的意义

迄今为止，对信息经济的概念尚存在分歧。F. Mahchlup（1962）首次提出了"知识产业"，它包括了教育、科学研究与开发、通讯媒介、信息设施和信息活动等五个方面，其中包含了"信息经济"，并测算出"知识产业"在美国国民经济中的比例。信息社会的创始人 Danniel Bell（1973）发展了信息经济的概念，认为发达国家已经从前工业社会发展到工业社会，最终到达后工业社会阶段。在新的社会阶段，经济活动的基本战略资源、工具、劳动环境、文化观念都有一系列的变化。M. Porat（1977）从经济活动的一般性质及信息的相关概念出发，将经济划分为涉及物质与能源从一种形态转换到另一种形态的领域，以及涉及信息从一种形式转换到另一种形式的领域。认为信息活动是信息产品和信息服务在生产、处理、流通中所消耗掉的一切资源。保罗·霍肯（1986）认为，所谓信息经济，就是使用更多的知识和消息，消耗较少的能量和材料，生产出质量更好、人们更喜爱的商品经济。

与"信息经济"对应的是"知识经济"，其实 F. Mahchlup 提出的"知识产业"已经包括知识经济的概念，但是没有引起重视，直到20世纪90年代，当知识在世界经济生产及经济社会中占据了很大的份额，1990年联合国一份研究报告提出"知识经济"概念，就引起了巨大的反响。经济合作与发展组织（OECD，1996）第一次明确对"知识经济"这一概念作了界定：以知识为基础的经济（KBE, Knowledge Based Economy），即建立在知识和信息的占有、配置、生产、分配、使用、消费之上的经济。从此确立了"知识经济"作为农业经济、工业经济之后的相对于劳力经济和资源经济的第三大社会经济形态。该定义基本得到了公认。

关于信息经济与知识经济的关系，一般认为，信息经济是知识经济的基础和前提，知识经济是在高度信息化水平下知识得到充分运用的结果，它们的关系如图7-1所示。在工业社会，对经济增长起重要作用的是自然资源和人力资源等有形资源，知识和信息资源所起的作用较小。信息社会的特征是高度信息化和中度知识的应用，信息资源在整个经济社会中的地位和作用比较显著，并且信息资源所起的作用超过知识，相应的经济形态是信息经济。进入信息社会以后，随着知识在经济增长中地位的提高，其作用超过了信息资源，此时信息社会向知识社会过度，相应的经济形态就是知识经济。就中国目前的情况而言，一般认为中国正在工业化中期，处于初级知识运用以及中度信息化阶段，相当于中国处在信息社会的初级阶段。

从信息经济的角度，经济增长的有形资源可以用资本和劳动力表示，无形资源主要指信息资源。在以上三种投入要素的前提下，中国的经济增长的技术进步和效率如何是值得关心的问题。自 Charnes 等提出规模报酬不变的数据包络分析模型（DEA）以来，DEA 已经发展成为非常庞大的效率测度的理论。DEA 不仅能计算出各决策单元的投入产出效率，而且能计算出各种投入要素的节约程度，即对某国家地区而言，存在理想的投入要素数量，从而使该国家或地区的效率最优。本节在 DEA 基础上，采用 Malmquist 指数将技术进步进行分解，从而全面了解中国信息经济的效率及技术进步的状况，以及投入要素的利用效率及其对效率的影响。

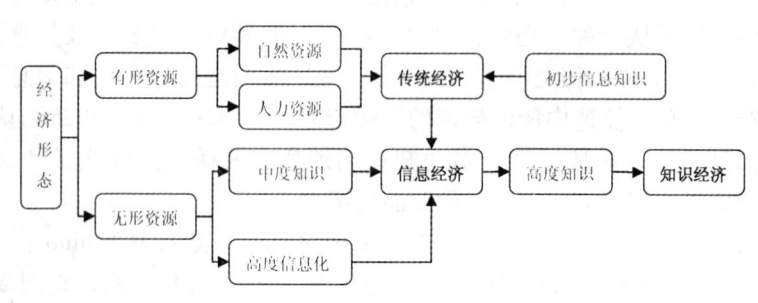

图7-1 信息经济与知识经济

因此，在资本、劳动力、信息资源作为投入要素，经济发展水平作为产出要素的情况下，研究信息资源及其他要素的投入产出效率及整个经济系统的效率，对于深化信息资源的利用，了解中国经济增长方式具有重要的意义。

二、数据包络分析（DEA）

（一）DEA 方法简介

DEA 是一种测算具有相同类型投入和产出的若干系统或部门（简称决策单元 DMU，Decision Making Unit）相对效率的有效方法。其实质是根据一组关于输入输出的观察值，采用数学规划模型，来估计有效生产的前沿面，再将各 DMU 与此前沿做比较，进而衡量效率。凡是处在前沿面上的 DMU，DEA 认定其投入产出组合最有效率，将其效率指标定为 1；不在前沿面上的 DMU 则被认定为无效率，同时以效率前沿面之有效点为基准，给予一个相对的效率指标（大于 0，小于 1）。此外，DEA 还可以判断各个 DMU 的投入规模的适合程度，给出各 DMU 调整其投入规模的方向和程度。

传统的统计方法是从大量样本数据中分析出样本集合整体的一般情况，其本质是平均性，DEA 则是从样本数据中分析出样本集合中处于相对有效的样本个体，其本质是最优性。DEA 在测定若干个决策单元的相对效率时注重的是对每一个决策单元进行优化，所得出的相对效率是其最大值，是最有利于该决策单元的相对效率。DEA 方法具有与其他多目标评价方法不同的优势：在对 DMU 进行评价时，它不必考虑指标的量纲，可以避免由于指标量纲不同而需寻求相同度量因素所带来的许多困难；不需要事先确定指标的相对权重，也不必确定决策单元的各输入输出之间的显式关系，这就排除了许多主观因素，不仅增强了评价结果的客观性，而且还会使问题得到简化。

Farrell（1957）在 Debreu 和 Koopmans 工作的基础上，创造性地提出了多种投入、多种产出的 DMU 效率的一种简单的效率测度方法。假定规模报酬不变，将经济效率分为技术效率和配置效率。技术效率反映在给定投入的情况下 DMU 获取最大产出的能力；配置效率反映给定投入价格时 DMU 以适当的比例使用各项投入使其生产成本最低的能力。技术效率与配置效率的乘积等于总的经济效率。Tim Coelli（1996）用图示的方法将上述效率直观表示如图 7-2 所示。

在图 7-2 中 x1、x2 为两种投入，y 为产出，且假定规模报酬不变，SS′代表有完全效率的机构（线上各点的效率相同），AA′代表投入价格比。如果一个决策单元（DMU）以 P 点的投入组合生产单位产出，线段 QP 表示该 DMU 的技术无效率，当投入由 P 点减少到 Q 点时，产出并不减少。因此，我们可以用 QP/OP 表示投入可以降低的比例，技术效率（TE, Technical Efficiency）为：

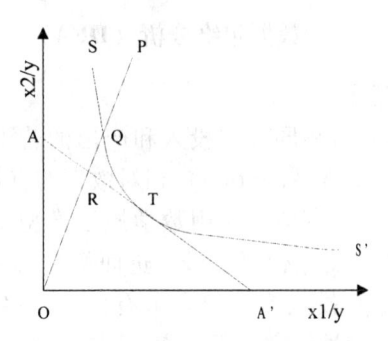

图7-2 技术效率和配置效率

$$TE = OQ/OP = 1 - QP/OP \quad (7-1)$$

如果已知投入要素价格比,即直线 AA' 的斜率,则 P 点的配置效率(AE, Allocative Efficiency)定义为:

$$AE = OR/OQ \quad (7-2)$$

这是因为与技术效率、配置效率均有效的 T 点相比,在 Q 点进行生产的企业通过改变投入要素的组合可以提高配置效率 RQ。

总经济效率(EE, Economy Efficiency)可以定义为:

$$EE = OR/OP \quad (7-3)$$

这里的距离 RP 可以被解释为成本的降低。且存在下列关系:

$$EE = OR/OP = (OR/OP) * (OR/OQ) = TE * AE \quad (7-4)$$

如果放松规模报酬不变的假定,技术效率可以进一步分解为纯技术效率(PTE, Pure Technical Efficiency)和规模效率(SE, Scale Efficiency)。纯技术效率表示的是当规模报酬可变时,被考察 DMU 与有效生产前沿之间的距离;规模效率表示的是规模不变的有效生产前沿与规模可变的有效生产前沿之间的距离。Tim Coelli 用单一投入单一产出的情况对此进行了说明。

如图 7-3 所示,oc 表示规模报酬不变的有效生产前沿,afegh 为规模报酬可变的有效生产前沿。假定某 DMU 在 i 点进行生产,其技术效率为:

$$TE = bd/bi \quad (7-5)$$

规模报酬可变时的纯技术效率为:

$$PTE = bf/bi \quad (7-6)$$

则规模效率为:SE = bd/bf。且存在如下关系,即:

$$TE = PTE * SE \quad (7-7)$$

吴方卫(2000)归纳了 DEA 模型与传统生产函数相比的六个主要优点:

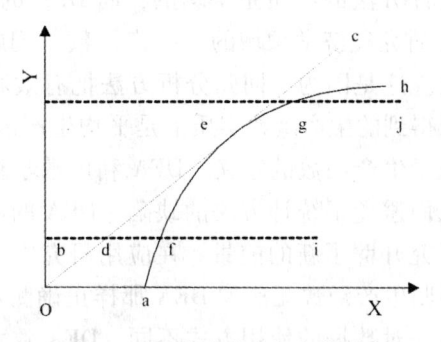

图 7-3　纯技术效率和规模效率

1. DEA 方法是用于多投入多产出的复杂系统的有效性评价。由于它在分析时不必计算综合投入量和综合产出量，因此避免使用传统方法时，由于各种指标量纲等方面的不一致而寻求同度量因素时，所带来的诸多困难。

2. 具有很强的客观性。由于该方法是以投入产出指标的权重为变量，从最有利于被评价单元的角度进行评价，无需事先确定各指标的权重，避免了在权重分配时评价者的主观意愿对评价结果的影响。

3. 投入产出的隐表示使得计算简化。当一个多投入多产出的复杂系统各种量之间存在着交错复杂的数量关系时，对这些数量关系的具体函数形式的估计就是一个十分复杂而困难的任务。而使用 DEA 方法，可以在不给出这种函数形式表达式的情况下，仍然能正确测定各种投入产出量之间的数量关系。

4. 可以用来估计多投入、多产出系统的生产函数。对一个多投入、多产出的复杂系统来说，当每一种投入量影响到一种或多种产出时，以各产出量为因变量的向量函数的估计，对传统方法几乎是不可能的，而 DEA 方法则利用其自身的优势，给出了这种函数的隐表达式。

5. 应用广泛，适用性强。这种方法不仅可以用来对生产单位的各种效率进行评价，而且对企事业单位、公共服务部门的工作效率也可以进行评价。在应用深度上，DEA 方法也表现出很大的潜力，即它在指出某个评价单元处于非效率状态时，都能指出原因，并给出具体的改善方法，因此特别适合实际的管理部门使用。

6. DEA 又可视为一种新的"统计"方法。如果说传统的统计方法是从大量样本数据中，分析出样本集合总体的一般情况的话，那么 DEA 则是从大量样本数据中，分析出样本集合中处于相对最优情况的样本个体。

也就是说，传统统计方法的本质是平均的，而 DEA 的本质则是最优的。DEA 的这种特点在研究经济学领域的"生产函数"问题时，有其他方法无法取代的优越性。这是因为，回归分析方法把有效和非有效的样本混在一起进行分析，得到的生产函数实质上是平均生产函数，是非有效的，不符合经济学中关于生产函数的定义。DEA 利用数学规划的手段估计有效生产前沿面，从而避免了统计方法的缺陷。DEA 的出现，给多输入多输出生产函数的研究开辟了新的前景。在应用研究中人们发现，尽管使用同样的数据，回归生产函数无法像 DEA 那样正确测定规模收益，其关键原因在于两种方法对数据的使用方式不同，DEA 致力于单个决策电化单元的优化，而不是各决策单元构成集合的整体统计回归优化。

（二）可变规模报酬模型

规模报酬不变模型是 Charnes，Cooper 和 Rhodes（CCR，1978）所提出的最基本 DEA 模型，因此也称为 CCR 模型。为了对 DMU 的有效性进行较简单的判别，Charnes 和 Cooper 引入了非阿基米德无穷小量的概念，以便用线性规划的单纯形方法求解模型，对决策单元进行一次性判别。

用不变规模报酬模型进行效率测评时，必须假定各决策单元是位于最佳生产规模，否则所测的效率值中，就包含规模效应的影响。为测算生产单元的纯技术效率水平，Banker，Charnes，Cooper（1984）提出了可变规模报酬（BCC）模型。在可变规模报酬的假设下，生产可能集 T_v 为：

$$T_v = \left\{ (X,Y) : X \geq \sum_{i=1}^{n} \lambda_i X_i, Y \leq \sum_{i=1}^{n} \lambda_i Y_i, \sum_{i=1}^{n} \lambda_i = 1, \lambda \geq 0, 1 \leq i \leq n \right\}$$

(7-8)

建立在 T_v 上的纯技术效率评价的模型（加入松弛变量 SA 和 SB 及摄动量 ε 后）为：

$$(D_\varepsilon^v) \begin{cases} \min[\theta_v - \varepsilon(e_1^T SA + e_2^t SB)] \\ s.t. \sum_{i=1}^{n} \lambda_i X_i + SA = \theta_c X_0 \\ \sum_{i=1}^{n} \lambda_i Y_i - SB = Y_0 \\ \sum_{i=1}^{n} \lambda_i = 1 \\ \lambda_i \geq 0, i = 0,1,2,\cdots,n.\ SA \geq 0, SB \geq 0 \end{cases}$$

(7-9)

则有：当该问题的解为 θ_v^*，λ_v^*，SA^*，SB^* 时，有如下结论：

①若 $\theta_v^* = 1$，且 $SA = SB = 0$，则 DMU_0 有效。

②若 $\theta_v^* = 1$，则 DMU_0 弱有效。

③若 $\theta_v^* < 1$，则 DMU_0 非有效。

如前所述，用不变规模报酬模型测算所得到的效率值，包含了规模效率和纯技术效率两方面的内容。而可变规模报酬模型所考察的，是生产单元的纯技术效率水平。则技术效率 θ_c、纯技术效率 θ_v 和规模效率 θ_s 的关系为：

$$\theta_c = \theta_v \times \theta_s, \qquad \theta_s = \theta_c / \theta_v \qquad (7-10)$$

通过分别运行 CRS、VRS 的 DEA 模型得到 θ_c 和 θ_v，用它们便可以推算规模效率的水平。当 $\theta_c = \theta_v$ 时，生产单元的规模效率为 1，即生产处于最佳规模；否则生产单元的规模效率有所损失。造成规模效率损失的也有两种原因，分别是规模过大和规模过小造成。如上推算的 $\theta_s < 1$ 时，并不能区分这两种情况。即无法判定生产是处于规模报酬递增、还是规模报酬递减阶段，这样就降低了规模效率分析的作用。为此 Tim Coelli T. J. (1996) 提出了非增规模报酬 NIRS (Non-increase Returns to Scale) 模型，即将 VRS 模型约束条件 $\sum_{i=1}^{n} \lambda_i = 1$ 改为 $\sum_{i=1}^{n} \lambda_i \leq 1$ 就变成 NIRS 模型。

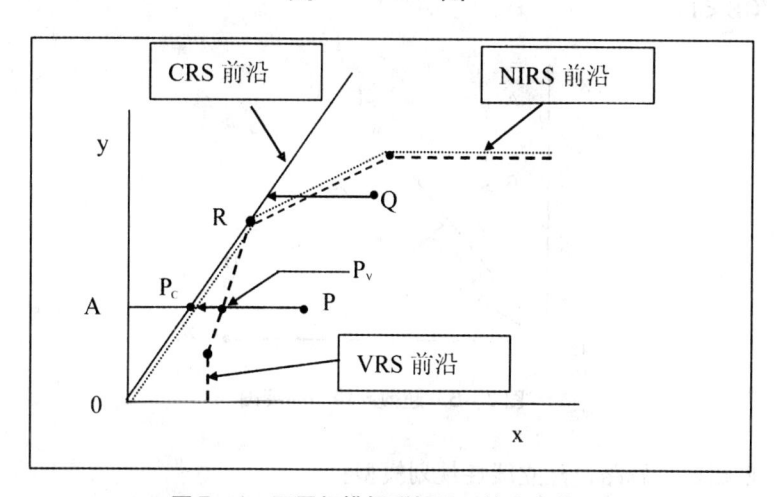

图 7-4　不同规模报酬假设下的生产前沿

不同规模报酬下的生产前沿如图 7-4 所示。当生产单元处于规模无效 ($\theta_s < 1$) 时，通过比较 θ_s 和 θ_n 就可判别生产所处的规模报酬阶段。

①$\theta_s = \theta_n$ 时，生产处于规模报酬递减阶段。
②$\theta_s \neq \theta_n$ 时，生产处于规模报酬递增阶段。

（三）基于非径向的超效率模型

在 DEA 效率分析中，不论是 CCR 模型或者是 BCC 模型往往存在多个决策单元（DMU）全为 1 的情况，此时无法直接对这些有效率的决策单元之间的效率高低进行比较,出现数据包络分析法判断力不足的问题,若情况严重,甚至会造成绩效评估错误。Andersen(1993)提出了超效率(Super Efficiency)模型,从而使 DEA 有效率的决策单元之间也能进行比较。

如图 7-5 所示:假设有 A、B、C、D、E 共 5 个两种投入一种产出的决策单元,其中 A、B、C、D 四个决策单元均为 DEA 有效,它们所构成的效率前沿边界为折线 ABCD;E 是无效率的,它被效率前沿边界 ABCD 所包络。所有决策单元都只能在效率前沿边界及其右上方。以 C 点为例,C 处在效率前沿边界上,此时该点的 CCR 模型效率值为 1。但是超效率模型在计算 C 点的效率值时,将 C 点排除在构成效率前沿边界的参考集合之外,于是此时的效率前沿边界就由折线 ABCD 变成了折线 ABD,此时 C 点的效率值 $TE_C = OC'/OC > 1$。而对于在 CCR 模型中本来就是 DEA 无效率的决策单元 E,在超效率模型中其所面临的效率前沿边界仍旧是 ABCD,其效率值与在 CCR 模型下得到的效率值一致,仍为 $TE_E = OE'/OE < 1$。

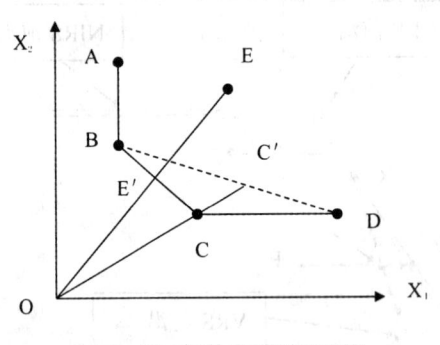

图 7-5 超效率模型原理图

根据这一思路,建立线性规划模型:

$$\text{Max} \quad h_{j0}^t = \sum_{r=1}^{s} u_r y_{rj0} \quad (7-11)$$

$$s.t \quad \sum_{i=1}^{m} v_i x_{ij0} = 1$$

$$\sum_{r=1}^{s} u_r y_{rj} - \sum_{i=1}^{m} v_i x_{ij} \leq 0, \quad j = 1, \cdots, t-1, t+1, \cdots, n$$

$$u_r, v_i \geq 0, \quad i = 1, \cdots, m, \quad r = 1, \cdots, s$$

完全有效率要求既没有无效率又没有投入要素的松弛。这就是传统 DEA 模型所无法解决的主要问题,不考虑投入松弛的影响直接运用 CCR 和 BCC 模型有可能造成对效率测度的偏误。为了解决投入和产出的松弛问题，Kaoru Tone（2001）提出 SBM（Slacks-based Measure）模型很好地解决了 CCR 和 BCC 模型存在的缺陷。它与传统的 DEA 模型的不同之处，在于把松弛变量直接放入了目标函数中，这样传统 DEA 模型的投入和产出松弛问题就不存在了。

之所以采用非径向超效率 DEA 模型计算科技投入产出效率，是为了使效率为 1 的地区之间效率可比，这样提高了精度和区分度，另外也克服了传统效率测度模型的缺陷。

（四）Malmquist 指数

Malmquist 指数最初由 Malmquist（1953）提出，Caves 等（1982）首先将该指数应用于生产率变化的测算，此后与 Charnes 等建立的 DEA 理论相结合，在生产率测算中的应用日益广泛。

以 t 时期技术 T^t 为参照，基于产出角度的 Malmquist 指数可以表示为：

$$M_0^t(x_{t+1}, y_{t+1}, x_t, y_t) = d_0^t(x_{t+1}, y_{t+1}) / d_0^t(x_t, y_t) \quad (7-12)$$

类似地，以 $t+1$ 时期技术 T^{t+1} 为参照，基于产出角度的 *Malmquist* 指数可以表示为：

$$M_0^{t+1}(x_{t+1}, y_{t+1}, x_t, y_t) = d_0^{t+1}(x_{t+1}, y_{t+1}) / d_0^{t+1}(x_t, y_t) \quad (7-13)$$

为避免时期选择的随意性可能导致的差异，仿照 Fisher 理想指数的构造方法，Caves 等用式（7-12）和式（7-13）的几何平均值即（7-14）式，作为衡量从 t 时期到 $t+1$ 时期生产率变化的 Malmquist 指数。该指数大于 1 时，表明从 t 时期到 $t+1$ 时期全要素生产率是增长的。

$$M_0(x_{t+1}, y_{t+1}, x_t, y_t) = \left[\frac{d_0^t(x_{t+1}, y_{t+1})}{d_0^t(x_t, y_t)} \times \frac{d_0^{t+1}(x_{t+1}, y_{t+1})}{d_0^{t+1}(x_t, y_t)} \right]^{1/2} \quad (7-14)$$

式（7-14）中，(x_{t+1}, y_{t+1}) 和 (x_t, y_t) 分别表示 $(t+1)$ 时期和 t 时期的投入和产出向量；d_0^t 和 d_0^{t+1} 分别表示以 t 时期技术 T^t 为参照，时期 t 和时期 $(t+1)$ 的距离函数。

根据上述处理所得到的 Malmquist 指数具有良好的性质，它可以分解为不变规模报酬假定下技术效率变化指数（*Ech*）和技术进步指数（*Tch*），其分解过程如下：

$$M_0(x_t, y_t, x_{x+1}, y_{t+1}) = \frac{D_0^t(x_{t+1}, y_{t+1})}{D_0^t(x_t, y_t)} \left[\frac{D_0^t(x_{t+1}, y_{t+1})}{D_0^{t+1}(x_{t+1}, y_{t+1})} \times \frac{D_0^t(x_t, y_t)}{D_0^{t+1}(x_t, y_t)} \right]^{1/2} (7-15)$$

其中技术效率变化指数（*Ech*）还可进一步分解为纯技术效率指数（*Tech*）和规模效率指数（*Sech*）。即：

$$Ech = \frac{d_0^{t+1}(x_{t+1}, y_{t+1})}{d_0^t(x_t, y_t)} = \frac{SE_0^{t+1}(X_{t+1}, Y_{t+1})}{SE_0^t(X_t, Y_t)} \times \frac{d_0^{t+1}(X_{t+1}, Y_{t+1}|V)}{d_0^t(X_t, Y_t|V)} \quad (7-16)$$

从而：

$$M_0(X_t, Y_t, X_{t+1}, Y_{t+1}) = TFPch = Tch \times Sech \times Tech = Tch \times Ech \quad (7-17)$$

三、变量与数据

投入变量为资本、劳动力、信息资源，产出变量为地区国内生产总值，所有数据均来自于 2002—2009 年中华人民共和国统计年鉴，实际数据为 2001—2008 年中国 31 个省区市的面板数据。数据来源与摘要统计量与第六章第一节完全相同。

四、实证结果

（一）全要素生产率的变化及其分解

表 7-4　2001—2008 年中国 Malmquist 指数及其分解

年度	技术效率 Ech	技术进步 Tch	纯技术效率 Pech	规模效率 Sech	全要素生产率 TFPch
2002	0.966	0.946	0.959	1.008	0.914
2003	0.969	1.007	0.982	0.987	0.976
2004	0.98	0.975	0.989	0.991	0.956
2005	0.983	0.996	0.987	0.996	0.979
2006	1.016	0.941	1.015	1.001	0.956
2007	0.997	0.969	1.01	0.988	0.966
2008	0.969	1.037	0.988	0.981	1.005
均值	0.983	0.981	0.99	0.993	0.964

采用 Tim Coelli 的 DEAP2.1 软件进行 DEA 分析，结果如表 7-4、表 7-5 所示。从全国的平均水平看，2001—2008 年，中国的纯技术效率和规模效率总体略有下降，但水平较高，技术进步水平也略有下降，低于技术效率水平，导致全要素生产率为 0.964，说明中国必须重视调整产业结构，改变经济增长方式。

表7-5 2001—2009年中国地区Malmquist指数及其分解

序号	地区	技术效率 Ech	技术进步 Tch	纯技术效率 Pech	规模效率 Sech	全要素生产率 TFPch
1	北京	0.963	1.04	0.977	0.986	1.001
2	天津	1	1.052	1	1	1.052
3	河北	0.975	0.969	0.975	1	0.945
4	山西	0.979	0.971	0.981	0.998	0.951
5	内蒙古	1.007	0.975	1.004	1.002	0.981
6	辽宁	1	1.022	1	1	1.022
7	吉林	0.986	0.981	0.987	0.999	0.968
8	黑龙江	0.986	0.974	0.988	0.998	0.96
9	上海	1	1.034	1	1	1.034
10	江苏	0.996	0.977	1	0.996	0.974
11	浙江	0.984	0.987	1	0.984	0.972
12	安徽	0.994	0.95	0.996	0.998	0.945
13	福建	0.98	1.056	0.98	1	1.035
14	江西	0.989	0.934	0.992	0.997	0.924
15	山东	1	0.958	1	1	0.958
16	河南	0.982	0.955	0.982	1	0.938
17	湖北	0.987	0.965	0.988	0.999	0.953
18	湖南	0.987	0.959	0.988	0.999	0.946
19	广东	0.987	1.086	1	0.987	1.072
20	广西	0.978	0.958	0.98	0.998	0.937
21	海南	0.974	0.978	1.023	0.952	0.952
22	重庆	0.969	0.962	0.973	0.996	0.932
23	四川	0.982	0.956	0.98	1.002	0.939
24	贵州	0.948	0.949	0.954	0.994	0.9
25	云南	1	0.999	1	1	0.999
26	西藏	0.955	0.963	1	0.955	0.92
27	陕西	0.983	0.974	0.985	0.998	0.957
28	甘肃	0.974	0.929	0.981	0.993	0.905
29	青海	0.979	0.965	1	0.979	0.945
30	宁夏	0.981	0.968	1	0.982	0.95
31	新疆	0.97	0.985	0.972	0.998	0.956
	平均	0.983	0.981	0.99	0.993	0.964

从规模效率看，有8个地区规模效率水平较高，包括天津、河北、辽宁、上海、福建、山东、河南、云南，东部地区5个，中部地区2个，西部地区1个；最低的10个省区市依次是，海南、西藏、青海、宁夏、

浙江、北京、广东、甘肃、贵州、江苏，东部地区5个，西部地区5个；中国东、中、西部地区规模效率没有什么显著差距。

从纯技术效率看，有13个省区市效率超过1，包括海南、浙江、广东、江苏、天津、辽宁、上海、山东、内蒙古、西藏、青海、宁夏、云南，东部地区有8个，西部地区有5个。规模效率较低的10个省区市依次是贵州、新疆、重庆、河北、北京、四川、福建、广西、陕西、甘肃，东部地区2个，中部地区1个，西部地区7个，纯技术效率较低地区以西部地区为主。由于技术进步因素已经分离，纯技术效率反映了不同地区一定技术和管理条件下的产出水平。

技术效率是规模效率与纯技术效率的乘积，有6个省区市效率超过1，分别是内蒙古、天津、辽宁、上海、山东、云南，东部地区4个，西部地区2个。最低的10个省区市依次是贵州、西藏、北京、重庆、新疆、甘肃、海南、河北、广西、陕西，东部地区2个，中部地区1个，西部地区7个，技术效率较低地区以西部地区为主。

有6个省区市技术进步大于1，依次是广东、福建、天津、北京、上海、辽宁、云南，东部地区有5个，西部地区1个。技术进步最小的10个省区市依次是甘肃、江西、贵州、安徽、河南、四川、广西、山东、湖南、重庆，东部地区1个，中部地区4个，西部地区5个。也就是说，技术进步东部地区与中西部地区差距比较明显。

全要素生产率是技术效率与技术进步的乘积。全要素生产率大于1的6个省区市依次是广东、天津、福建、上海、辽宁、北京，全部是东部地区。最低的10个省区市依次是贵州、甘肃、西藏、江西、重庆、广西、河南、四川、安徽、青海，全部是中西部地区。

也就是说，纯技术效率的地区差距不大，规模效率较低地区以西部地区为主，它们的乘积技术效率较低地区以西部地区为主。技术进步东部地区和中西部地区差距明显，导致了全要素生产率东部地区要高于中西部地区。

北京作为首都，纯技术效率、规模效率、技术效率都不高，这可能与其作为政治经济中心的地位是相符的，不能简单地用经济产出对首都进行衡量。北京的技术进步比较明显，这和北京科技实力较强有很大的关系。

（二）2001—2008年投入要素的综合节约率

为了进一步分析资本、劳动力、信息资源3个投入变量的利用效率，采用超效率非径向投入最小的DEA模型进行估计，将2001—2008年期间248个省市放在一起估计，得到各投入要素的理想投入，由于理想投入总是小于等于实际投入，因此理想投入与实际投入的比值实际上就是资源的利用效率，最后将各省市进行分类汇总，再计算各省市的资源利用效率，结果如表7-6所示。

表7-6 各地区投入要素节约率

序号	地区	资本利用率%	劳动力利用率%	信息资源利用率%
1	北京	44.08	70.13	82.79
2	天津	97.64	92.58	96.14
3	河北	52.57	67.63	96.68
4	山西	41.27	58.22	85.48
5	内蒙古	48.50	50.14	96.25
6	辽宁	88.70	94.53	98.60
7	吉林	48.08	62.71	84.06
8	黑龙江	49.40	65.03	92.43
9	上海	90.70	93.33	97.45
10	江苏	92.30	96.65	99.09
11	浙江	65.20	78.74	86.46
12	安徽	82.26	48.82	91.31
13	福建	62.24	65.26	79.51
14	江西	38.88	24.73	77.07
15	山东	97.38	91.04	92.22
16	河南	54.62	43.63	96.61
17	湖北	47.81	58.96	98.64
18	湖南	52.33	45.03	91.00
19	广东	81.85	76.33	77.68
20	广西	49.78	40.59	72.36
21	海南	54.71	66.26	66.90
22	重庆	54.93	44.82	77.20
23	四川	52.01	38.45	87.15
24	贵州	35.95	28.39	56.12
25	云南	87.59	96.62	95.53
26	西藏	61.26	99.60	70.62
27	陕西	22.90	43.97	68.31
28	甘肃	33.77	33.26	64.12
29	青海	41.05	79.08	82.13
30	宁夏	44.24	72.41	71.34
31	新疆	62.78	40.59	70.02
	平均值	59.25	63.47	83.91

资本的平均利用效率为59.25%，劳动力的节约率为63.47%，信息资源的节约率为83.91%。也就是说，信息资源的利用效率最高，其次是劳动力，最后是资本，说明中国靠投资驱动的经济增长存在着巨大的浪费。

地区信息资源利用效率，东部地区的平均效率为87.69%，中部地区为89.57%，西部地区为75.93%，东部和中部相差不大，但西部和东、中部地区有一定的差距。

（三）技术效率与投入产出变量的关系

为了定量分析技术效率与投入产出变量之间的关系，选取技术效率作为因变量E，各省市的GDP、资本、劳动力、信息资源作为自变量，回归结果如下：

$$E = -1.963 + 1.1011\log(Y) - 0.273\log(K) - 0.323\log(L) - 0.578\log(I)$$
$$(-21.223^{***})(29.339^{***})(-19.654^{***})(-21.638^{***})(-21.285^{***}) \quad R^2 = 0.789$$

(7-18)

从回归结果看，所有变量在1%的水平上都通过了统计检验，R^2值为0.789，属于中等程度的相关。投入要素的符号为负数，GDP的符号为正数，即表示投入要素增加会导致效率降低，而产出增加表示效率提高，这和技术效率的本质含义是一致的。从弹性系数看，经济产出的弹性系数最高，对投入要素而言，信息资源弹性系数的绝对值最大，其次是劳动力，最后是资本。也就是说，信息资源投入每减少1%，会导致投入产出效率提高0.578%，说明深化利用信息资源的成效是显著的。

本章小结

对信息资源发展影响最大的因素是经济发展水平，经济发展是信息资源建设重要的基础；其次是教育水平，教育水平越高，信息搜集处理水平及应用水平越高；科技水平对信息资源的贡献较小，可能是获取信息与知识的难易程度不一致所致，收入水平对信息资源没有影响。

从资本、劳动力、信息资源的投入产出效率看，纯技术效率、规模效率、技术效率的地区差距不大，但由于技术进步东部地区和中西部地区差距明显，导致了全要素生产率东部地区和中西部地区存在显著差距。

在理想投入情况下，信息资源的利用效率最高，资本和劳动力的利用效率均比较低。信息资源对效率的弹性系数绝对值最大，在现有技术水平下，提高信息资源的利用效率对整个投入产出效率提高最为显著。

第八章 结论与政策建议

第一节 研究的主要结论

一、信息资源的作用机制是多样化、层次化的

（一）信息资源的范畴非常广泛

信息资源的范畴非常广泛，它是用来创造社会财富，增进人类福利的，经过加工处理的有用信息的集合，包括社会生活中的各种信息。人类将客观世界的状况记录和存储，形成数据，信息是对数据进行加工和处理的结果，知识是系统化的信息。人类活动总是建立在一定的知识和信息基础上，通过人类活动来改造客观世界。信息资源与知识是有区别的，它是一个宏观概念，微观上称为信息。

（二）采用邮电业务额作为信息资源的替代变量是实证研究较好的方式

信息资源与知识、信息化、信息基础设施、信息产业的内涵不同，本书的实证研究也表明，信息媒体之间存在较强的替代性，加上指标体系权重确定的主观性，因此采用指标体系测度信息资源是不科学的。邮电业务额包括了函件、特快专递、报刊发行、固定电话、移动电话、互联网等内容，是典型的信息资源传播与存储，采用邮电业务额作为信息资源的替代变量，较好地克服了指标体系存在的问题，也能更好地反映信息资源领域的新生事物。

（三）深化信息资源的利用能加快知识与技术进步的步伐，从而促进经济增长

信息资源和显性知识的传播途径可以一致，只不过知识掌握的难度要超过信息资源。知识的传播和运用首先是信息资源的处理过程，人们总是在对知识信息进行充分评估分析的基础上决定是否学习或引进该知识。因此，对知识信息的加工和准确描述，加速知识信息的传播具有十分重要的意义。

知识是社会发展的根本动力。如果没有知识的发展，没有科技的进步，信息资源利用即使再发达，其利用效果是有边界的，而知识进步的利用效果是没有边界的。由于知识和信息资源都带有部分准公共物品的性质，通过深化信息资源的利用，可以加快先进技术、先进管理等知识的普及，从而促进经济增长和社会进步。

知识与信息资源是相辅相成的，知识的推广和应用总是离不开信息的传播，而信息资源的传播、处理、搜集又离不开信息技术的发展，离不开信息接受者的知识积累。

（四）信息资源能够节约部分自然资源，从而改变经济增长方式

与有形有限的自然资源相比，信息资源的开发利用具有十分重要的意义，信息资源的传播能带来自然资源的节约，并且能够加快知识和技术的传播，提高科技创新效率，通过改善管理模式带来自然资源的节约，还可以通过产品创新来节省有形资源。信息资源可以部分节约自然资源，但自然资源并不能节约信息资源。与昂贵而稀缺的自然资源相比，信息资源几乎是无限的，其中相当部分的信息资源具有准公共物品的特点，是廉价甚至是免费的，深化利用信息资源对中国这样的自然资源缺乏型人口大国具有深远的影响。

（五）信息资源通过影响决策和行为来改变世界，进而影响社会经济发展

信息在微观层次深深地影响着组织和个人的决策，继而影响着人们的行为，对行为结果的反馈和评估本质上也是信息搜集与处理的过程。因此，信息对组织与个人行为的影响是深远的，人类社会的变迁就是在组织与个人行为的基础上发生的，信息是社会变迁的重要推动力量。

二、中国地区信息资源差距正日趋缩小

从电信指标看，作为信息资源基础设施的固定电话与移动电话的地区差距都在缩小，移动电话的地区差距水平正急剧缩小，接近固定电话。作为地区间远距离信息资源指标的长途电话次数的地区差距呈不稳定的波动状态，总体上是缩小的。

从邮政指标看，函件量的地区差距正逐渐拉大，并且呈现负增长，主要原因是其他通讯手段的替代所致。特快专递量的地区差距呈现不稳定的波动状态，总体趋势在拉大。报刊期发数的地区差距总体上是缩小的，并且呈现负增长，主要原因是报刊发行的渠道变革所致。报刊期发数的差距水平要小于特快专递和函件。需要说明的是，由于邮政业务多元化经营发展较快，传统的国有邮政份额受到越来越多的挑战，其中相

当部分数据没有进入统计年鉴,因此要全面进行分析。

互联网地区差距总体上逐步缩小,域名的地区差距缩小的速度要高于网站。域名和网站的地区差距均超过网民地区差距,主要原因是网站技术含量高,其普及速度存在技术瓶颈,而域名主要是认识上的问题,反映了互联网普及后人们观念的提高。

邮政业务额的地区差距在慢慢变大。电信业务额的地区差距虽然有波动,但总体趋势是缩小的。邮电业务额与电信业务额的地区差距水平略高于邮政业务额,虽然有所波动,但总体趋势是缩小的。

三、信息资源对经济增长的贡献是动态变化的,总体上小于劳动力和资本

由于生产率悖论,改革开放初期信息资源对经济增长的贡献为负,信息资源对经济增长的贡献被高估了。随着信息技术的普及和发展,我国生产率悖论消失。信息资源对经济增长的贡献总体上小于劳动力和资本,而经济增长对信息资源的带动作用比较显著。

四、无效率损失时信息资源对经济增长的贡献更大

在信息资源利用效率没有损失的情况下,理想信息资源投入对经济增长的贡献比较稳定,其弹性系数高于实际信息资源投入的弹性系数,也就是说,由于存在效率损失,导致信息资源对经济增长的贡献被低估了。而资本和劳动力的贡献则被高估了。最近10多年来,理想劳动力的弹性系数最大,理想信息资源的弹性系数次之,理想资本的弹性系数最低。

五、缩小地区信息资源差距有助于缩小地区经济发展差距

面板数据的实证研究表明,资本的弹性系数最大,劳动力次之,信息资源最小,但总体相差不大。从投入要素的差距看,劳动力的地区差距最小,资本的地区差距最大。投入要素中,资本和信息资源的地区差距逐渐缩小,劳动力基本维持不变,并且呈现出一定的波动,经济发展水平的地区差距处于轻微波动状态,基本维持不变。

只要投入要素的地区差距缩小,必然会带来经济发展水平地区差距的缩小。由于信息资源是无形资源,传播方便,相当部分的信息资源是公共物品。因此,促进信息资源欠发达地区信息资源建设,缩小信息资源差距,是缩小地区经济差距的有效手段。

由于劳动力应用的刚性以及有形资源的稀缺性,信息资源的地位尤

为重要。信息资源是准公共物品，流动容易，费用相对低廉，是取之不尽用之不竭的无形资源，缩小信息资源差距既是提高居民信息福利的需要，也是促进经济欠发达地区经济增长和区域经济均衡发展的有力措施。信息资源除了对经济的推动作用以外，还是社会人的根本需求，能和有形商品消费一样能直接给人类带来愉悦，其意义是深远的。

六、不同地区信息资源对经济增长贡献的弹性系数相差不大

根据最近几年的面板数据研究表明，对于经济欠发达地区和较发达地区，信息资源的贡献要略大于经济中等发达地区，信息资源弹性系数的变化呈 U 型曲线。中国不同地区信息资源对经济增长贡献的弹性系数相差不大，不存在东部地区信息资源贡献的弹性系数较大，中西部地区信息资源贡献的弹性系数较小的问题，呈现出良好的发展态势。

七、信息资源的影响因素主要有经济发展水平、教育与科技

对信息资源发展影响最大的因素是经济发展水平，经济发展是信息资源建设重要的基础；其次是教育水平，教育水平越高，信息搜集处理水平及应用水平越高；科技水平对信息资源的贡献较小，可能是科技和信息深层次的内涵不同，科技水平的增加会导致信息传递、处理、存储能力的提高，但由于获取信息与知识的难易程度也不一致，从而导致科技的弹性系数最小。

八、资本、劳动力、信息资源的利用效率有待提高

（一）各地区技术进步不一致，但效率相差不大

从资本、劳动力、信息资源的投入产出效率看，纯技术效率、规模效率、技术效率的地区差距不大，但由于技术进步东部地区和中西部地区差距明显，导致了全要素生产率东部地区和中西部地区存在显著差距。

（二）信息资源的利用效率高于资本和劳动力

在理想投入情况下，信息资源的利用效率最高，资本和劳动力的利用效率均比较低。信息资源对效率的弹性系数绝对值最大，在现有技术水平下，提高信息资源的利用效率对整个投入产出效率提高最为显著。

第二节 政策建议

一、进一步深化信息资源的应用

信息资源开发利用是信息化建设的核心，全面提高信息资源开发利用水平，切实加强信息资源对经济、社会、公众的服务能力，是落实科学发展观，实现社会主义物质文明、政治文明和精神文明协调发展的重要途径。深化信息资源应用可以加快知识与技术进步的步伐，节约自然资源，影响和改变组织及个人的决策与行为，从而对经济与社会产生深远的影响。信息资源的地位必须得到应有的重视，加快信息资源的传播，促进信息资源的共享必须成为人们的共识。

（一）营造信息资源开发利用的良好环境

加强信息资源开发利用，要不断加强信息资源开发利用的政策、法规、标准等基础性工作，提高全民信息意识，强化对信息资源开发利用的组织管理，加大对信息资源开发利用的资金投入，充分完善信息资源开发利用工作的良好环境。

（二）加强公益性信息资源建设

对有价值的信息必须通过市场进行调节，对公共物品属性的信息要鼓励传播和共享，政府在信息资源建设中要通过经济、法律、行政等手段进行宏观管理，确保信息资源的传播、共享和应用。

对于公益性信息资源，要围绕经济和社会需求，加快建设开放实用的公益性信息资源数据库，并向社会提供多样化服务；建立政府支持、市场推动的公益性信息资源开发利用机制，规范和促进社会公益性信息资源开发利用的多元化健康发展，不断增强信息资源的公益性服务能力，充分发挥信息资源的社会效益。

（三）深化政府信息资源的利用

政务信息资源是指政府中与信息采集能力，信息处理能力，信息利用能力，以及信息交流能力有关的一切资源，包括人员、设备、资金、信息及技术。要加强政府网络和信息资源数据库建设，完善各级政府信息资源开发利用政策体系，重点推动政务信息公开和政务信息共享应用，促进政府信息资源的公益性和商业性开发利用，不断提高政务信息资源的社会公共服务能力。

（四）大力发展信息服务业

发展信息服务业是信息资源开发利用实现商品化、市场化和专业化的关键，是提高信息资源开发利用水平的有效手段。要制定促进信息服务业发展的政策规划和行业规范，建成基本健全的信息服务业体系；改造提升传统信息服务业，不断开拓信息服务新领域，如移动商务、商务智能等，扶持信息服务企业发展，大力发展软件服务业、网络信息服务业，加速壮大电信、广播电视增值服务业，积极推进电子商务，培育和繁荣集成、监理、咨询、培训等新型信息服务业市场，形成合理的信息服务业框架体系。

二、加强信息资源欠发达地区信息基础设施建设

信息资源基础设施建设是缩小信息资源差距的最重要的举措，尤其要重视经济欠发达地区的建设。信息基础设施发达，信息资源建设才有良好的保证。政府在这方面必须发挥主导作用，在信息基础设施建设方面，完全依靠市场调节是不可取的。首先，信息资源欠发达地区一般经济相对落后，信息基础设施投入较大，资金回收慢，投资收益一般要低于信息资源发达地区。其次，信息资源建设关系到国家安全和社会稳定。再者，信息资源建设尤其是欠发达地区信息资源建设关系到居民的信息福利，这是由信息资源的准公共物品属性所决定达到。

三、教育和科技是促进信息资源建设的根本措施

信息资源与教育程度紧密相关，单纯从信息资源的角度讲，办好教育具有十分重要的作用。当然，教育是一项长期而艰巨的任务，政府对此一直比较重视，采取各种措施降低地区间教育水平的差距，并且在农村地区首先取消了义务教育收费。随着国家经济的发展，会有更大的人力、物力和财力投入教育，加上教育资源配置的进一步科学化与合理化，相信地区间的信息资源差距会随之逐步变小。

科技水平的提高是信息资源建设的根本保障，可以提高信息技术水平，加强信息存储、传播、处理的效率，有利于信息资源的深化利用。

四、加强信息监管，提高信息资源质量

一方面，信息资源基础设施不能满足需求，国家每年花费大量的人力物力进行信息资源基础设施的建设；另一方面，冗余信息、垃圾信息、不良信息泛滥，白白浪费信息设施，更为严重的是给社会造成许多负面的影响，这种现象在互联网上尤为严重。国家信息监管部门应加大信息

监管力度，制订相关法律政策，同时采用必要的技术手段进行防范。

五、加强管理，提高各地区的投入产出效率

虽然地区间经济投入产出相差不大，但总体资本、劳动力、信息资源的投入产出效率并不高，存在着巨大的浪费。由于在没有效率损失的理想状态下，信息资源对经济增长的贡献要大于实际信息资源对经济增长的贡献，因此提高效率不仅可以优化信息资源自身的配置，而且对经济增长带来更为强大的动力。

必须深入分析效率较低地区投入产出中存在的问题，学习效率较高地区的经验，以便最大限度地节省有限的资源，促进产业结构调整，使经济走上良性发展的轨道。

第三节 研究展望

由于数据和篇幅的限制，后续的研究工作将重点在以下两个方面进行。

一、中国和国外同类国家信息资源利用的比较研究

基于地区间的差距，通过信息资源与经济增长之间关系的研究，一些结论是令人欣慰的，比如中国地区间信息资源的差距日趋缩小、不同地区信息资源对经济增长贡献的弹性系数并没有显著差距、无效率损失时信息资源对经济增长的贡献更大、地区间经济的投入产出效率并没有显著差距等等。但是，与国际上同类型的国家比较，比如印度、巴西等金砖国家，中国这方面有优势吗？它们有什么可供借鉴的经验？这一切有待进一步深入研究。

二、信息资源的城乡差距及其影响研究

本书重点研究了地区信息资源差距，这仅是信息资源差距的一个重要部分。地区内部信息资源的城乡差距更大，那么农村信息资源与城市信息资源的贡献有什么区别？它们的投入产出效率如何？农村和城市信息资源的影响因素有什么不同？不同地区农村和城市的信息资源贡献有什么特点？国家在农村信息化和农村信息资源建设中应该采取哪些行之有效的对策？这些也是需要进一步研究的问题。

参 考 文 献

[1] Machlup F, 1962: "The Production and Distribution of Knowledge in the United States", New Jersy *Princeton University Press*.
[2] 马克·波拉特著:《信息经济论》,长沙,湖南人民出版社 1987 年版。
[3] 小松崎清介等著:《信息化与经济发展》,李京文等译,北京,社会科学文献出版社 1994 年版。
[4] 陈昆玉:《社会信息化水平测度模型及其应用》,《情报科学》2001 年第 1 期。
[5] 王俊、张光宇:《广东社会信息化水平测度及分析》,《情报杂志》2002 年第 6 期。
[6] 宋秉芳、吕胜利:《日本信息化指数模型指标间信息重叠分析》,《情报理论与实践》1998 年第 6 期。
[7] 王亮:《成都市社会信息化水平测度及分析》,《中共四川省委省级机关党校学报》2005 年第 1 期。
[8] 卢丽娜:《山东省信息化水平测度与发展对策研究》,《山东社会科学》2004 年第 8 期。
[9] 胡芒谷:《中国信息产业发展水平的评价方法和指标体系研究》,《情报学报》1997 年第 8 期。
[10] 陈向东、傅兰生:《中国产业信息化水平测度研究》,《科研管理》1999 年第 11 期。
[11] 修文群:《区域信息化的测度与评价》,《情报学报》2004 年第 2 期。
[12] 靖继鹏、王欣:《信息产业结构与测度方法比较研究》,《情报科学》1993 年第 6 期。
[13] 贾怀京、许飞月:《信息化指数模型及 1985—1994 年中国信息化水平测定》,《情报学报》1997 年第 6 期。
[14] 梁海丽、于洪彬:《中国信息化水平指数测度研究》,《情报资料工作》1999 年第 4 期。
[15] 陈建中、白万平:《信息化水平的测度方法及贵州省信息化指数的比较研究》,《贵州财经学院学报》1999 年第 2 期。
[16] 郑建明、王育红:《信息测度方法模型分析》,《情报学报》2000 年第 12 期。
[17] 朝乐门、王丽萍:《信息化整体水平测度研究》,《图书馆建设》2001 年第 1 期。
[18] 俞立平:《国家信息化指标体系修正研究》,《情报杂志》2005 年第 12 期。
[19] 孙建军、苏君华:《江苏省信息化水平测度》,《情报杂志》2005 年第 8 期。

[20] 邓小昭、邬晓鸥等：《论信息化指标体系研究中的几个理论问题》，《情报学报》2003年第2期。

[21] 丛敬军、韩玉伟等：《社会经济信息化测度与评估研究报告》，《图书情报工作》2003年第7期。

[22] Borko H, Menou M I, 1982: "Index of Information Utilization Potential", *Final Report of Phase 2 of the IUP Pilot Project*, Los Angeles; GSLIS/UCLA.

[23] 杨雅婷、马博、苏国平等：《区域信息化水平评价方法》，《计算机工程》2010年第7期。

[24] 周跃锋、丁旺旺、齐鑫：《基于模糊综合评价法的农村信息化指标体系研究》，《农村经济与科技》2010年第8期。

[25] 杨诚、蒋志华：《我国农村信息化评价指标体系构建》，《情报杂志》2009年第2期。

[26] 毕然、魏津瑜、王华峰：《基于ANP的天津市信息化水平评价指标体系研究》，《情报科学》2008年第12期。

[27] 滕勇、魏隽、吴育华：《信息化测度递阶多层次灰色评价方法研究》，《数量经济技术经济研究》2001年第7期。

[28] 石洪斌、陈畴镛：《二元经济条件下的社会信息化水平测度方法》，《杭州电子工业学院学报》2001年第12期。

[29] 付兵荣：《城市信息化测度指标体系设计及应用》，《情报科学》2003年第3期。

[30] 王君、杜伟：《我国传统产业信息化水平测度研究》，《情报学报》2003年第2期。

[31] 谢康、肖静华：《信息资源测度、国际比较与中国的战略选择》，《情报学报》1997年第3期。

[32] 王爽英：《湖南省信息资源发展水平的测算和比较研究》，《情报杂志》2008年第7期。

[33] 刘灿姣、陈能华：《我国西部地区信息资源建设定量分析》，《中国图书馆学报》2003年第5期。

[34] 徐世伟：《对信息资源测度"信息资源丰裕系数"的解析与优化探讨》，《重庆工商大学学报（社科版）》2004年第3期。

[35] 申彦舒：《基于因子分析的我国各地区网络信息资源发展水平综合评价》，《情报探索》2010年第3期。

[36] 宋海艳、郑建明：《社会信息化之信息资源测度指标构建及发展水平测度研究》，《图书情报工作》2008年第5期。

[37] 汪祖柱、徐冬磊：《网络信息资源的模糊综合评价研究》，《情报理论与实践》2009年第2期。

[38] 矫健、黄仕群：《一种网络信息资源综合评价的新方法》，《情报理论与实践》2008年第1期。

[39] 吕淑丽、曾旗、张乾林：《国家信息化水平测度的神经网络实现》，《河南理工大学学报》2005年第2期。

［40］翁佳、谷俊：《社会信息化测度体系中信息资源指标集的构建与分析》，《图书情报工作》2008 年第 3 期。

［41］曾文武、刘冬红：《建立科学的信息资源建设评估指标体系》，《情报科学》2004 年第 2 期。

［42］吕静、邹小筑：《国内网络信息资源评价研究综述》，《图书馆学研究》2010 年第 4 期。

［43］郝金星：《信息价值测度的注意力模型》，《情报学报》2003 年第 10 期。

［44］Martin, Steven P, 2003：" Is the Digital Divide Really Closing?：A Critique of Inequality in A Nation", *Working paper.*

［45］Jayajit Chakraborty, M Martin Bosman, 2005：" Measuring the Digital Divide in the United States：Race, Income, and Personal Computer Ownership", *Working paper March.*

［46］Arquette, T. J, 2001："Assessing the Digital Divide：Empirical Analysis of a Meta - analytic Framework for Assessing the Current State of Information and Communication System Development", *Department of Communication Studies, Northwestern University.*

［47］Martin S P, 2003："Is the digital divide really closing? A critique of inequality measurement in a nation online", *IT & society.*

［48］DiMaggio, Paul J. & Walther W. Powell 1991："*Introduction*", Walther W. Powell & Paul J. DiMaggio (eds)：*The New Institutionalism in Organizational Analysis*, Chicago, University of Chicago Press.

［49］Dewan, S. & Riggins, F. J, 2005：" The Digital divide：Current and Future Research Directions", *Journal of the Association for Information Systems .*

［50］黄金、赵冬梅：《我国数字鸿沟散敛发展趋势研究》，《情报杂志》2010 年第 9 期。

［51］陈建龙、胡磊、潘晓丽：《国内外数字鸿沟测度基本指标计算方法比较研究》，《情报杂志》2009 年第 9 期。

［52］薛伟贤、冯宗宪、王健庆：《中国网络经济水平测度指标体系设计》，《中国软科学》2004 年第 8 期。

［53］康建强、唐曙南：《弥合数字鸿沟 发展数字经济》，《情报杂志》2002 年第 7 期。

［54］袁勤俭、黄奇等：《空间位置对美国数字鸿沟影响分析》，《情报杂志》2004 年第 9 期。

［55］陈爱娟、姜福强等：《陕西城市间"数字鸿沟"测度研究》，《情报杂志》2005 年第 11 期。

［56］汪明峰：《互联网使用与中国城市化》，《社会学研究》2005 年第 6 期。

［57］Crenshaw, Edward and Kristopher K. Robison, 2006：" Globalization and the Digital Divide：The Roles of Structural Conduciveness and Global Connection in Internet Diffusion", *Social Science Quarterly.*

［58］Rowena, Gullen, 2001："Addressing the digital divide", *Online information review.*

[59] Dewan, S., Shi, C. and Gurbaxani, V, 2007: "Investigating the Risk – Return Relationship of Information Technology Investment: Firm – Level Empirical Analysis", *Management Science*.

[60] 薛伟贤、刘骏:《数字鸿沟主要影响因素的关系结构分析》,《系统工程理论与实践》2008年第5期。

[61] 王兴华:《数字鸿沟与中国经济增长》,《统计与信息论坛》2010年第7期。

[62] 刘芸:《关于国际数字鸿沟影响因素的实证分析》,《统计观察》2007年第5期。

[63] 胡鞍钢、周绍杰:《新的全球贫富差距：日益扩大的数字鸿沟》,《中国社会科学》2002年第3期。

[64] 赵冬梅、杨杰等:《贫富差距与数字鸿沟》,《安徽师范大学学报（人文社会科学版）》2004年第9期。

[65] Tim Turpin, Russel Cooper, 2005: "Technology, Adaptation, and Public Policy in Developing Countries: The Ins and Outs of the Digital Divide", *Minerva*.

[66] Joseph F Donnermeyer C Ann Hollifield, 2003: "Digital Divide Evidence in Four Rural Towns", *IT& Society*.

[67] H Huang, C Keser, J Leland, J Shachat Trust, 2003: "The Internet, and the Digital Divide", *IBM Systems Journa*.

[68] Mauro F Guillen, Sandra L Suarez, 2005: "Explaining the Global Digital Divide: Economic, Political and Sociological Drivers of Cross National Internet Use", *Social Force*.

[69] Jos De Haan, 2004: "A Multifaceted Dynamic Model of the Digital Divide", *IT& Society*.

[70] 何枭吟:《美国数字鸿沟解读》,《统计与决策》2009年第13期。

[71] 薛伟贤、张飞燕:《数字鸿沟的成因、测度、影响及弥合方法》,《软科学》2009年第1期。

[72] 张维迎:《跨越数字鸿沟必须填平制度鸿沟》,《国际商务》2001年第4期。

[73] 盛晓白:《观念革命——消除中美数字鸿沟的突破口》,《改革与战略》2001年第5期。

[74] 杨琳、李明志:《中国地区间数字鸿沟的现状与对策》,《软科学》2002年第4期。

[27] 朱莉、朱庆华:《从我国互联网络宏观状况看数字鸿沟问题——对CNNIC最近6次互联网信息资源调查报告的分析》,《中国图书馆学报》2003年第5期。

[76] 杨蒙莺、陈德棉:《发展中国家与发达国家的数字鸿沟》,《现代管理科学》2003年第11期。

[77] 邵培仁、张健康:《关于跨越中国数字鸿沟的思考与对策》,《浙江大学学报（人文社会科学版）》2003年第1期。

[78] 廖小平:《论网络社会的代际数字鸿沟及其伦理表现》,《湖湘论坛》2004年第2期。

[79] 罗德隆:《跨越数字鸿沟》,《情报学报》2005年第10期。

[80] 陈艳红:《数字鸿沟与档案信息化建设》,《档案管理》2005年第4期。

[81] 胡鞍钢、周绍杰：《中国的信息化战略：缩小信息差距》，《中国工业经济》2001年第1期。

[82] 刘灿姣：《中国东西部信息差距的现状与对策研究》，《统计与信息论坛》2002年第4期。

[83] 简方：《信息差距：中国现代化进程中的挑战与机遇》，《广东行政学院学报》2002年第10期。

[84] 杨绍兰：《美日信息化差距比较分析》，《国外社会科学》1999年第4期。

[85] 张芳芳、姚高亢：《对中国地区信息差距的理性思考》，《情报杂志》2003年第11期。

[86] 张彬、康宝军：《民族地区信息化差距分析：现状，成因及对策》，《内蒙古社会科学（汉文版）》2003年第9期。

[87] 胡晓鹏：《区域差距与区域信息化：一体化互动关系》，《财经理论与实践》2003年第7期。

[88] 姚维保：《中国信息差距继续扩大的原因分析及对策》，《情报科学》2005年第12期。

[89] 陈传夫、姚维保：《我国信息资源公共获取的差距、障碍与政府策略建议》，《图书馆论坛》2004年第6期。

[90] 陈能华、刘灿姣：《中国西部地区信息资源建设定量分析》，《中国图书馆学报》2003年第5期。

[91] 唐重振、王晟：《中国城乡信息化差距的经济学分析》，《情报杂志》2005年第11期。

[92] Romer, Paul M, 1986: "Increasing Returns and Long Run Growth", *Journal of Political Economy*.

[93] Cobb C. W, Douglas P. H, 1928: "A theory of production", *American economic review*.

[94] Castells M. Ipola E, 1976: "Epistemological practice and the social science", *Economy and Society*.

[95] Biswas D, 2004: "Economics of information in the web economy towards a New Theory", *Journal of Business Research*.

[96] Robert Solow, 1987: "We'd Better Watch Out", *New York times book Review*.

[97] Welfens P. JJ, 2002: "Interneteconomics. net", *New York: Springer – verlag Heidlberg*.

[98] Hayes R, Erickson T, 1982: "Added value as a function of purchases of information services", *Information Society*.

[99] Charles Jonseher, C, 1983: "Information resources and economic productivity", *Information economics and policy*.

[100] Dewan, S., Kraelner, K. L, 2004: "Information technology and productivity: Evidence from country level data", *Management Science*.

[101] Christopher Gust, Jaime Marquez, 2004: "International comparisons of productivity growth: the role".
[102] 姜涛、任荣明、袁象:《我国信息化与区域经济增长关系实证研究》,《科学学与科学技术管理》2010年第6期。
[103] 邵宇开、刘宏超、王浣尘:《区域经济增长与信息化因果关系的实证分析》,《科研管理》2007年第5期。
[104] 王铮、庞丽、腾丽、吴静:《信息化与省域经济增长研究》,《中国人口资源与环境》2006年第1期。
[105] 徐瑾:《地区信息化对经济增长的影响分析》,《统计研究》2010年第5期。
[106] 李立志:《河南省区域信息化水平测度及其与国民经济发展之间的相关性分析》,《经济研究导刊》2010年第8期。
[107] 李斌、刘琳:《湖南省信息化对经济增长贡献的实证研究》,《经济地理》2009年第10期。
[108] 马生全、张忠辅等:《西北少数民族地区信息化建设投入对经济增长的作用研究方法初探》,《经济数学》2003年第3期。
[109] 徐险峰、李咏梅:《以信息化促进产业结构调整升级》,《经济体制改革》2003年第4期。
[110] 王述英、马云泽:《美国信息化水平及其对经济的影响》,《世界经济与政治》2001年第8期。
[111] 郑晔、钟昌标:《信息网络对区域经济发展影响的机制分析》,《数量经济技术经济研究》2002年第12期。
[112] 张颖丽、许正良:《信息产业对国民经济带动作用度量方法研究》,《中国软科学》2003年第10期。
[113] 朱幼平:《论信息化对经济增长的影响》,《情报理论与实践》1996年第5期。
[114] 孙宝文:《信息技术产业对经济增长影响的实证研究》,《中央财经大学学报》2002年第6期。
[115] 李赤林:《加速信息资源的开发利用,促进经济增长方式的转变》,《科技进步与对策》1996年第6期。
[116] 雷润玲:《中国信息资源工业经济效益弹性系数的测算》,《西安联合大学学报》2001年第3期。
[117] 王守全:《积极开发信息资源 迎接知识经济挑战》,《财经贸易》1999年第3期。
[118] 耿爱静、王茜:《论信息资源与信息市场在社会经济中的作用》,《情报科学》2001年第12期。
[119] 徐红梅、查奇芬、陈玉娟:《我国信息资源水平对经济增长影响研究》,《中国管理信息化》2009年第17期。
[120] 钟有林、李娟:《信息资源的经济增长效应研究》,《商业研究》2009年第8期。
[121] 时文生:《信息需求与国民经济发展规模内在关系的定量研究》,《情报理论与实践》1996年第5期。

[122] 俞立平：《中国信息资源对经济增长贡献的实证研究》，《情报杂志》2005 年第 10 期。

[123] 倪延年：《论知识传播环境与知识传播及知识经济之互动关系》，《图书情报工作》2003 年第 4 期。

[124] 宁艳阳、常立农：《隐性知识的传播与共享》，《科技管理研究》2004 年第 6 期。

[125] 张生太、李涛等：《组织内部隐形知识传播模型研究》，《科研管理》2004 年第 7 期。

[126] 随新民：《社会系统中个体行为选择的理性分析》，《郑州工业高等专科学校学》1998 年第 3 期。

[127] 王自强：《影响个体行为选择的内在影响因素研究》，《企业经济》2002 年第 7 期。

[128] 朱婕、靖继鹏：《国外信息行为模型分析与评价》，《图书情报工作》2005 年第 4 期。

[129] 崔保国：《信息行为论——受众研究的一种新思维》，《当代传播》2000 年第 1 期。

[130] 郑丽航、余秋英：《信息行为的社会控制体系初探》，《情报科学》2002 年第 9 期。

[131] 李书宁：《网络用户信息行为研究》，《图书馆学研究》2004 年第 7 期。

[132] 张彩、莫国辉：《国民信息素质对信息资源开发利用的影响》，《广西医科大学学报（社会科学版）》1999 年第 6 期。

[133] 陈伟、汪琼：《论保护知识产权对信息资源共享的影响》，《湘潭大学学报（社科版）》2002 年第 7 期。

[134] 喻战书：《论信息立法对信息资源共享的作用与影响》，《韩山师范学院学报》1999 年第 12 期。

[135] 叶南平：《论信息法对信息资源共享的影响》，《南通工学院学报》2000 年第 6 期。

[136] 贾君枝：《市场环境中网络信息资源配置的影响因素》，《中国图书馆学报》2003 年第 2 期。

[137] 袁园：《中国信息政策对信息资源建设的影响》，《现代情报》2004 年第 5 期。

[138] 李德华：《现代通信技术对信息资源共享的影响》，《中国信息导报》1997 年第 11 期。

[139] 朱庆华、杜佳：《信息公开制度对政府信息资源管理工作的影响》，《理论与探索》2006 年第 2 期。

[140] 金晖：《区域性网络信息资源配置效率评价》，《图书馆》2010 年第 5 期。

[141] 司辉：《基于 DEA 方法的网络政府数字信息资源配置效率评价研究》，《电子政务》2009 年第 21 期。

[142] 俞立平：《基于 DEA 的中国地区信息资源生产效率研究》，《图书情报知识》2008 年第 1 期。

[143] 张晓瑞、张少杰：《信息化进程中科技资源配置效率区域综合评价研究》，《情报科学》2008 年第 5 期。

[144] 何伟：《中国工业行业信息化水平和效率差异的实证研究》，《图书馆理论与实践》2010 年第 6 期。

[145] 马费成、姜婷婷：《信息构建对当代情报学发展的影响》，《图书馆论坛》2003年第12期。
[146] 王英：《组织结构与信息传递效率》，《系统工程理论与实践》2000年第11期。
[147] 周冰：《计划经济和市场经济的信息结构与信息效率比较》，《财经论丛》1994年第5期。
[148] 赵筱媛、靖继鹏、李纪荣：《企业信息资源配置能力与配置效率的评价体系研究》，《经济纵横》2005年第6期。
[149] 马费成、裴雷：《信息资源共享的市场机制》，《中国图书馆学报》2004年第3期。
[150] 韦波：《浅议知识管理与信息资源管理的差异与联系》，《河南图书馆学刊》2010年第2期。
[151] 马费成：《步入21世纪的信息服务》，《武汉大学学报（哲学社会科学版）》1996年第6期。
[152] 霍国庆、林曦：《论信息资源传播与服务》，《大学图书馆学报》1997年第6期。
[153] 孟广均、霍国庆等：《信息资源管理导论》，北京，科学出版社2003年版。
[154] 郭星寿：《从资源管理到信息资源管理的认识论考察》，《图书与情报》2000年第1期。
[155] 王芳、赖茂生：《论信息资源的经济学研究》，《中国图书馆学报》2003年第6期。
[156] 陈婧：《混沌理论对于信息资源管理理论的启示》，《图书情报工作》2009年第14期。
[157] 李进华、焦玉英：《网格（Grid）技术在信息资源管理中的应用》，《情报科学》2003年第7期。
[158] 钟守真、李月琳：《信息资源管理含义探析》，《中国图书馆学报》2000年第1期。
[159] 周毅：《论中国信息资源管理的层次》，《图书情报工作》2002年第1期。
[160] 童学军：《略论信息资源的流程》，《安庆师范学院学报（社会科学版）》2002年第9期。
[161] 杜安平、陈能华：《论西部大开发的信息资源保障》，《科技情报开发与经济》2004年第2期。
[162] 贾晋：《关于信息资源配置效率的分析》，《情报杂志》2004年第9期。
[163] 吕晓燕、张玉梅等：《提高因特网上信息资源利用率研究》，《科技情报开发与经济》2000年第6期。
[164] 徐恩元、李澜楠：《市场经济条件下信息资源有效配置问题初探》，《情报杂志》2005年第11期。
[165] 肖英：《国家信息资源管理政策研究》，《中国科技论坛》2008年第2期。
[166] 雷玉明、黄小舟：《论信息资源的社会管理》，《理论月刊》2005年第4期。
[167] 王昌贵：《论信息资源的有效开发》，《理论与改革》2000年第6期。
[168] 雷香花：《中国信息资源分布的均衡分析》，《图书情报工作》2000年第3期。
[169] 党跃武、孔桃：《关于信息资源管理研究中若干问题的评述》，《图书馆》2000年第6期。

[170] 刘鑫、刘戈:《论信息资源的开发与应用》,《情报科学》2000 年第 2 期。
[171] 温平:《管理变革与信息资源管理》,《情报科学》2000 年第 11 期。
[172] 王美兰:《21 世纪信息资源建设应重视的若干问题》,《图书馆》2001 年第 6 期。
[173] 卢小宾:《信息技术对传统产业管理的影响问题研究》,《情报科学》2001 年第 10 期。
[174] 王绪林:《加快信息资源开发的对策研究》,《现代情报》2002 年第 8 期。
[175] 石建、李广德:《论大西北地区信息资源开发模式的构建》,《图书情报工作》2002 年第 9 期。
[176] 杨文祥:《论信息资源与现代资源观》,《情报理论与实践》2003 年第 4 期。
[177] 杨昌俊:《关于信息资源建设与共享中几个问题的新思考》,《图书情报工作》2003 年第 9 期。
[178] 杨琴:《开发信息资源振兴少数民族地区经济》,《贵州民族研究》2003 年第 3 期。
[179] 蔡瑛:《论信息资源的经济社会价值》,《理论学刊》2004 年第 2 期。
[180] 陈晓东:《信息资源管理的内涵追溯及其发展前瞻综述》,《图书馆界》2004 年第 2 期。
[181] 陈光华:《论市场机制中的信息资源体系》,《科技情报开发与经济》2005 年第 3 期。
[182] 许原弘:《浅谈信息资源在发展生产力中的作用》,《山西高等学校社会科学学报》2005 年第 3 期。
[183] R. V. L. Hartley, 1928: "Transmission of Information", *BSTJ*.
[184] C. E. Shannon, 1948: "A Mathematical Theory of Communication", *The Bell System Technical Journal*.
[185] 邬焜:《信息哲学》,北京,商务印书馆 2005 年版。
[186] 赵春华、张焕炯、钟义信:《非对称信息理论在企业并购中的一个应用》,《西安邮电学院学报》2002 年第 10 期。
[187] 靖继鹏:《应用信息经济学》,北京,科学出版社 2002 年版。
[188] 马费成:《信息资源共享的经济效率》,《中国图书馆学报》2003 年第 4 期。
[189] J. O. Rourke, 1970: "Information Resources in Canada", *Special Libraries*.
[190] Donald A. Marchand, Forest W. Horton:《*Infotrends*: *Profiting from Your Information Resources*》, New York, Wiley Press, 1986.
[191] Stroetmann K. A, 1992: "Information Management for Information Services — Economic challenge for the 90s", *Berlin*: Deutsches Bibliotheksinstitut.
[192] 乌家培:《信息与经济》,北京,清华大学出版社 1993 年版。
[193] 马费成、杨列勋:《信息资源—它的定义,内容,划分,特征及开发利用》,《情报理论与实践》1993 年第 2 期。
[194] 孟广均、霍国庆:《从科学管理到信息资源管理》,《图书情报知识》1997 年第 2 期。
[195] 赖茂生、杨秀丹等:《信息资源开发利用基本理论研究》,《情报理论与实践》

2004 年第 3 期。
[196] 陈畴镛:《信息资源管理》,杭州,浙江大学出版社 2004 年版。
[197] 休谟著:《人性论》,关文运译,北京,商务印书馆 1980 年版。
[198] 保罗·萨缪尔逊、威廉·诺德豪斯著:《经济学》,肖圳等译,北京,华夏出版社 1999 年版。
[199] 西蒙·库兹涅茨:《各国经济增长》,北京,商务印书馆 1999 年版。
[200] 亚当·斯密著:《国民财富的性质和原因的研究》,郭大力、王亚南译,北京,商务印书馆 1994 年版。
[201] 李嘉图:《政治经济学及赋税原理》,北京,商务印书馆 1972 年版。
[202] Malthus, Thomas Robert:《An Essay on the Principle of Population, edited by Patricia James》, Cambridge, Cambridge University Press, 1989.
[203] F. P. Ramsey, 1928: "A Mathematical Theory of Saving", The Economic Journal.
[204] Young, Allyn, 1928: "Increasing Return And Economic Progress", The Economics Journal.
[205] 约瑟夫·熊彼特:《经济发展理论》,北京,商务印书馆 2000 年版。
[206] Harrod R. F, 1939: "An Essay in Dynamic Theory", Economic Journal.
[207] Domar E. D. Capital Expansion, 1946: "Rate of Growth and Employment", Econometrica.
[208] 罗伯特·索洛等:《经济增长因素分析》,北京,商务印书馆 1991 年版。
[209] Swan T. W, 1956: "Economic Growth and Capital Accumulation", Economic Record.
[210] 肯尼斯·阿罗著:《信息经济学》,何宝玉等译,北京,北京经济学院出版社 1989 年版。
[211] 戴维·罗默:《高级宏观经济学》,北京,商务印书馆 1999 年版。
[212] Lucas R. E, 1988: "On the Mechanism of Economic Development", Journal of Monetary Economics.
[213] 冯·杜能:《孤立国同农业和国民经济的关系》,北京,商务印书馆 1996 年版。
[214] Francois Perroux, 1955: "A note on the Notion of Growth Pole", Applied Economy.
[215] Myrdal G:《Economic Theory and Under - Developed Regions》, London, Duckworth, 1957.
[216] Harvey S. Perloff, 1965: "New directions in social planning", Journal of the American Planning Association.
[217] Hirschman A. O:《The strategy of Economic Development》, New Haven, Yale university press, 1958.
[218] Kaldor N:《Cause of the Slow Rate of Economic Growth of the United Kingdom》, Cambridge, Cambridge University Press, 1966.
[219] Dixit A. K. and Stiglitz J. E, 1977: "Monopolistic Competition and Optimum Product Diversity", American Economic Review.
[220] 迈克尔·波兰尼著:《个人知识——迈向后批判哲学》,许泽民译,贵州,贵

州人民出版 2000 年版。

[221] 钟义信：《关于"信息、知识、智能转换规律"的研究》，《电子学报》2004年第4期。

[222] 钟义信：《知识论：核心问题——信息、知识、智能的统一理论》，《电子学报》2001年第4期。

[223] 冯·贝塔朗菲：《一般系统论》，林康义，魏宏森等译，北京，清华大学出版社1987年版。

[224] 许国志、顾基发等：《系统科学》，上海，上海科技教育出版社2000年版。

[225] Johansen, S, 1988: "Statistical Analysis of Cointegration Vectors", *Journal of Economic Dynamics and Control*.

[226] Hamilton J. D: 《*Time Series Analysis*》, Princeton, Princeton University Press, 1994.

[227] Harvey, A. C: 《*Forecasting Structural Time Series Models and the Kalman Filter*》, Cambridge, Cambridge University Press, 1989.

[228] Kalman, R. E, 1960: "A New Approach to Linear Filtering and Prediction Problems, Transactions of the ASME", *Journal of Basic Engineering*.

[229] 单豪杰、师傅：《中国工业部门的资本回报率：1978—2006》，《数量经济技术经济研究》2008年第6期。

[230] Charnes A, Cooper W, Rhodes E, 1978: "Measuring the Efficiency of Decision Making Units", *European Journal of Operational Research*.

[231] 俞立平：《基于DEA的中国地区信息资源生产效率研究》，《图书情报知识》2008年第1期。

[232] 张晓瑞、张少杰：《信息化进程中科技资源配置效率区域综合评价研究》，《情报科学》2007年第5期。

[233] 何伟：《中国工业行业信息化水平和效率差异的实证研究》，《图书馆理论与实践》2010年第6期。

[234] Banker R. D. , Charnes A. , Cooper W, 1984: "Some Models for Estimating Technical and Scale Inefficiencies in Data Envelopment Analysis", *Management Science*.

[235] Coelli T. J. A Guide to DEAP Version 2.1: A Data Envelopment Analysis (Computer) Program, CEPA Working Paper 1996/8, Department of Econometrics, University of New England, Armidale NSW Australia. 08

[236] Mundlak Y, 1961: "Empirical Productions Free of Management Bias", *Journal of Farm Economics*.

[237] Holtz - Eakin D, Neweyw, Rosenh, 1988: "Estimating vector autoregressions with panel data ", *Econometrica*.

[238] Lütkepohl H: 《*New introduction to multiple time series analysis*》, Berlin, Springer, 2005.

[239] Love I, Zicchino L, 2006: "Financial development and dynamic investment behavior: evidence from panel VAR ", *The Quarterly Review of Economics and Finance*.

[240] Koenker R, Gilbert B, 1978: "Regression quantiles ", *Econometrica*.
[241] Roger Koenker, Kevin F. Hallock, 2001: "Quantile Regression ", *Journal of Economic Perspectives*.
[242] Bernd Fitzenberger, Peter Winker, 2007: "Improving the computation of censored quantile regressions", *Computational Statistics & Data Analysis*.
[243] Danniel Bell: 《*The coming of post – industrial society a venture of social forecasting*》 New York, Basic Books, 1973.
[244] Porat M. U: 《*The Information Economy*》, Washington D. C. Government printing Office, 1977.
[245] 保罗·霍肯:《未来的经济》,北京,科学技术文献出版社1986年版。
[246] 经济合作与发展组织（OECD）编:《以知识为基础的经济》,杨宏进,薛澜译,北京,机械工业出版社1997年版。
[247] Farrell M. J, 1957: "The Measurement of Productive Efficiency", *Journal of the Royal Statistical Society, Series A, General*.
[248] Andersen P, Petersen N C, 1993: "A procedure for ranking efficient units in data envelopment analysis ", *Management Science*.
[249] Tone, Kaoru, 2001: "A Slacks – based Measure of Efficiency in Data Envelopment Analysis", *European Journal of Operational Research*.
[250] Malmquist S, 1953: "Index Numbers and Indifference Surfaces", *Trabajos de Estatistica*.
[251] Caves D. W., L. R. Christensen and W. E. Diewert, 1982: "The Economic Theory of Index Numbers and the Measurement of Input, Output and Productivity", *Econometrics*.

网站

http://www.stats.gov.cn

http://www.cnnic.com.cn

http://www.jssb.gov.cn

http://www.cenet.org.cn

http://www.yuliping.com

http://www.niec.org.cn

本书发表的相关学术论文

本书相关内容已经发表和录用论文 28 篇，其中 EI 检索 2 篇，ISTP 检索和人大复印资料转载各 1 篇，CSSCI 检索论文 24 篇。

1. EI 检索：Research on Technical Progress and Efficiency of Regional Information Resource Output in China Based on DEA，ICMSIC 2011
2. EI 检索：Research on Efficiency of China's Regional Knowledge – based Economy，WICOM 2007
3. ISTP 检索：Study on Effect and Efficiency of China regional Software industry，ICICA 2007
4. 中国软科学：工业化与信息化互动关系的实证研究，2009.1
5. 中国软科学：我国互联网影响因素的实证研究，2007.5
6. 中国软科学：工业化与信息化发展的优先度研究，2010.5
7. 科学学与科学技术管理：信息资源与知识传播处理机制的构建及比较研究，2006.12
8. 情报资料工作（人大复印）：信息资源与自然资源内在关系及替代研究，2006.2
9. 图书情报工作（人大复印）：基于 TOPSIS 的信息资源间接测度研究，2009.18
10. 图书情报工作：基于地区间差异的我国互联网发展数字鸿沟分析，2006.2
11. 图书情报工作：信息资源内涵及其传播、处理对经济增长的作用机制研究，2006.3
12. 图书情报工作：信息与人类个体行为关系模型研究，2006.7
13. 资源科学：区域信息资源差距及影响因素的动态研究，2006.4
14. 现代图书情报技术：基于 PANEL DATA 的信息资源对经济增长贡献的研究，2005.12
15. 科技与经济：知识与信息资源对经济增长贡献效率的测度模型，2010.5
16. 科技进步与对策：信息资源测度悖论与信息资源测度研究，2008.9
17. 数学的实践与认识：无形资源投入差距与经济发展水平差距关系的研究，2009.1
18. 情报科学：我国互联网数字鸿沟分析，2006.1
19. 情报科学：无形资源对中国经济增长的实证研究，2006.3
20. 情报科学：我国地区信息资源鸿沟的实证研究，2008.2

21. 情报科学：信息的形成机制与信息源失真分析，2007.7
22. 情报杂志：我国信息资源对经济增长贡献的实证分析，2005.10
23. 情报杂志：国家信息化指标体系修正研究，2005.12
24. 情报杂志：信息资源鸿沟与经济发展的世界比较，2006.4
25. 图书情报知识：基于 DEA 的中国地区信息资源生产效率研究，2008.1
26. 生产力研究：我国地区间互联网发展差距的实证研究，2006.1
27. 中国流通经济：中国互联网发展水平测度指标体系研究，2005.12
28. 财贸研究：信息化对经济增长贡献的时空变化研究，录用